海南师范大学学术著作出版资助项目

"一带一路"倡议的国际文化认同及其经济影响研究

姜　莉　著

中国财富出版社有限公司

图书在版编目（CIP）数据

"一带一路"倡议的国际文化认同及其经济影响研究 / 姜莉著. -- 北京：中国财富出版社有限公司，2024.9. -- ISBN 978-7-5047-8231-1

Ⅰ . F125

中国国家版本馆CIP数据核字第2024YN2865号

策划编辑	郑欣怡 李 丽	**责任编辑**	李 丽	**版权编辑**	李 洋
责任印制	梁 凡	**责任校对**	孙丽丽	**责任发行**	于 宁

出版发行	中国财富出版社有限公司			
社 址	北京市丰台区南四环西路188号5区20楼	**邮政编码**	100070	
电 话	010-52227588 转 2098（发行部）	010-52227588 转 321（总编室）		
	010-52227566（24小时读者服务）	010-52227588 转 305（质检部）		
网 址	http://www.cfpress.com.cn	**排 版**	宝蕾元	
经 销	新华书店	**印 刷**	北京九州迅驰传媒文化有限公司	
书 号	ISBN 978-7-5047-8231-1/F·3724			
开 本	710mm×1000mm 1/16	**版 次**	2024 年10月第1版	
印 张	17	**印 次**	2024 年10月第1次印刷	
字 数	244千字	**定 价**	68.00 元	

前　言

改革开放以来，中国的经济快速发展，中国成为世界上增长速度最快的国家之一，经济总量也稳居世界第二大经济体。然而，国际发展力量也开始出现消长变化，原有的全球化治理模式和国际经济秩序发生了巨大变化。与此同时，在经济全球化日益加深以及世界经济结构的深度调整过程中，中国深化改革开放与世界经济持续发展紧密结合在一起，形成了同生并存的命运共同体。然而，置身百年未有之大变局，面对当前大国竞争与博弈加剧、全球经济治理体系快速变革、世界经济增长持续放缓、不确定性因素增多，以及我国增长动力转换、经济结构深度调整的内外双重发展压力，如何将中国改革进一步向前推进？这是摆在中国改革事业面前迫切需要解决的问题。在此背景下，2013年9月和10月我国先后提出了建设"丝绸之路经济带"和"21世纪海上丝绸之路"（以下简称"一带一路"）的倡议，旨在积极发展与共建国家经济合作伙伴关系，共同打造政治互信、经济融合、文化包容的利益共同体、命运共同体和责任共同体。2015年3月28日，国家发展改革委、外交部、商务部联合发布了《推动共建丝绸之路经济带和21世纪海上丝绸之路的愿景与行动》，标志着"一带一路"倡议正式上升为国家发展规划。"一带一路"倡议不仅是我国在更高水平、更高层次开放中实现经济发展质量变革、效率变革、动力变革的重要探索，也是我国深度融入世界经济、实现共赢共享的顶层设计。"一带一路"连接亚欧非大陆，旨在实现共建国家多元、自主、平衡、可持续的发展。截至2024

年8月，"一带一路"共建国家已有150多个，而且这些国家又存在着显著不同的地域文化以及各自不同的宗教信仰。因此，如何超越文明隔阂、超越文明冲突、超越文明优越，使共建国家更加准确地理解"一带一路"倡议的本质，提升共建国家对"一带一路"倡议的认同，无疑是深入推进"一带一路"建设的重要前提和现实基础。

事实上，解读经济发展问题仅仅关注经济因素是不够的，还要分析文化对经济的影响。作为漫长历史演进中逐渐形成的社会约束和行为规范，文化以其广泛而深刻的渗透力对经济活动产生着重要影响。然而，从现有的文化与经济协同发展的理论研究看，多数文化与经济的研究仅仅停留在两者关系的讨论上，而对文化在经济发展中的作用机制没有进行深入探讨。这就使那些基于文化视角揭示经济发展问题的精辟论述，不无遗憾地仅仅局限在直觉思维的推理上或是基于经验的观点陈述中。这种现状对于深入探寻共建国家的"一带一路"文化认同研究，难以提供系统、可行的理论支撑。因此，如何从理论层面上系统揭示文化及其认同性在经济发展中的作用机理，并在实践应用层面上揭示共建国家对"一带一路"倡议的文化认同及其差异性影响因素，就成为本书促进不同文化类型共建国家对"一带一路"文化认同研究的重要逻辑主线。

在理论创新方面，本书首先对主流经济学难以兼容文化问题研究的困境进行了系统研究。斯塔雷特（Starrett）空间不可能定理以及斯拉法（Sraffa）提出的规模经济与空间竞争均衡冲突，是空间经济问题研究无法绕过的两个重要命题。本书通过准确厘定文化等无形要素的间接价值及其空间非完全流动性，不仅对经济空间的属性及其特征进行了重新阐释，也重新构建了将文化要素纳入主流经济理论的逻辑路径。地域文化等区域性要素禀赋在经济空间上的差异性分布是形成经济空间均质或非均质特征的根本原因，也最终导致了现实经济空间的均质与非均质的对立统一。其次，基于对传统经济学基本分析范式的深刻反思，本书将文化及其经济的认同性影响纳入了传统经济学的一般均衡分析范式，通过准确厘清文化认同对消费者偏好、生产者偏好以及分工和经济集聚的影响，系统揭示了文化认同在经济发展中的作用机理。本书研究结论显示，现实经济世界中的消费者偏好和生产者偏好并不是完全凸性，而是在跨文化空间中表现为一定的非凸性。因此，现实经济实践中的规模报酬必然表现出一定程度的递增性质；而消费者在不同空间进行消费并且存在空间成本时，仍然存在边际消费效用规律成立下的消费者均衡。这种理论判断在一定程度上为空间经济均衡分析形成了有益补充和完善。最后，文化对经济福利是否具有影响？无疑，这是经济学文化向度复归所不可规避的重要问题。本书基于文化变量对新福利经济学消费者偏好的非凸性影响，对文化参与经济活动的间接价值进行了补偿变化和等价变化两种形式核算。其结论表明，文化对消费者偏好无差异曲线的非凸性影响，导致了消费者对商品需求数量的变化，而这种需求数量的变化使市场均衡时消费者剩余和生产者剩余都有相同方向的增加。上述结论对于我国高质量发展也有积极的启示：继续提升社会经济发展中的文化价值，既是我国高质量发展的客观要求，也是我国平衡和充分发展的内在动力。

在实践创新方面，首先，本书对"一带一路"代表性共建国家的地域文化差异及其分类特征进行了系统、翔实的调研，并进一步整理和提炼了不同地域文化的核心价值体系与特征，系统分析了上述差异性文化在国际经济合作领域的影响。从研究结论上看，虽然共建"一带一路"国家的不同文化间存在着不同的核心价值体系，并在道德伦理、宗教信仰、人文精神、行为规范等方面存在显著性差异，但是共建国家不同文化之间仍存在着很强的相通性和包容性，这对于"一带一路"建设形成了积极影响。其次，本书对"一带一路"共建国家与我国的文化和经贸交流合作现状进行了系统、翔实的分析，并在此基础上对共建国家"一带一路"的国际文化认同进行了测度与分析。本书研究结论表明，"一带一路"建设以来，无论是东亚文化国家、南亚文化国家，还是中东文化国家和东欧文化国家，对"一带一路"倡议的文化认同水平都呈现上升趋势。其中，东亚文化国家对"一带一路"倡议文化认同程度最高，而东欧文化国家与中东文化国家随着"一带一路"建设的不断深入而表现为较快的文化认同程度和水平的提升。再次，由于共建"一带一路"的东亚文化国家、南亚文化国家、中东文化国家以及东欧文化国家间具有显著的政治、经济和文化环境差异性特征，并且其参与"一带一路"建设的范围和程度也明显不同。因此，本书对"一带一路"文化认同影响因素的区域差异也进行了系统分析，不仅分析了不同文化类型共建国家对"一带一路"文化认同的差异性影响因素，也测度了不同地域文化类型共建国家对"一带一路"的文化认同水平，并对共建国家"一带一路"文化认同程度的变动趋势进行了详细分析。最后，本书基于共建国家"一带一路"文化认同影响因素分析，并结合文化认同对我国与共建国家经济发展影响的动态检验，最终从宏观视角总结和提出了促进共建国家对"一带一路"文化认同的路径，并对相应的保障体系做出了制度性设计和政策安排。

姜　莉

2024 年 5 月 12 日

目录

第一章 绪 论

1.1 研究背景和研究意义

改革开放以来，我国经济快速发展，我国成为世界上经济发展速度最快的国家之一，经济总量稳居世界第二。然而，国际发展力量也发生了变化，原有的全球化治理模式和国际经济秩序已不能有效应对全球性挑战，也不能满足世界各国人民发展的普遍需求。与此同时，在经济全球化程度日益加深以及世界经济结构深度调整的过程中，我国深化改革开放与世界经济持续发展紧密结合在了一起。然而，置身百年未有之大变局，面对当前大国之间的竞争与博弈加剧、全球经济治理体系快速变革、世界经济增长持续放缓、不确定性因素增多，以及我国增长动力转换、经济结构深度调整的内外双重发展压力，如何将我国改革进一步向前推进？这是摆在我国改革事业面前迫切需要解决的问题。在此背景下，2013年9月和10月我国先后提出了建设"丝绸之路经济带"和"21世纪海上丝绸之路"（以下简称"一带一路"）的重大倡议，旨在借用古代丝绸之路的历史符号，高举和平发展的旗帜，积极发展与合作伙伴的经济合作关系，共同打造政治互信、经济融合、文化包容的利益共同体、命运共同体和责任共同体。2015年3月28日，国家发展改革委、外交部、商务部联合发布了《推动共建丝绸之路经济带和21世纪海上丝绸之路的愿景与行动》，以推动实施"一带一路"倡议。

　　"一带一路"倡议不仅是我国在更高水平、更高层次开放中实现经济发展质量变革、效率变革、动力变革的重要探索，也是我国深度融入世界经济、实现共赢共享的顶层设计。"一带一路"连接亚欧非大陆，旨在实现共建国家多元、自主、平衡、可持续的发展。然而，由于"一带一路"共建国家存在着明显不同的地域文化，因此，如何超越文明隔阂、超越文明冲突、超越文明优越，进而更加准确地理解"一带一路"倡议的本质，无疑是深入推进"一带一路"建设的重要前提和现实基础。由于"一带一路"倡议是我国21世纪首次提出的，部分共建国家仅从当前世界经济格局规划范畴内认知"一带一路"，而对我国与一些共建国家早已形成的利益共同体、命运共同体和责任共同体缺乏深刻认识，甚至部分国家对"一带一路"倡议存在误解。因此，本书深入研究"一带一路"倡议的国际文化认同基础，提出"一带一路"国际文化认同的路径，进而培育民心相通的共建国家社会根基，最终为"一带一路"建设提供经济文化相互协调、相互促进的软环境支撑具有重要的意义。

　　事实上，解读经济发展问题仅关注经济因素是不够的，还要分析文化对经济的影响。从亚当·斯密（Adam Smith）以经济与道德两个方面来界定"理性人"，到约翰·穆勒重视信仰对经济的重要影响，都反映了文化在经济问题研究中所处的重要地位。作为在漫长历史演进中逐渐形成的社会约束和行为规范，文化以其广泛而深刻的渗透力对经济活动产生着重要影响。"一带一路"建设必然要获得共建国家的文化认同，这在很大程度上决定着"一带一路"建设的顺利实施和最终成效。因此，本书将共建国家文化特征纳入"一带一路"问题研究范畴，探寻提升不同地域文化类型的共建国家对"一带一路"倡议文化认同的路径，最终为"一带一路"建设提供基于文化、经济双向协同发展的理论依据，这对于进一步推进"一带一路"建设具有重要的应用价值。

1.2 研究思路和研究内容

本研究旨在深入探索"一带一路"倡议的国际文化认同基础，然而，从现有的文化与经济协同发展研究成果看，虽然国内外学者已经在文化对经济的影响方面进行了深刻揭示，并为本研究奠定了充分的理论基础，但是目前多数关于文化与经济的研究仅停留在两者关系的讨论上，而对文化在经济发展中的作用机制缺乏深入探讨。这就使那些基于文化视角揭示经济发展问题的精辟论述，不无遗憾地仅局限在直觉思维的推理上或是基于经验的观点陈述中。这种研究现状对本课题深入探寻共建国家对"一带一路"倡议文化认同性的研究，难以提供系统、可行的理论储备和理论支撑。因此，本课题研究主要包括两大内容：一是从理论层面上，对经济理论的文化向度回归进行深入研究，系统揭示文化及其认同性在经济发展中的内在作用机理；二是从实践应用层面上，对共建国家有关"一带一路"倡议的文化认同及其差异性影响因素进行深入研究，从而探寻促进不同文化类型共建国家对"一带一路"文化认同的路径选择以及保障体系，最终实现理论创新与实践应用的逻辑统一。

围绕上述两个方面的研究内容，本书共十二章，概括如下。

第一章，绪论。本章阐述了研究的背景、理论和现实意义，介绍了主要研究方法和基本思路，并对研究内容和结构安排进行了简要说明。

第二章，相关理论基础及国内外研究现状。任何学术研究都是在前人研究的基础上，通过进行逻辑批判和演绎展开的。事实上，正是基于对传统文化理论及经济理论的回顾与总结，课题方得以对"一带一路"倡议的国际文化认同及其对经济影响的内在机理展开系统性研究。因此，本章紧紧围绕文化和经济相关理论和研究展开系统性梳理和述评总结，从而较为全面地展现出"一带一路"倡议文化认同研究的理论背景，最终勾勒出本课题创新性研究的逻辑路径。同时，本章通过系统梳理相关理论并对比现有文献观点，对研究对象的核心概念给出了明确界定。

第三章，经济理论的文化向度回归：文化要素禀赋新论。作为历史积淀所形成的核心价值体系，地域文化必然对经济活动主体的价值取向、行为规范产生重要影响，进而成为影响经济活动的深层次要素。但是长期以来，主流经济学中的要素理论却难以兼容文化研究。因此，深入揭示文化与经济间的内在关系，积极探索将文化纳入主流要素理论研究的逻辑路径，就成为本章研究的核心内容。事实上，文化等无形要素在生产过程中的作用，究其本质是它们在生产活动中实现的非形态性的价值提取和转化。本章通过准确厘清文化等无形要素的间接价值及其空间非完全流动性，不仅重新构建了将文化要素纳入主流要素理论研究的逻辑路径，也揭示了生产活动中的区域性要素与非区域性要素之分。本章的研究成果在一定程度上丰富和发展了要素禀赋理论，并为课题从空间维度继续深入研究地域文化对区域经济活动的差异性影响奠定了坚实的理论基础。

第四章，文化要素与经济理论的空间维度演进。任何经济活动都是在特定空间维度下进行的，如何准确界定经济空间属性及其特征是经济学空间研究的重要前提。事实上，关于经济空间属性的长期争议，一直以来制约和限制着经济学空间问题的研究。本章研究结果显示，地域文化等区域性要素禀赋在经济空间上的差异性分布是形成经济空间均质或非均质特征的根本原因，也最终导致了现实经济空间的均质与非均质的对立统一。基于非完全竞争的空间经济报酬递增模型，本章进一步揭示出地域文化等区域性要素禀赋对长期稳定经济增长起着至关重要的作用，任何脱离本地区地域文化特征和属性的发展模式，虽然在短期内可能促进地区经济发展，但是从长期来看不仅不可持续，甚至可能会损害该地区未来的发展潜力；同时，各地区之间也必然会存在发展差异，片面追求各地区实行相同的发展模式、相同的发展速度的做法，是不科学的，也是不合理的。

第五章，文化认同对经济发展的影响机制。探索经济增长的内在动力及其运行机制，是现代经济理论研究的核心内容。作为区域性要素禀赋的重要内容，文化及其对经济的影响必然会对经济增长产生至关重要的作用。基于对传统经济学基本分析范式的深刻反思，本章将文化认同及其对经济的发展影响纳入了传统经济学的一般均衡分析范式，通过准确厘清文化认同对消费者偏好、生产者偏好及分工和经济集聚的影响，进而完整构建了文化认同在区域经济发展中的作用路径及其内在机理。本章研究显示，现实经济世界中的消费者偏好和生产者偏好并不是完全凸性的，而是在跨文化空间中表现为一定的非凸性。因此，在现实经济实践中，生产活动的规模报酬在某种程度上必然表现出一定程度的递增性质；而消费者在不同空间进行消费并且存在空间成本时，仍然存在边际消费效用规律成立下的消费者均衡。这种理论判断在一定程度上为空间经济均衡分析形成了有益补充和完善。

第六章，文化与经济福利。本章将文化要素纳入主流经济学，研究其对经济福利是否具有影响。如果文化对经济福利产生了影响，那么如何体现文化要素间价值的经济福利核算？这无疑是经济学文化向度复归所不可规避的重要问题，也是本章研究的重要内容。本章基于文化变量对新福利经济学消费者偏好的非凸性影响，对文化参与经济活动的间接价值进行了补偿变化和等价变化两种形式的核算。其结论表明，文化变量对消费者偏好无差异曲线的非凸性影响，导致了消费者对商品需求数量的变化，而这种需求数量的变化导致了市场均衡状态下，消费者剩余和生产者剩余都有相同方向的增加。同时，基于上述研究结论，本章对文化与经济福利对我国实现高质量以及平衡、充分发展的内在要求也进行了明确阐释，即继续提升社会经济发展中的文化价值，是我国高质量发展的客观要求，也是我国平衡和充分发展的内在动力；而党的百年奋斗历程和伟大实践证明，只有中国特色社会主义文化才能真正体现中国连绵数千年的价值观念和文明体系，也只有中国特色社会主义道路才能真正激发全国人民发展进步的强大精神力量。

第七章，"一带一路"共建国家的地域文化差异及其分类。"一带一路"共建国家存在着显著不同的地域文化和宗教信仰。如何准确理解和认知共建国家不同地域文化的核心价值体系及其经济影响，是深入研究不同地域文化国家对"一带一路"倡议文化认同差异性影响因素的重要实践支撑。因此，本章通过系统梳理"一带一路"代表性共建国家的核心文化价值体系及其形态特征，以文化相同或相近为依据，对"一带一路"共建国家文化进行分类。其中，以"中华文化"为核心的东亚文化、以"印度文化"为核心的南亚文化、以"阿拉伯文化"为核心的中东文化以及多元文化交叉下的东欧文化分别构成了"一带一路"共建国家的主要文化类型[①]。基于上述不同文化类型，本章进一步整理和提炼了不同地域文化的核心价值体系与特征，并系统分析了上述不同文化在国际经济合作等方面的影响。从研究结论上看，虽然"一带一路"四种文化类型的共建国家间存在不同的文化体系，并在人文精神、行为规范等方面存在显著差异。但是，四种文化类型的共建国家间仍存在很强的相通性和包容性，尤其是四种文化核心价值体系中对多样性及求同存异精神的强调，无疑为"一带一路"倡议的文化认同及其推进提供了有利环境。正是从这个角度上来说，从更高水平、更深层次推进"一带一路"建设，就必须充分考虑共建国家的文化特征，并依据地域文化类型来分别制定与"一带一路"共建国家合作的路径及模式。这是构建文化包容的国际经济合作关系的内在要求。

第八章，"一带一路"共建国家与我国文化和经贸交流合作现状。本研

---

① 注：在"一带一路"共建国家中，拥有以中华文化为核心的东亚文化的国家，在本书中称为东亚文化国家；拥有以印度文化为核心的南亚文化的国家，在本书中称为南亚文化国家；拥有以阿拉伯文化为核心的中东文化的国家，在本书中称为中东文化国家；拥有多元文化交叉下的东欧文化的国家，在本书中称为东欧文化国家。

究旨在深入探索"一带一路"倡议的文化认同根基，并探寻提升不同地域文化类型共建国家对"一带一路"倡议文化认同的差异性影响因素。然而，正确测度共建国家对"一带一路"倡议的文化认同程度与水平，并准确揭示不同文化类型共建国家对"一带一路"倡议文化认同的差异性影响因素，则必然需要对"一带一路"共建国家与我国的文化和经贸交流合作现状进行系统、翔实、有效的分析。本章研究显示，"一带一路"共建国家与我国在国际旅游合作、国际教育合作方面取得了显著成绩，共同构筑了"一带一路"倡议文化认同的坚实根基；同时，从共建国家与我国的贸易总额及海外直接投资看，"一带一路"共建国家与我国在经贸合作方面取得了巨大进展。尤其是多数共建国家与我国的贸易额在相应的共建国家进出口贸易总额中所占比例呈逐年上升趋势，这在很大程度上说明"一带一路"建设大幅提升了共建国家与我国的贸易关联性。本章研究内容不仅是准确认知共建国家对"一带一路"倡议文化认同的重要前提和条件，也是课题后期准确提炼不同的"一带一路"倡议文化认同提升路径的重要基础。

第九章，共建国家对"一带一路"倡议文化认同的测度与分析。科学有效地对共建国家"一带一路"倡议文化认同水平进行测度，这是准确分析和揭示共建国家对"一带一路"倡议文化认同程度及差异性影响因素根源的必然需求。因此，本章利用数据包络分析（Data Envelopment Analysis，DEA）方法构建了"一带一路"倡议文化认同测度模型，这不仅有效规避了因无法设定生产函数所带来的不确定性，也准确测度了不同文化类型国家对"一带一路"倡议的文化认同水平。本章研究结果显示，"一带一路"倡议自提出以来，无论是东亚文化国家、南亚文化国家，还是中东文化国家和东欧文化国家，对"一带一路"倡议的认同水平都呈现上升趋势。其中，东亚文化国家对"一带一路"倡议文化认同程度最高，而东欧文化国家与中东文化国家随着"一带一路"建设的不断深入表现为认同程度和水平有较快的提升。同时，本章在对东亚文化国家、南亚文化国家、东欧文化国家及中东文化国家的"一带一路"文化认同进行整体评价和分析的基础上，对不同文化类型的重点共建国家进行了国别测度，以期准确把握代表性共建国家参与"一带一路"倡议的文化差异性与经济特征。

第十章，"一带一路"倡议文化认同影响因素的区域性差异分析。在"一带一路"共建国家中，东亚文化国家、南亚文化国家、中东文化国家及东欧文化国家间具有显著的政治、经济和文化环境差异，并且这些共建国家参与"一带一路"建设的范围和程度也明显不同。因此，决定共建国家"一带一路"倡议文化认同程度的影响因素是存在差异的。为准确揭示共建国家对"一带一路"倡议文化认同程度的差异性影响因素，本章进一步构建了文化认同测度的修正模型，并通过运用弹性理论来评价各约束层变量对文化认同测度值的影响程度和水平，完成不同文化类型共建国家对"一带一路"倡议文化认同影响因素的分析。本章研究结果显示，加强国际经济合作可以有效地提升中东文化国家及东欧文化国家对"一带一路"倡议的文化认同程度和水平；加强国际教育合作可以有效地提升南亚文化国家对"一带一路"倡议的文化认同程度和水平；而对于东亚文化国家而言，强化国际经济合作与国际教育合作都能有效地提升其对"一带一路"倡议的文化认同程度和水平。本章研究成果为提出"一带一路"倡议文化认同的差异性提升路径及构建相应保障体系提供了重要依据。

第十一章，文化认同对我国与共建国家经济发展影响的动态检验。本书通过构建"一带一路"倡议文化认同测度模型，测度了不同文化类型共建国家对"一带一路"倡议的文化认同水平，并对共建国家"一带一路"倡议文化认同程度的变动趋势进行了详细分析。然而，文化认同对我国与"一带一路"共建国家经济发展是否存在长期的影响？文化认同又在多大程度上促进了我国与"一带一路"共建国家的经济发展？文化认同又是以何种路径促进了我国与"一带一路"共建国家的经济发展？这些问题是研究"一带一路"倡议文化认同必须考虑的内容。因此，本章在共建国家"一带一路"倡议文化认同水平的测度基础上，进一步运用协整分析、格兰杰因果关系检验、VAR动态计量等模型，就文化认同对我国与"一带一路"共建国家经济发展的影响进行了动态检验。

第十二章，促进共建国家"一带一路"倡议文化认同的路径与保障体系。"一带一路"建设涉及东亚文化、南亚文化、中东文化及东欧文化四种文化类型，跨越150多个国家。这些国家的政治、经济和文化特征具有显著差异，同时其参与"一带一路"建设的程度和范围也明显不同。这就不仅导致了共建国家对"一带一路"倡议的文化认同程度有所差异，也决定了这些共建国家对"一带一路"倡议文化认同的影响因素会明显不同。因此，如何使共建国家超越文明隔阂、超越文明冲突、超越文明优越，进而认同"一带一路"建设的多元、自主、平衡与可持续发展理念，在很大程度上取决于积极探索有利于"一带一路"倡议文化认同的合理路径，以及构建科学、有效、符合"一带一路"建设现实需求的文化认同保障体系。因此，本章紧密结合课题研究，从宏观视角提出了促进共建国家"一带一路"倡议文化认同的路径并对保障体系做出了制度性设计和安排。

1.3　研究方法

作为以理论创新为主的应用性研究，本研究的主要目的是深入探索"一带一路"倡议的国际文化认同基础，构建"一带一路"共建国家民心相通的社会根基，探寻提升不同文化类型共建国家"一带一路"倡议文化认同的差异性影响因素，从而为"一带一路"建设提供基于文化、经济双向协同的路径选择和对策依据。因此，本课题在研究过程中综合运用了文化经济学、区域经济学、空间经济学、宏观经济学、系统动力学等理论和相关研究方法，对文化在经济发展中的内在作用及推进"一带一路"倡议文化认同的路径及其相应保障体系进行了系统研究。

（1）利用文化经济学、区域经济学、空间经济学等相关理论，并综合使用定性分析和规范分析等研究方法，系统分析了文化对经济影响的具体形式、作用机理和实现路径，从而为课题研究构建了一个文化与经济嵌入性分析的内在逻辑统一的系统性研究框架，实现了传统经济理论文化向度的理论回归。

（2）结合要素禀赋理论、空间经济理论，以及环境、资源与人口经济学的分析范式和基本理论，将地域文化等区域性要素禀赋纳入经济空间的均质和非均质性特征进行分析，揭示地域文化等区域性要素禀赋的赋存状态对区域经济长期稳定增长的作用，并对经济活动空间格局演变规律的集聚和分工线索进行了全新探讨，最终实现了课题研究对空间经济均衡分析的有益补充和完善。

（3）综合使用实践调研、问卷调研及定量分析等研究方法，对"一带一路"代表性共建国家的地域文化差异及其分类进行了系统、翔实的调研，并客观、分类总结了"一带一路"共建国家的核心价值及其经济影响形态和特征。例如，以"中华文化"为核心的东亚文化核心价值及其经济影响形态、以"印度文化"为核心的南亚文化核心价值及其经济影响形态、以"阿拉伯文化"为核心的中东文化核心价值及其经济影响形态，以及多元文化交叉下的东欧文化核心价值及其经济影响形态。

（4）综合使用实证分析、定量分析等研究方法，并基于宏观经济学、新制度经济学等相关理论，在客观总结我国与"一带一路"共建国家文化交流与合作现状的基础上，通过系统分析文化认同对我国与"一带一路"共建国家的影响效应，最终提出促进"一带一路"倡议文化认同的路径选择以及构建"一带一路"倡议文化认同的相应保障体系，实现了课题研究的理论创新与实践检验的逻辑统一。

（5）综合运用协整分析、格兰杰因果关系检验、VAR动态计量等模型，就文化认同对我国与"一带一路"共建国家经济发展的影响进行了动态检验。揭示了文化认同对我国与"一带一路"共建国家经济发展存在着长期的稳定影响，并且对文化认同促进我国与"一带一路"共建国家经济发展的程度进行了科学测度。

1.4 课题研究特色

作为漫长历史演进中逐渐形成的社会约束和行为规范，地域文化以其广泛而深刻的渗透力影响着经济的发展。然而，文化与经济相互影响的现有理论研究却未能对文化在经济发展中的作用进行深入探讨，文化对经济影响的内在机制研究明显缺乏。因此，本课题深入研究文化对经济发展的内在作用机制，构建文化与经济"嵌入性"分析的统一研究框架，不仅为课题研究奠定了坚实的理论基础，同时也实现了课题研究的基础理论创新。

目前尚未发现以文化认同视角对"一带一路"倡议的经济文化协同发展问题进行系统、直接的研究。这种研究的缺失，不仅不利于共建国家对"一带一路"倡议的正确认识，同样也不利于"一带一路"建设的顺利实施。因此，本课题深入探索"一带一路"倡议的国际文化认同基础，构建"一带一路"共建国家民心相通的社会根基，不但具有重要的学术研究价值，而且也可以为"一带一路"建设提供经济与文化相互协调、相互促进的软环境支撑，这无疑是课题研究另一个重要的创新价值所在。

1.5 研究的不足

本研究认为，生产要素的直接价值与间接价值共同决定了生产活动的性质、内容及其效率，是价值构成不可或缺的两个重要方面，也在很大程度上影响和改变着整个社会生产的过程和结果。然而，由于过往的经济理论更多地侧重生产要素直接价值的研究，并且长期以来一直是以要素损耗为方法来核算生产要素成本及其产出，导致了过往生产活动的成本核算因为缺少生产要素的间接价值而产生了价值被低估的问题。虽然本书通过等价变化和补偿变化两种方式分别测度了文化变量参与经济活动的间接价值核算，并对其经济福利影响进行了分析，最终奠定了本书关于文化研究的一般均衡分析框架的理论基础。但是如何在现实的宏观经济实践中，进一步在国民收入核算中体现文化间接价值，本研究没有涉及。

为更好地展开相关研究，本书通过系统梳理"一带一路"代表性共建国家的文化史著，根据其核心文化价值观及其特征形态，以文化相同（相近）为依据，对共建国家从文化角度进行了四种文化类型的分类。在此基础上，课题对各文化类型代表性共建国家的文化核心价值及其经济影响形态进行了细致分析，并重点对四种文化类型的32个共建国家进行了独立的"一带一路"倡议文化认同测度。应该说，虽然对代表性共建国家的选用分析有效地帮助课题组在既定篇幅和有限时间内完成了主体研究任务，但是，这些代表性共建国家的选择，却难以兼顾100多个共建国家更加细微的"一带一路"倡议文化认同差异性。因此，不断补充和丰富更多共建国家的文化核心价值及其经济影响形态的研究，是课题组未来继续努力的方向。而与此同时，随着"一带一路"建设的不断深入，必然会有更多的国家和地区加入"一带一路"建设。从这个角度讲，本书的研究范畴是动态性的，无论是在研究的深度上还是广度上，研究成果都需要不断地完善、调整和更新。

第二章　相关理论基础及国内外研究现状

"一带一路"倡议是我国首次提出并得到国内外众多学者关注的重要国际合作倡议。虽然目前国内外学者在相关领域已经展开了系统而又深入的研究，其研究成果对"一带一路"建设也起到了积极的推动作用，但是从目前国内外相关研究成果上看，尚未发现系统的、直接的关于国际文化认同视角下的"一带一路"研究。事实上，任何学术研究都是在前人研究基础上展开的，是对过往研究成果进行逻辑批判和演绎的结果。正是基于对传统文化理论及经济理论的回顾与总结，本课题才得以展开"一带一路"倡议的国际文化认同性及其经济影响的内在机理研究。因此，本章将围绕文化与经济相关理论展开系统梳理和述评，为课题基于国际文化认同视角展开"一带一路"研究奠定坚实的理论基础。

2.1　相关理论基础

2.1.1　文化及其相关理论

1.文化

纵观古今中外的历史演进，文化总是不断地推动着人类的生产和生活实践，在此过程中文化的内涵也得到了发展和完善。从词源角度解释，中西方对文化的界定有一定的差异。东方强调文化是精神层面的"文治教化";西方则认为文化是人类在生存和发展实践中的经验总结。从属性来看，文化不仅具有静态属性，还具有动态属性，即文化不仅是一个结果，还是实践和创造的全过程。

2.文化差异

不同国家和地区的人在身份、价值观、信仰等方面存在显著的差异，即文化差异。文化差异从社会法律、价值观念、文化风俗等多个方面影响人们的行为习惯和思维方式，使人们在异域时容易出现不适或产生沟通障碍甚至冲突。由于文化本身具有复杂性和多样性的特征，因此准确界定和测度文化差异具有较大的困难。一般而言，国内外学者普遍采用霍氏跨文化模型、Globe文化模型对文化差异进行测度。这些测度文化差异的模型各具特征。霍氏跨文化模型侧重从权利、气质及节制和行为取向等角度对文化差异进行分析；Globe文化模型则关注文化价值取向、阶级、掌控三个维度。应该说，虽然霍氏跨文化模型与Globe文化模型都对文化差异的验证性不足，但是霍氏跨文化模型与Globe文化模型因其具有较强的应用性获得了学者的认可并得到了广泛应用。随着研究学者对其不断地发展和完善，霍氏跨文化模型与Globe文化模型在实践中形成了较多决策并促进了国家和区域文化的沟通和交流。

3.文化产业

文化产业一般被认为是文化在实践活动中的具体载体。联合国教科文组织对文化产业的定义涵盖了创作、生产和商业化结合的产业，这些产业涉及的创造性内容通常是无形的，具有文化性质。而在美国，文化产业通常被认为是版权产业；日本将与文化相关联的经济活动列入文化产业范畴，包括演出、出版、娱乐影视、体育活动等多种内容；英国将创新等同于文化产业，认为人的动手能力是社会财富增加的重要渠道；中国借鉴多国定义及标准，对文化产业进行了定义，即能够为公众提供服务和文娱产品的各项活动及其关联活动的集合属于文化产业。

　　与其他产业不同，文化产业具有以下特点：文化产业能够在较大程度上满足人们的各种精神需求；文化产业中产品需求的不确定性程度要高于其他产业；文化产业具有较高的附加价值，同时也具有较大的风险性；文化产业具有较强的产业关联性，能与其他产业形成复杂的产业链；文化产业可以根据文化资源特征不断产生出相关的衍生产品，具有很强的成长性。

2.1.2　经济协同发展理论

1.协同学理论

　　协同学是20世纪70年代初由联邦德国理论物理学家哈肯创立的。哈肯（1984）在《协同学引导》中通过研究激光传递的原理解释，发现不仅系统中各要素之间有相互联合的作用，不同学科之间也可以通过跨学科相互作用，最终实现系统结构的优化。自此之后，协同学作为一门学科逐渐被物理学、化学、经济学等多学科应用。协同学理论的核心观点为：第一，复杂的系统在其发展演化过程中会形成独特的内在规律，同时其子系统又会在运行过程中不断进行优化和结构调整，各子系统的协同和竞争促进了复杂系统不断演进和升级。第二，协同学中支配原理发挥重要作用，序参量对子系统的作用体现在它是支配原理发挥作用的重要因素。应该说，协同学理论的产生和发展，其本身就是深入复杂系统的内部对系统的组织规律和子系统进行研究。

　　协同学突出强调复杂开放系统中的各子系统会产生协同效应。目前，更多的学者对协同学在不同学科及领域中的应用效应进行了深入研究。Mitchell和Mulherin（1996）对企业并购的协同效应进行了系统研究；李彬和刘怡彬（2017）从内部资本市场的角度对关联并购的税收协同效应进行了实践性研究。

2.复杂系统理论

目前，国内外学者对系统的定义尚没有形成共识。但是一般而言，系统包括两个及两个以上要素且各要素为了实现共同目标相互作用和彼此制约，从而形成了不断动态调整的整体。系统自身存在整体性、结构性、动态性等多个特征。其中，系统的整体性强调构成系统的各要素之间呈有机整体，系统的各要素活动具有整体的行为，为共同的目标产生整体的功能。系统的结构性是指系统中各要素之间的关联关系和要素之间的相互作用，系统结构分为有序性和无序性两种。系统的动态性体现为系统学研究经历了从简单到复杂、从系统结构层面到复杂系统的演进过程，而且复杂系统本身即是动态发展的。因此，动态性是系统的本质属性之一。

复杂系统中既包括相互作用、相互关联的子系统，也包括系统关系的构成。复杂系统的各子系统之间具有非线性关系，其特征如下：首先，复杂系统具有非线性和动态性的特征。系统中各子系统之间并非简单叠加，而是通过各系统之间的关联和相互配合，实现整体功能的最大化。同时，整个系统中的子系统及要素会随时间不断调整，实现与外部环境的交互作用，进而促进整个系统的优化和结构的升级。其次，复杂系统具有开放性与多层次性的特征。复杂系统中的各级子系统基于特定关系联合而成，整个系统因子系统的不断更新而日益复杂。复杂系统能够不断与外界进行信息和物质的交换，进而实现系统从无序到有序的演化。最后，复杂系统具有自组织性和自适应性的特征。复杂系统不需要外界干预也能够实现组织系统内部的自组织和演化，并且能够针对外部环境的变化，通过自反馈和调节，转换外部环境向有利的方向发展，进而促进各子系统协调发展。

3.耗散结构理论

在无序、多样和非均衡的开放系统中，化学家、物理学家普里戈金（2018）创立了耗散结构理论。其基本思想是当任何一个开放系统处于非平衡状态时，可以通过本系统与外界进行能量和物质的交换，最终在特定时点发生突变，进而实现在时间、空间和功能上的有序稳定状态，这种有序结构被称为耗散结构。普里戈金的耗散结构包括三个方面：首先，耗散结构的发展需要通过本系统同外部系统不断进行能量和物质的交换，因而耗散结构是开放的系统。其次，耗散结构是在非均衡状态下，不断向均衡状态进行的跃迁升级，因而耗散结构具有非平衡的特点。最后，耗散结构系统内部的要素存在非线性的关系，并且存在协调性，这有利于加速有序结构的形成。

需要指出的是，经济学者借鉴耗散结构理论在其他领域中的应用经验，将其作为新的研究范式对经济学问题进行了研究。Perrings（1986）和HyeonHyo（1998）将耗散结构理论在经济系统和金融系统进行了应用性研究，总结出耗散结构理论的经济学特征。同样，曾德明等（2009）以高技术产业集群为研究对象，认为耗散结构发挥作用的必要条件是系统的开放性，而系统的封闭性会导致系统无序性的产生。曾德明通过对高技术虚拟产业集群的研究解释了集群不断跃迁升级的根源。

2.1.3 空间经济理论

1.产业分工理论

分工作为经济学研究的重要内容，一直是经济学家关注的核心和重点。从古希腊分工思想的出现到古典分工理论的形成，再到马克思对分工的研究，以及一直以来经济学者对分工现象及分工理论的研究和应用，都使人们对分工的认识不断深入。古希腊哲学家柏拉图（1986）曾提到分工的思想，他认为分工及专业化对增进社会福利有重要的意义。此后，经济学家威廉·配第（2006）在其专著《政治算术》中提出了分工的概念。配第通过分析纺织生产分工的经济性，提出了专业化对生产力进步的重要价值。古典经济学家斯密（2023）也将分工视为经济学研究的核心内容。斯密将分工描述为"未开化社会中一人独任的工作，在进步的社会中，一般都成为几个人分任的工作"。令人遗憾的是,以马歇尔（Alfred Marshall）为代表的新古典经济学在研究方法和重点上有所转变,在很大程度上转向了对市场均衡和资源配置效率的研究（马歇尔,1964）,导致了随后的经济学核心研究转变为特定资源配置下的最大效益实现问题。由于分工在经济研究中不可或缺的作用,杨格对斯密分工思想进行了深入研究,从分工效率的视角丰富了斯密分工理论（杨格和贾根良,1996）。

马克思和恩格斯（1979）认为,所谓分工是一种特殊的、有专业划分的、进一步发展的协作形式,是各种操作不再由同一个手工业者按照时间的先后顺序完成,而是分离开来,在空间上并列在一起,每一种操作分配给一个手工业者,全部操作由协作工人同时进行。马克思和恩格斯将分工分为两类:自然分工与社会分工。而自然分工与社会分工的逻辑是:自然分工—交换—社会分工。因此,社会分工就是自然分工之后以产品或商品交换为基础的分工。自然分工又分为两种形态,即性别分工与地域分工;而社会分工包括一般分工、特殊分工及个别分工。可以说,马克思和恩格斯对分工类别的划分对于研究分工理论具有重要的指导意义。

2. 产业集聚理论

产业集聚是一种重要的产业空间聚群现象。早在20世纪30年代,Hoover（1937）在分析产业运行规律时就将集聚作为产业空间布局的重要研究内容,并认为规模经济、地方化经济和城市化经济是集聚的重要内生动力。Hoover的研究是产业集聚理论演进过程中的重要一环。20世纪90年代,产业集聚理论得到了迅速发展,熊彼特（1990）等学者将产业集聚与创新、技术变化结合起来,深入分析了产业集聚与经济增长的内在关系。随后,Krugman（1979）等学者继续从垄断竞争、规模报酬递增及累积因果效应等方面进一步丰富了产业集聚理论,并形成了空间产业集聚理论。Porter（1990）利用钻石模型对产业集聚形成的国际竞争力进行了分析。需要指出的是,首先从空间视角研究产业集聚并形成系统理论的是新古典经济学家马歇尔。马歇尔从外部经济的视角系统解释了产业集聚的原因。马歇尔认为，形成产业空间集聚的原因包括专业化投入、市场规模以及技术溢出效应。随后，马歇尔的集聚理论被不断丰富，并逐步涉及规模经济、共享基础设施以及生产的外部性等问题（Koopmans，1957；Hoover，1948）。

需要指出的是，产业空间集聚也是区域经济学研究的重要内容。区域经济学家韦伯（1997）在其《工业区位论》中将区位因素分为两类，即影响产业布局的"区位因素"及影响生产效率的"集聚因素"。其中，集聚因素促进了企业间内在的和外在的联系进而形成产业集群。关于区位在集聚中的作用，Porter（1990）从竞争的视角进行了分析，Porter认为产业在特定区位的集中，究其本质是特定区位上的产业集中所带来的优势，这种优势有利于提升产业竞争力。这种区位集中所形成的竞争优势取决于生产要素、需求条件、厂商结构以及战略与竞争。在Porter教授的竞争力分析基础上，克鲁格曼（2001）进一步将规模报酬纳入了集聚分析。克鲁格曼认为，产业集聚是由规模报酬递增、运输成本节约之间的循环累积作用形成的，并且只有将贸易理论和区位理论结合起来才能真正解释产业集聚的动力及其区位选择的原因。

2.1.4　国际贸易理论

1.比较优势理论

大卫·李嘉图（David Ricardo）在其比较优势理论中提出，由于自然资源及生产效率的差异，一个国家应当生产并出口具有成本优势的产品，进口本国生产成本处于劣势的产品。随着经济学者研究的不断深入，比较优势理论也从静态分析发展到了动态分析。1970年后，以克鲁格曼、斯蒂格利茨、格罗斯曼等为代表的西方经济学家也对动态比较优势理论进行了不断的完善，其突出特征是在规模经济和垄断竞争的条件下，将技术进步、创新、规模经济等问题相互结合进而探索比较优势的形成。杨小凯在新兴古典经济学框架下提出了内生比较优势理论。内生比较优势理论认为，专业化分工带来了生产者效率的提升，从而形成了人力资本积累。因此，专业化和分工是内生比较优势形成的根本原因之一。杨小凯和张永生（2003）对专业化和分工进行了研究，杨小凯和张永生认为，经济增长是经济组织演进的过程，其中技术进步、规模经济只是组织演进的一种结果。应该说，内生比较优势理论将专业化分工作为理论研究的核心，并且将专业化分工与规模经济和技术进步严格区分开来，这种理论分析范式在很大程度上完善了斯密的分工思想。

2.需求相似理论

需求是消费者购物的本源动力，最早关注并研究偏好相似理论的学者是瑞典经济学家林德（S. B. Linder）。从一定意义上说，偏好相似理论是对H-O理论（生产要素禀赋理论）的完善。林德认为，影响国际贸易的因素不仅包括国内人均收入，还包括国内的消费偏好及生产规模，即两个国家的消费偏好越接近，两国之间产生的贸易量及贸易类型越多。偏好相似理论认为，影响需求偏好的因素较多。例如，文化、地理位置、经济的发达程度等因素都会对需求偏好产生影响。国家和地区之间的文化差异越小，需求差异就越小，两个国家和地区之间的贸易就越频繁，产业内贸易就越多。

3.交易成本理论

国家和地区之间的交易成本也会影响国家和地区之间的贸易量。交易成本包括信息成本、物流成本、决策成本、谈判成本和违约成本等。根据交易成本理论，企业是否在另一国家和地区进行对外直接投资取决于其在投资国能否获得市场、公司管理经验等。需要特别指出的是，当东道国和投资国之间具有相似的文化背景时，企业的经营管理会更加顺利，贸易的频繁程度会更高。例如，North和Thomas（1977）认为，通过文化相似程度的促进，降低语言沟通障碍和沟通成本可以有效降低交易成本，进而可以加速商业和社交网络的形成。显然，交易成本理论对于本课题深入探索不同地域文化类型国家参与"一带一路"建设提供了理论支撑。

2.1.5　理论简评：经济学的文化向度复归

本章对相关基础理论的系统梳理，既为课题研究提供了基本框架和理论支撑，也为课题基础理论创新提供了新的思路。事实上，社会发展中的文化问题一直是经济学研究的核心内容。尤其是文化产业作为文化在经济中的有形载体，成为很多学者的专项研究内容，相关成果为国民经济中文化产业发展提供了坚实的理论支撑。需要指出的是，文化在经济中的作用，不仅体现为文化本身作为生产活动的对象成为特定产品的生产过程，而且还体现为文化在漫长历史演进中逐渐形成的社会约束和行为规范，以其广泛而深刻的渗透力对经济活动产生着重要影响。在这种影响过程中，文化不是以其自身形态在生产过程中的直接提取、转移和消耗为形式表征，而是基于其与生产活动所进行的各种无形性、非形态性的价值提取和转换，从而表现出对经济运行的激励与约束。因此，文化对经济活动的影响，既包括文化在经济活动中的直接价值体现，也包括文化在经济活动中的间接价值体现[①]。事实上，经济发展中的文化间接价值一直是经济学研究的核心内容。斯密（1997）在其经典著作《国富论》中系统论证自由市场的作用时，强调了人们在经验基础上所形成的道德一般规则，并认为这些规则在经济活动中能得到遵守与维持，是"看不见的手"背后真正的运行基础。同样，穆勒（1991）在研究财富的性质及其生产和分配规律时也认为，经济研究不仅要注重资源配置，更要注重如何有效地利用已有配置资源。其中，社会中正式的法令和非正式的习俗等"集体行动逻辑"最终决定了财

---

① 关于文化的直接价值和间接价值，本课题在第三章进行了详细论述和分析。

富更高效率的生产与分配。而刘易斯（1996）认为，如果提供了资本和技术但未提供使用它们的有效"框架"，那么资本和技术将无法得以利用。刘易斯认为这个"框架"蕴含着文化内涵，决定着一切经济活动和经济关系的展开。可见，在经济学发展的每个阶段，文化"显而易见的作用"都不同程度地反映在各种理论之中。正如 Isard（1949）所说，"以往的生产理论……不能明确地以充分的理由来论述某些生产成本……它们是如此至关重要，以至于无法通过暗含的处理方式来加以回避"。

然而，尽管经济学家一直关注文化在经济中的重要作用，但是，这些文化的相关分析及其研究成果却是零散的，远未形成完整的理论体系。尤其是当代主流经济学一直将文化视为经济研究的外生变量，构建了无"文化维度"的一般均衡理论分析框架。在无文化摩擦、零成本的框架中，经济学相关理论规避了不同地区、不同时期经济主体的价值趋向、行为规范等主观意识在经济活动中的影响，从而对经济主体行为进行了严谨和富有逻辑的数理论证，并以水晶般明澈的思路，构建了一个可与理论物理学成就相媲美的经济学理论体系（熊彼特，2013）。然而，主流经济理论舍弃现实经济活动中"文化维度"形成的这种水晶般明澈的思路，其代价是高昂的。这是因为，在经济学业已形成的分析框架中，"一旦把这些文化特征纳入经济分析，就会带来传统经济学结构的彻底变革（Coase，1992）"。例如，在主流经济学中，"文化维度"的舍弃必然抽象出消费者偏好和生产者偏好的凸性特征。然而，消费者偏好的凸性假设意味着，如果存在边际消费效用递减，那么消费者均衡应该是在全部商品的均衡选择中实现。但是在现实经济中，这种偏好凸性假设与消费者的空间消费行为存在内在的冲突。因为，在空间经济中如果消费者偏好是凸性的，那么消费者在追求效用最大的过程中应该将其每单位消费均匀分布在整个经济空间中。只有在整个经济空间内进行均匀消费，消费者才能实现消费者均衡。显然，这种结论不但与现实的消费行为相冲突，而且使消费者行为理论关于均衡的理论判断也失去了研究意义。同样，生产者偏好的凸性假设也与生产者现实的经济行为无法完全兼容，因为生产者偏好凸性假设必然要求生产的规模报酬不变。Mills（1972）曾系统性证明，规模报酬不变条件下的空间经济竞争均衡结果必然是"无城市的世界"。如果规模报酬不变，生产可在任意规模下进行，那么生产必然会临近每个消费者进行，因此空间经济竞争均衡不会形成生产的集聚；同时，尽管生产的空间集中可能会导致土地成本上升以及运输费用提高，但是规模报酬不变下的生产也可能不会形成生产的分工。显然，这种理论判断与现实经济的社会化大生产存在冲突。事实上，很多经济学家也意识到了生产偏好凸性与现实经济的冲突和矛盾，并试图将规模报酬递增纳入传统经济学的一般均衡分析当中。然而不无遗憾的是，这些学者的努力很难绕过Sraffa（1926）提出的命题，即在何种程度上，规模报酬递增与完全竞争相互兼容。如果生产活动的规模报酬是递增的，那么在追求利润最大动机的驱使下，企业会不断扩大生产规模。市场组织必然会表现为垄断形式，市场均衡也必然是垄断均衡而不是竞争均衡。显然，垄断均衡与经济理论所强调的市场效率又存在难以调和的矛盾。

除"无文化维度"使经济学在基本分析范式上表现出了逻辑不足之外，即便是经济学的应用性分析也难以在"无文化维度"下得出令人信服的判断。一般认为，分工和集聚是解释现代经济发展内源动力的一条重要主线。尽管空间经济理论和国际贸易理论对分工和集聚都进行了丰富的理论分析和实践研究，但是这些"无文化维度"的理论仍然缺乏实践。从传统空间经济理论和国际贸易理论的梳理中，我们可以看出经济学对分工和集聚的研究经过了两个重要阶段。第一阶段是古典经济学对分工和集聚的解释。基于生产要素禀赋在自然地理空间上的不均匀分布，古典经济学认为比较优势是分工产生的原因。古典经济学的这种分工和集聚形成的原因分析是以要素不能流动为前提的。但是，随着现代生产技术的不断发展和高速运输工具的出现，当生产要素可以在区域间自由流动时，古典经济学对于分工和集聚的成因解释就失去了合理性。第二阶段是放弃要素禀赋及比较优势成本分析而从生产过程中寻找答案。在这一阶段，以阿林·杨格为代表的经济学者认为，分工和集聚的动力源于生产过程中不断细化的生产环节及其所带来的效率提升。显然，这种在生产环节中寻找分工和专业化动力的探索在很大程度上符合现实生产实践。然而与古典经济学一样，阿林·杨格等学者在生产环节探索分工和集聚动力的努力和尝试，仍然无法有效解释区域间分工和集聚形成的内在动力。这是因为如果现实经济中的要素是自由流动的，那么不同经济空间都可以拥有相同的资源，在这种"均质"的经济空间中各地区生产效率必然相同，那么分工的根源又是什么？同样，在"均质"经济空间中，"在哪里"分工的问题必然会得出"在任意地点"分工的结论。显然这种理论判断与现实经济的分工和集聚实践并不相符。事实上，作为历史积淀所形成的核心价值体系，文化必然是影响经济活动的深层次要素。从文化动机决定人们的行为，到先进文化孕育创新动力，并对其域内要素的配置方式不断优化和调整，这些都是文化在经济活动中的作用体现。从这个角度上说，充分重视文化对其域内生产活动、发展模式、经济效率的重要影响，是揭示现代经济发展内源动力的重要线索。

综上所述，虽然现有经济理论已经对文化与经济的影响进行了深刻揭示，并为本课题研究奠定了充分的理论准备。然而，从理论梳理结果来看，目前多数经济学理论中关于文化的研究大多停留在将其作为生产对象的独立研究，或者是关注文化与经济两者关系的讨论上，对文化在经济发展中的作用机制没有足够探讨，缺乏文化嵌入经济学的基本分析范式研究。这就表现出现有经济理论与文化问题研究仿佛是两条平行轨道，互相映衬却难以紧密相连。文化成为经济学研究的外生变量，其成果也游离于主流经济学之外。将文化纳入主流经济学的基本分析范式并探索文化对经济活动影响的内在机制，绝非易事，也不可能一蹴而就。正如 Coase（1992）所说，一旦把这些文化特征纳入经济分析，就会带来传统经济学结构的彻底变革。因此，经济学的文化向度复归，必然需要长期的努力和不断的探索。事实上，本课题把文化对传统经济理论一般分析范式的影响和拓展，作为以理论创新为基础的应用性研究，不仅为经济学文化向度的复归做出了有益尝试和补充，同时也为"一带一路"倡议文化认同研究提供了坚实的理论支撑。

2.2　国内外研究现状

2.2.1　"一带一路"倡议的提出及实施

1."一带一路"倡议提出的背景

（1）"一带一路"倡议提出的国内背景研究

"一带一路"倡议的提出遵循历史轨迹，是历史演进的必然。李长久（2013）通过对中国古丝绸之路的路线及其对地区经济的影响进行了比较分析，得出古丝绸之路有效推进了中外经济、政治及文化的交流。在经济全球化与区域经济一体化发展的今天，古丝绸之路的繁荣为"一带一路"建设提供了历史基点。李琪（2014）对"丝绸之路经济带"构建的历史要素进行了分析，认为古丝绸之路的贯通不但促进了共建国家政治交流与贸易往来，而且传播了各国文化，体现了古代中国"与我和平"的战略思想。我国改革开放以来长期以"引进来"为主，面对经济转型发展、对外开放水平提升及综合国力增强等新的经济发展环境，我国提出的"一带一路"倡议势在必行。王睿和陈德敏（2013）认为，中国西部地区经济相对落后，区域间发展不协调，单纯靠本地区发展难以使西部落后地区形成赶超式发展。"一带一路"倡议的基础设施建设可以为西部地区提供良好的对外通道，为西部地区开放发展提供国际交流的新平台。石泽（2014）认为，"一带一路"倡议是中国进入对外开放新阶段、形成对外开放新格局的客观需要，其本质是中国"引进来"和"走出去"战略的延续与发展。毛艳华（2015）认为，"一带一路"倡议是中国参与国际经济合作与全球治理的重要路径。中国经济影响力逐步扩大，市场容量巨大，对外投资能力增强，在深化对外开放过程中有能力为吸收商品与对外投资提供必要的市场与资金保障。王义桅（2016）认为，中国在人力资本、资金储备、技术优势及市场能力方面的发展为"一带一路"倡议的实施提供了保障。同时，中国面临的产能过剩、经济转型等问题也促使"一带一路"倡议成为当前最为重要的发展战略。

（2）"一带一路"倡议提出的国际背景研究

夏立平（2005）认为，经济全球化进程的发展促使亚欧进行更深入的对话与交流，使亚欧在政治、经济及文化方面的合作更为密切。亚欧战略协作意愿的增强，促进了亚欧新型合作方式的形成，这为"一带一路"建设奠定了客观基础。何中（2014）认为，中国提出"一带一路"倡议中的"五通"建设与合作方针均体现了"亲、诚、惠、容"的周边外交理念，是打造命运共同体与利益共同体的必然要求。王海燕（2015）认为，"丝绸之路经济带"的提出顺应了时代的要求。金融危机后，中亚地区经济增长速度高于全球平均速度，是世界经济的新增长点，其经济的持续发展为"丝绸之路经济带"的建设提供了发展动力。虽然中亚地区收入水平逐渐提高，但仍处在发展中国家水平，需要进行经济区域合作来改善目前状况，这为"丝绸之路经济带"建设提供了内在需求。同样，李文和蔡建红（2015）认为，随着我国经济的迅速发展，综合国力不断增强，日本和美国等发达经济体为维护自身利益对我国采取了较为激烈的限制措施，因此"一带一路"倡议能够有效化解上述挑战。

事实上，仅孤立地从国内或国际视角对"一带一路"倡议进行研究，忽略了倡议的全貌，这种研究是片面的。目前，越来越多的学者开始从国内外两个角度整体研究"一带一路"倡议提出的背景。梁晨（2015）认为，

"一带一路"倡议的提出是维护中国与世界和平、安全、稳定的需要，也是促进中国及区域经济进一步发展的需要。郑志来（2016）认为，改革开放以来中国的经济发展轨迹为"投资—过热—降温"。目前，国内众多产业面临产能过剩的问题，并且国内东西部发展差距依然存在。同时，我国对外贸易面临着国际上新型经济贸易组织的极大挑战。为消化国内过剩产能，调节东西部经济结构，缓解国际经济冲击，"一带一路"倡议作为一种新型的开放型发展规划有利于化解这种内外矛盾。同样，刘华芹（2015）也对"一带一路"倡议提出的国内外背景进行了分析。刘华芹认为，经济危机后世界经济格局和经济结构调整巨大，国际秩序正在深入调整，新兴国际经济组织发展迅速，跨区域合作范围扩大；与此同时，大多发展中国家迫切希望参与区域经济合作，提升自身发展水平，加强与其他国家的经济联系。在此环境下，"一带一路"倡议应运而生。而在国内方面，刘华芹认为中国的对外开放在促进经济发展的同时也维护着国家安全。一方面，"一带一路"建设有利于区域经济平衡发展；另一方面，"一带一路"倡议也为中国保障能源运输以及提升海上运输安全提供了重要保障。

2."一带一路"倡议的核心内涵

国内学者从宏观角度、文化角度、空间角度，以及经济、安全、人文等角度对"一带一路"的核心内涵进行了全面分析。李向阳（2014）认为，"一带一路"倡议是适应国内外环境的新型区域合作机制，是符合区域经济一体化的经济外交平台。内外联通是倡议的基础，物流运输大通道是倡议的纽带，而多元化合作则是倡议的目标与特征。孙壮志（2014）将"丝绸之路经济带"视为合作的新方式，并认为"经济带"以相对发达的城市或经济区为节点，以完善的交通线路为纽带，以共同利益为核心，将各相关区域连接，进而形成了具有辐射效应的带状经济区域。何茂春等（2015）认为，根据倡议的"五通"原则，扩大经济、政治、外交及文化交流的深度和广度，形成双边乃至多边的贸易往来，是共建国家参与国际区域经济合作的新平台。"一带一路"没有起点与终点，是多条线路的经济走廊，是顺应经济全球化趋势的伟大倡议。胡键（2015）认为，"一带一路"倡议是一种互联互通的倡议。这种互联互通不仅包括中国与境外的联通，也包括中国境内各区域之间的联通。首先，中国的经济发展与对外合作有着密切的联系，但国内各区域由于地理上的阻隔影响了经济的联动发展。如果内部不联通，就不能从根本上解决中国经济发展的不平衡问题。其次，这种互联互通不仅是基础设施方面的互联互通，也是内部的机制联通，只有各地区确立适宜的发展机制，才能缓解区域发展的不均衡问题。

文化是经济、政治的基础与前提。国内学者以"一带一路"倡议的文化内涵为起点，对"一带一路"倡议的内涵进行了深刻解读。刘卫东（2015）认为，"一带一路"倡议继承与发展了"丝绸之路"的文化内涵。在原有"丝绸之路"文化的基础上，"一带一路"倡议更加突出了经济全球化背景下"包容性"对全球经济发展的重要作用，并向世界传达了"和平、发展、合作、共赢"的新理念。陈耀（2015）认为，"一带一路"倡议并不是重新恢复古丝绸之路，而是在现实背景下扩大"丝绸之路"的含义。古丝绸之路不仅是经济贸易的国际通道，还是古代文明及精神的象征。"丝绸之路"将沿线各种文明相互融合，兼容并包。"一带一路"倡议传承并发展了"合作共赢、共同繁荣"的文化内涵，并且更丰富、更宽泛。

国内学者也从空间维度分析和解释了"一带一路"倡议的核心内涵。徐小杰（2014）从地缘政治经济角度对"一带一路"倡议进行了阐述。徐小杰认为，一方面中国内陆地区是陆上"丝绸之路"的起点，中西亚地区是连接亚欧大陆的中间地带，沿线的阿拉伯海、黑海、地中海则是重要的战略通道；另一方面海上"丝绸之路"从中国东海出发，经由中国南海、东南亚部分海域、红海和地中海，最终到达欧洲，其中中国南海和东南亚地区是海上"丝绸之路"的重要节点。总体来说，"一带一路"将亚欧非地区连接起来，形成了文化、经济、政治相互交流合作的新模式。连雪君（2014）认为，"新丝绸之路经济带"从太平洋经东亚、西亚、中亚到波罗的海，最后到达欧洲大陆，将经济带共建国家的经济与文化连接，是跨区域经济合作的新模式，成为贯通欧亚大陆经济合作往来的国际大通道，最终成为以沿线重点地区为节点、以国际物流通道为纽带、以产业发展为重点的经济合作平台。

3."一带一路"倡议提出的意义

"一带一路"倡议旨在互利共赢，谋求共同进步，促进和谐发展。"一带一路"倡议的提出对中国经济和世界经济发展具有重要意义。概括来说，国内学者从国内产能过剩与经济结构转型、对外开放与区域经济发展、国际区域经济合作、世界和平发展等层面对"一带一路"倡议进行了深刻研究。

产能过剩与经济结构转型是当前中国经济增长面临的重大问题，而"一带一路"倡议的提出成为解决上述问题的重要途径。剧锦文（2015）认为，"一带一路"倡议的实施能够满足中国生产要素与产业结构升级的需要。中国目前面临产能过剩问题，而当前国际上许多发展中国家仍面临着基础设施建设不足、经济发展落后等问题。通过"一带一路"建设，中国可以将过剩的优质产能输出，在帮助落后地区经济发展的同时，也满足了本国产业升级的需要。同样，王永中（2016）也支持上述观点，他认为"一带一路"倡议的重要内容就是国际产能合作，其促进了国内产业结构转型升级。改革开放以来，中国承接的多是劳动密集型产业的业务，而随着中国经济的发展，劳动力成本逐渐增高，部分劳动密集型产业应向外逐步转移。部分"一带一路"共建国家产业发展落后且基础设施相对薄弱，中国利用"一带一路"国际大通道将产品、技术、资源输送到这些国家，在促进共建国家产业发展的同时将国内劳动密集型产业进行转移，从而推动中国创新型经济发展。魏鉴和刘建刚（2016）对

"一带一路"倡议实施的经济影响进行了分析,认为金融危机后中国经济增长缓慢,逐渐出现了产能过剩、动力不足等问题。与此同时,许多发展中国家拥有丰富的资源,但缺少娴熟的开发技术;也有些国家急需进行基础设施建设但资金不足。对于中国来说,无论是在基础设施建设还是在资金技术上,都存在较大优势。因此,"一带一路"倡议可以成为产能输出与发展战略对接的平台,中国通过"一带一路"可以将过剩产能、基础设施输送到共建国家,也可以将部分产业转移到国外,调节国内产业结构,促进经济结构转型升级。

由于资源禀赋、自然环境以及政策环境的差异,中国区域经济发展异质性显著,经济发展具有从东部发达地区向西部相对落后地区梯次传导的特征。"一带一路"倡议的提出打开了中国对外开放的西部窗口,推动了西部地区经济发展,有力地促进了中国区域经济协调发展。肖金成(2015)认为,"一带一路"倡议有利于西部地区经济发展,也有利于促进区域协调发展。"一带一路"倡议将中国西部地区与中亚、西亚等地区连接,形成一条潜力巨大的经济带。中国西部地区可以通过"一带一路"倡议与中西亚地区共建国家进行能源贸易合作,利用国际大通道将西部地区经济发展所需能源引入内陆,而东部地区可以将资金、技术、产业输送到西部地区,支持西部经济发展和产业结构的升级。同样,郝瑞军(2016)也认为"一带一路"倡议对各区域的经济发展有带动作用。首先,"一带一路"将中国东部地区与东南亚地区紧密地联系起来,使中国与东盟之间的经济贸易往来不断加强,进一步扩大了东部地区的对外开放程度,为东部地区开放型经济发展创造条件;其次,中部地区在区位方面具有很大优势,"一带一路"倡议使中部地区成为连接东西部地区的重要纽带,成为东西部地区经济交流重要节点;最后,"一带一路"倡议使西部地区成为对外开放新高地,也成为内陆地区另一个经济大市场。"一带一路"将中亚地区与西部地区经贸往来紧密相连,进而促进西部地区经济发展;同样,"一带一路"也为东北地区发展带来了新机遇，可依托长吉图先导区带动东北地区经济发展。郭楠（2016）同样从中国区域经济发展视角阐述了"一带一路"倡议提出的意义。"一带一路"倡议使东部沿海地区成为"海上丝绸之路"的重要门户，巩固了东部地区中心城市在区域合作中的地位。同时，"一带一路"打通了中国东西经济发展的大动脉，中部地区为东西部地区资源与产业流动提供平台，进而为中部地区经济发展创造契机。同样，"一带一路"倡议也使西部地区成为中国面向中亚、西亚地区的前沿，进一步扩大了西部地区的对外开放水平。

"一带一路"倡议不仅对中国内部经济发展和对外开放有积极作用，对国际区域经济发展、世界和平稳定也具有深远影响。惠宁和杨世迪（2014）对丝绸之路经济带的意义做了阐述，认为"一带一路"倡议的实施有利于形成新的区域经济增长极。中国西北地区是连接中国与中西亚地区的纽带，是亚欧大陆国际通道的交通枢纽。丝绸之路经济带将亚欧大陆的能源、商品及人才进行内外传输，实现了亚欧大陆跨区域联动发展，并且通过连接亚欧大陆，形成亚欧新型经济合作伙伴关系，进而打造连接亚欧大陆新型跨区域经济增长极。陶坚（2015）认为，"一带一路"倡议有利于加强南南合作与南北交流，进而促进区域间多边经济合作。"一带一路"共建国家多为发展中国家，在倡议实施过程中各共建国家共同协商、共同进步，形成大国与大国间、小国与小国间乃至大国与小国间经济合作的新模式，促进了各国共同发展，使发展中国家的共同利益增多，为南南合作奠定了基础。王成（2015）认为，"一带一路"倡议有利于促进世界经济再平衡。目前，欧美是世界经济发展的中心，随着全球经济一体化的发展，以西方为主的经济发展模式显现出资源分配不均、贫富差距变大等弊端，已不能满足国际经济发展的需要。"一带一路"倡议顺应了经济全球化发展的趋势，倡议覆盖亚洲、非洲、欧洲三个大洲，共建国家多为发展中国家。秉承和平合作、开放包容、互学互鉴、互利共赢的理念，"一带一路"建设会不断强化区域间国家合作交流，促进各国发展，缩小贫富差距，使亚洲地区形成命运共同体，提高亚洲在世界经济的地位，打破西方国家在经济上的压迫，最终实现世界经济再平衡。张希梅（2016）认为，"一带一路"倡议不仅有助于推进世界多极化发展，还有助于反对霸权主义，维护世界和平。一方面，"一带一路"倡议使商品、资源、技术及劳动力跨国流动，有利于共建国家经济转型升级，多边贸易更加频繁，推进世界多极化发展；另一方面，目前国际经济以美国等西方国家为主，霸权主义、强权政治仍然存在。"一带一路"建设可以促进以亚洲为主的各发展中国家经济发展，提升亚非国家在世界经济中的话语权，有利于促进新型国际经济秩序的形成，维护世界和平发展。

4."一带一路"倡议实施的措施

"一带一路"是中国提出的国际经济发展新思路，"一带一路"建设能否给共建国家带来真正的利益，很大程度上取决于倡议推进的效果。毋庸置疑，在"一带一路"倡议推进过程中会遇到经济、政治等方面的风险与挑战。"一带一路"建设的顺利实施也必然需要相应的政策保障，确保"一带一路"倡议向更高阶段发展。从目前研究成果来看，国内学者分别从合作机制、互联互通、政治互信等方面研究了相关制度和政策措施。

稳定的合作机制是跨地区经济发展的前提。软环境建设是"一带一路"建设顺利开展的基础，只有合作机制软环境与基础设施硬环境有机结合才能促进经济合作长期发展。陈文玲（2015）认为，推进"一带一路"倡议应完善并健全各国合作机制。首先，应充分利用现有的多边合作机制及平台，如经济合作与发展组织、上海合作组织等；其次，应完善双边合作机制，充分发挥各相关机构在合作中的作用，共同推进重大合作项目的实施；再次，应建立共建国家通关机制，促进经济贸易便捷化，尽可能消除贸易壁垒，共同建立自由贸易区；最后，要强化政府之间的合作交流机制，以利于"一带一路"的顺利开展和实施。

　　基础设施建设是经济合作的前提,因此加快共建国家基础设施建设是促进"一带一路"倡议推进的基本保障。姜彩良、华光和孙东泉(2014)认为,交通物流一体化建设是"一带一路"推行的基础支撑。建立交通物流一体化发展示范区、开展交通物流一体化试点工程、加快物流大通道建设,是"一带一路"建设的必要保障。同样,龚新蜀和马骏(2014)认为,交通基础设施建设是跨区域经济发展的前提。作为对中亚地区开放的前沿地带,中国西部地区的基础设施建设尤为重要。我国西部地区基础设施建设应建立政府引导、市场调节的基础设施建设投资机制,并通过建立陆空结合的交通网络体系及口岸建设来促进与中亚地区的经济合作。刘华芹(2015)认为,"一带一路"应建立点、线、面相结合的全方位互联互通格局。"一带一路"贯穿亚洲、非洲、欧洲三个大洲,将各区域核心城市作为互联互通的"点",建设连接各重要城市的交通运输网络,使国际大通道与经济走廊成为互联互通的"线",而交通线路与核心城市形成的区域则是互联互通的"面",通过点、线、面最终将"一带一路"共建国家紧密相连,形成完整的区域经济带。

　　"一带一路"倡议覆盖范围广,部分共建国家和地区宗教色彩浓厚,社会制度差异较大,因此"一带一路"倡议的顺利实施必须加强与共建国家沟通,通过增强政治互信,消除其对"一带一路"倡议的疑虑,最终达成经济合作共识。林跃勤(2015)认为,推进"一带一路"建设尤其需要做好顶层设计,增强共建国家的合作共识。一方面,中国应着力宣传"一带一路"倡议的"和平合作、开放包容、互学互鉴、互利共赢"的核心理念,让共建国家能够深刻理解"一带一路"倡议是能带来共赢利益的倡议;另一方面,除政府之间的合作外,民间交流也尤为重要。增强共建国家民众对"一带一路"倡议的理解与认同,是提高国家间政治互信的基础。中国可以强化与共建国家的文化交流活动,通过大力发展文化和旅游业,让共建国家的人民了解中国"一带一路"倡议的本质。黄红山(2015)认为,推动"一带一路"倡议向现实转变,首先,必须加强政治沟通和政治互信,处理好与大国之间的关系。"一带一路"是国际长期合作倡议，只有世界各大国间增强互信、共同努力，才能将"一带一路"倡议推向成功。因此，中国必须加强与共建国家的关系，共同寻找"一带一路"倡议与大国各自发展战略的契合点，寻求包容性合作。其次，应以民心相通为目标，夯实民意基础。民心相通是各项合作的根本保障。利用人文交流平台促进中国与共建国家的文化融合，可以为"一带一路"建设营造良好的国际环境。王晓梅和葛欣（2015）通过对各大国关于"一带一路"倡议的认知研究认为，要消除共建国家对"一带一路"倡议的曲解，中国要从两个方面努力。一方面，中国要抓住宣传与解释的主动权，向共建国家表达"一带一路"倡议的目的，减少大国博弈色彩，宣扬共同发展的目的；另一方面，"一带一路"倡议涉及的国家多，应做到求同存异，根据不同国家的现实需要，制定因地制宜的策略，通过沟通赢得共建国家对"一带一路"倡议的支持，为"一带一路"建设创造良好的发展条件。

2.2.2 "一带一路"倡议的文化交流研究

"一带一路"倡议共建国家众多，涉及东亚、南亚、中东和东欧等差异显著的多元性地域的文化。尽管我国在推进"一带一路"建设时，突出强调了民心相通，强化了与共建国家的文化交流与沟通，但是也在一定程度上出现了共建国家对"一带一路"倡议认知上的差异。"一带一路"倡议的文化认同对"一带一路"建设有着至关重要的作用。目前国内学者对"一带一路"倡议的文化交流进行了富有成效的研究，其研究成果为课题研究提供了坚实的基础。

1."一带一路"倡议下文化交流的意义与作用

文化是政治、经济发展的前提与基础，文化交流有利于其他国家了解本国的精神文明，有利于拉近不同国家民众间的关系，也有利于别国认同本国的传统文化。因此，加强文化交流可以促进区域经济合作，推动"一带一路"倡议的顺利实施。李曙霞（2015）认为，文化交流是"一带一路"建设的黏合剂与催化剂。一方面，文化是推动区域经济增长的重要力量；另一方面，文化是推动区域经济合作的催化剂。不同文化背景下的经济合作双方往往语言不通、交流困难，进而影响了双方对于合作条件的理解，间接提高了经济合作成本。因此，加强文化交流可以减少经济合作的沟通成本，降低投资风险，提升合作心理预期，进而推动跨区域经济合作。侯东等（2015）认为，文化自信在"一带一路"建设中具有重要的意义。首先，文化自信为"一带一路"提供了坚实的精神支持。中国应坚定文化自信，利用文化交流的方式展现中国文化，使共建国家了解中国文化内涵，清除"一带一路"建设中的文化障碍。其次，文化自信是文化产业发展的基础。文化软实力是体现国家能力的重要方面，是促进经济发展的主要动力。最后，中国应充分利用"一带一路"建设带来的历史机遇，加强与共建国家间的文化交流，打造中国文化品牌，推进中国文化产业发展。

2."一带一路"倡议下文化交流的实现路径

加强与共建国家的文化交流对"一带一路"建设具有重要意义。赵立庆（2016）认为，中国要积极应对文化交流中遇到的现实问题，因地制宜地制定文化交流措施。首先，"一带一路"共建国家文化繁杂，中国应寻找各文化之间的交叉点，促进共性文化发展，借助文化交流增进各国友谊。其次，"一带一路"建设的核心是互利共赢，对发展较落后的共建国家应主动伸出援助之手。可以将中国文化产业发展经验与其分享，或为其落后地区输送优秀人才，使共建国家从中获利。最后，随着中国经济实力的增强，为更好地推动国家间的文化交流，应着力宣扬和谐共赢的发展理念，为"一带一路"文化交流清除障碍，建立国际互信体系。王少鹏（2016）认为，促进跨区域文化交流应从三个方面着手：一是要提高中国在世界的话语权。中国拥有源远流长的民族文化，将我国优秀的文明成果、核心价值传递出去，让共建国家充分了解中国文化。二是建立对中华文化的自信。

中华传统文化拥有辉煌的历史，在面对共建国家不同文化间的冲突时，中国应展现文化自信，促进文化交流，进而加强各国文化间的认同感。三是要树立正确的文化交流观念。不同文化背景下的交流沟通会存在不同程度的冲突与隔阂。中国作为倡议发起国，应担起相应责任，树立正确的交流观，正视各国间的文化冲突，利用共性文化促进交流，最终做到"和而不同"。向江平、黄世英和许东（2016）等学者认为，"一带一路"建设的推进需要有相应的文化交流政策的支持，尤其是要大力发展文化产业。目前中国文化产业发展水平与西方国家相比仍有差距，但是，国内市场对精神产品的消费需求增加，是文化产业发展的最佳时机。因此，我国要抓住机遇大力发展国内文化产业，同时将优质的文化产品输出国外，进而增加跨地区文化交流。胡文涛和林煜浩（2016）在其研究中突出强调，文化外交是促进民心相通的有效途径。促进文化外交应从制定政策开始，使共建国家文化交流建立在规范的制度下，为文化交流提供制度保障。同时，还应加大文化基金投入，为保护与发掘共建国家文化遗产提供资金保障，实现各国文化的共生共荣，进而增强共建国家对"一带一路"倡议的认同感。

2.2.3 相关研究的简评

从现有相关研究成果上看，国内学者对"一带一路"倡议的内涵及其建设意义有明确的认识。"一带一路"倡议是中国适应国际经济发展新形势、全方位开放发展的客观需要，其目的是不断强化国际合作交流，促进各国发展，最终实现世界经济的再平衡。一方面，国内学者的研究成果突出了"一带一路"倡议的文化内涵，认为"一带一路"建设本身是向世界传达了和平合作、开放包容、互学互鉴、互利共赢的丝路精神，继承了古丝绸之路合作共赢、共同繁荣的文化内涵，并且更加丰富、更具深度和广度。另一方面，国内学者的相关研究也明确提出，由于"一带一路"倡议涉及150多个国家，这些国家的经济发展差异大，文化背景复杂，再加上传统西方大国的博弈对倡议影响巨大，因此"一带一路"倡议的顺利实施必须加强与共建国家的沟通，通过增强文化交流，消除共建国家对"一带一路"的疑虑，最终达到政治、经济的全方位发展与合作。为此，国内学者对如何推进"一带一路"共建国家的文化交流进行了研究，并在促进"一带一路"共建国家文化产业发展方面取得了丰硕的研究成果，为本课题"一带一路"倡议的国际文化认同研究奠定了坚实的基础。

通过系统的文献梳理可以看出，目前国内多数关于"一带一路"的文化研究深度不够，对文化在"一带一路"建设中的内在作用和影响机制研究仍显不足，缺乏对推进"一带一路"国际文化认同的路径及其保障体系的研究。那些基于文化视角揭示"一带一路"建设问题的精辟论述，也仅局限在直觉思维的推理上或是基于经验的观点陈述之中。这种研究现状和理论储备，对我国充分挖掘"一带一路"国际文化认同基础，探寻适宜共建国家历史传承以及文化特征的经济发展路径及其模式，难以提供系统、可行的战略依据和政策建议。

2.3 课题研究相关概念

2.3.1 "一带一路"倡议的国际文化认同

1.文化内涵及其特征

文化的英文Culture一词源于拉丁文，15世纪初文化开始被引申使用并成为一个具有丰富内涵的概念。从目前的文献来看，文化的概念还没有达成统一的界定，其内涵也一直是哲学、社会学等领域学者争议的热点。然而，从文化不断推动人类生产和生活实践发展的史学观点上看，文化有其广义的范畴，即文化是社会群体在长期社会实践活动中所创造的物质财富和精神财富的积累。它包括：精神层面的信仰、意识、伦理及价值观念；行为层面的生产生活方式、行为礼仪、人际关系；制度层面的经济模式、社会组织、风俗惯例；物质层面的工艺技术和劳动器具等。仅以研究范畴而言，本书所主张的文化内涵应该包含价值观、意识形态、宗教信仰等特定群体普遍认可的观念取向，以及经济模式、生产生活方式等特定社会群体共享的行为规范。从本书所采用的文化范畴上看，文化应该具有三个主要特征：一是文化具有创造性和教化性。文化是可以创造的，通过社会化培育可以不断地积累和变化，从而形成对人们的引导和教化作用，并且是"能够将一类人与另一类人区别开来的思考程序"（刘易斯，2002）。二是文化具有传承性。所有的文化都是某个文化中心世代散布的结果，其动力是传播和发明的相互结合或影响，而文化的传承具有相对稳定性。三是文化具有差异性和可变性。在漫长的历史演变过程中，不同国家和民族都在创造其自身特有的文化，这些文化表现出独特性和差异性。然而，每种文化都不可能孤立式发展，多样化的文化之间必然进行交流，并潜移默化地发生改变。

2.国际文化关系

从属性来看，文化不仅具有静态属性，同样也具有动态属性。文化不仅是一个结果，也是形成和变化的全过程。关于文化的演化进程，美国学者福山（2003）在20世纪90年代提出了"历史终结论"，并认为西方国家在冷战中取得的胜利标志着西方文化价值观的最终胜利，西方文化将成为人类普遍适用的文化。与福山观点不同，亨廷顿（2010）提出了"文明冲突论"。亨廷顿认为，文明的差异是人类各种差异中最为根本的差异，这种差异是不可更改、不可消除的。由于不同文明之间的价值观和意识形态不同，世界历史中各种文化必然走向冲突，文明间的对抗将是世界格局的最本质状态，人类之间各种冲突的根本原因是文明或文化的差异。然而，德国学者米勒（2002）认为，亨廷顿的文化价值观究其本质仍然是冷战思维，世界上各种文化之间应该是"文明的共存"，而不是"文明的冲突"；不同文化国家之间会有广泛的共同点，"只要我们努力寻求，就能在世界各地找到对话的伙伴和合作的意向"。同时，美国学者奈（2002）也提出了文化的"软权力"理论，他认为，依靠一国的文化传统、道德观念和政治制度的吸引力和感召力，就能间接影响别国的思维和外交政策。拥有"软权力"的文化必须具备三个主要条件：一是其核心价值观和理念更接近普通的全球化规则；二是该文化具有多样化的交流渠道；三是该文化的承载主体具有较高的国际信誉。同样，日本学者平野健一郎（1997）也认为，在国家之间的交往中既有政治关系、经济关系，也有国际文化关系，而国际文化关系在很大程度上决定了国家之间的经济和政治关系。国际文化关系是国家间最为根本的关系，也是最为重要的关系。在一定程度上，世界秩序、主权、经济、安全、结构都依赖于国际文化关系。需要指出的是，随着全球化的发展，不同国家和民族间的交往普遍加强，如何把握全球化趋势下文化发展的方向？如何建立一个公平、公正的国际文化秩序？如何处理全球化背景下的"文化自觉"与"文化融合"？这些问题也得到了学者们极大的关注。法国学者路易·多洛（Louis Dollot）的《国际文化关系》、德国学者赖纳·特茨拉夫（Rainer Tetzlaff）的《全球化压力下的世界文化》两部著作是在全球化层面上探索国际文化关系及其走向的经典著作。这些研究表明，文化是国际关系的主要框架，是国际事务中国家行为的重要基础，是国际冲突的重要原因。

3.国际文化认同

对文化认同的研究始于20世纪70年代，全球化的发展使文化认同逐渐成为文化学、人类学、民族学、政治学等学科的研究热点。需要指出的是，尽管各领域学者围绕文化认同的本质、建构，以及全球化与文化冲突等方面进行了广泛研究，但是因涉及学科广泛，文化认同研究运用的理论、方法呈现出多样性特征，学术界对文化认同的概念也没有形成严格的界定。但学术界在文化认同的研究对象方面却有着共识，即文化认同包括主体与文化统一性的确认及主体身份的确认两个方面。目前关于文化认同的文献多是从上述两个方面进行的研究。事实上，文化认同不仅反映特定国家、民族和群体之间所形成的共同的观念、生活方式和价值体系，而在一种文化遇到另一种文化时，首先遇到的也是"认同"问题，即国际文化认同。国际文化认同是不同文化在交流和接触中所形成的相同或相近的价值观念和行为规范，是在保持不同文化的独特性和尊重的基础上形成的一种共识，包括相互认同的文化理念、相似的思维模式和共同的行为规范，以及由此产生的对共同体的归属感和认同感。作为国家关系的基础，国际文化认同构建了不同文化间互信和共享的观念体系，它通过增强文化隶属主体的未来预期收益促进交往与合作的形成和持续发展，并能够很好地协调不同文化之间的矛盾、冲突，从而为各个文化隶属主体的合作奠定坚实的社会根基。在国际关系实践中，不同国家之间的合作水平和深度，在很大程度上取决于彼此文化间的认同程度。国际文化间认同程度越高，相互之间的国际合作交流就越能得到维持和发展。

需要指出的是，国际文化认同并不是不同文化之间的同质化、单一化和同一化，也并不要求不同文化隶属的国家和民族拥有完全相同的价值规范、一致的社会目标及相同的生产生活方式。实践表明，不同文化之间的差异可以减少，但不可能完全消失，人们可以跨越文化边界，但不能消灭文化边界。国际文化认同并不否定不同文化在一定条件下通过相互交流，不断吸收、借鉴彼此优点和长处从而实现发展。但是，国际文化认同的本质特征是不同文化之间的对话与交流，不是一种文化对另一种文化的取代和同化。因此，每种文化内部的同一性及不同文化间的差异性是国际文化认同的两个基本方面，它们相互依赖、相互促进，也相辅相成。国际文化认同是"和而不同"，是不同文化通过平等交流共同维护利益的基本价值观念，不同文化在差异中建构共识，在交流中实现超越。

4."一带一路"倡议国际文化认同的内涵

"一带一路"倡议是新形势下我国对外开放的战略性布局，也是我国参与构建世界经济新秩序的重要切入点。从本质上说，"一带一路"倡议是我国参与全球治理、构建世界经济新秩序的全球化合作平台，也是构建人类命运共同体的重要载体。"一带一路"倡议虽然是中国提出的，但是机遇却是全世界的。"一带一路"倡议不仅是经济合作倡议，更是政治、社会、民生、文化全方位的合作倡议。"一带一路"建设有利于资本、技术、信息、人员、商品等要素的国际自由流动，共建国家将以前所未有的规模和程度广泛而深刻地进行交流与合作。这种广泛的国际交流与合作也必然会加剧共建国家间的竞争和冲突。这种竞争和冲突，一方面是因为"一带一路"共建国家具有不同的历史与社会发展特征，其存在显著差异的价值体系、思维方式、伦理观念、社会规范及生产生活方式必然会对共建国家全方位国际合作形成巨大挑战；另一方面，在以国家为基本单位的"一带一路"建设中，各共建国家不可能脱离本国利益去参与国际合作，他们必然会站在本国利益的立场上去寻求最佳道路。在维护本国利益这一内在动因的驱动下，"一带一路"共建国家对本国意识形态、文化传统、生产生活方式以及经济安全的重视程度不仅不会降低，反而会大大增强。因此，共建国家间复杂的政治、经济和文化关系对"一带一路"建设提出了极高的挑战。而在共建国家间复杂的经济、政治和文化关系中，文化关系是其最基本、最核心的关系，也是政治关系、经济关系的基础和条件。如果"一带一路"倡议不能正确处理共建国家不同文化间的关系，不能得到共建国家对"一带一路"倡议的理解和认同，就极易出现冲突和矛盾，其结果也必然会影响"一带一路"建设的成效。

需要指出的是，尽管国际文化关系是"一带一路"建设的重要内容，也是基础。但是，"一带一路"倡议的政策沟通、设施联通、贸易畅通、资金融通、民心相通五大合作领域是紧密联系的有机整体。"一带一路"建设对共建国家的政治、经济和文化影响是同时存在的。因此，"一带一路"的国际文化认同并不仅指狭义的要促进共建国家不同文化之间的交流与融合，其更深刻的内涵是要让共建国家对"一带一路"倡议符合共建国家的根本利益高度认同，对"一带一路"倡议促进共建国家政治、经济、文化全面发展高度理解；

要让共建国家真正理解"一带一路"承载着的是所有共建国家政治、经济、文化及社会民生的共同发展目标，承载着共建国家全面发展的共同期望。

2.3.2 "一带一路"倡议国际文化认同的意义

1.有利于弥合"一带一路"共建国家不同文化的差异

"一带一路"涉及地区跨度大、人口多、民族多、宗教多、文化差异大，政治立场和利益诉求存在着较大差异。这种地理、历史、民族、文化及宗教等方面的差异不仅形成了共建国家多元的社会人文特征，同时由此产生的分歧和矛盾在一定条件下也会变得相对突出。尤其是随着全球化的迅速发展，不同文化及宗教上的冲突虽然有所缓和，但是一些国家和地区的文化和宗教的排斥性及对抗性依然表现得非常激烈。有些国家和地区过于强调本土文化的独特性，刻意维护民族文化的纯粹性，对接受他国文化相当抵触。文化上的隔阂在一定程度上对"一带一路"倡议的顺利实施产生了影响。因此，积极增强"一带一路"倡议的国际文化认同对缓解共建国家文化冲突具有重要的战略意义。事实上，国之交在于民相亲，而民相亲的关键在于不同文化隶属下的国家和民族都能够彼此理解与信任。增强"一带一路"倡议的国际文化认同可以更好地为共建国家在政策、贸易、设施、金融等领域的相通扫除心理障碍，消除误解误判，从而夯实民意基础。也只有共建国家真正地对"一带一路"倡议形成文化认同，真正认同共建"一带一路"是共建国家共同富裕、共同发展之路，共建国家才能积极地参与"一带一路"建设，也才能真正地实现"一带一路"建设的根本目标。

2.有利于推进"一带一路"共建国家经济的深度合作

经济全球化促进了各国经济增长，但是也带来了经济发展的不平衡。经济是社会发展的基础，如果不能保持经济持续稳定的增长，各种社会问题就会凸显。随着经济全球化的深度发展，世界各国联系愈加紧密，逐渐形成了"你中有我，我中有你"的命运共同体。但这并没有消除国家间经济发展的不平衡，反而使这种不平衡在一些国家和地区间更加突出，并由此形成了当前国际经济体系中较为明显的"中心—外围"结构。在这种"中心—外围"的国际经济结构中，中心国家通过其强大的政治、经济优势及文化辐射能力将外围的发展中国家纳入自己主导的经济体系中。实践表明，这种由发达国家主导的经济结构有利于发达国家，却难以保障发展中国家的利益诉求。发展中国家和新兴经济体在国际经济合作中多是规则适用者，难以获得与其经济体量相匹配的话语权。作为发展中国家，中国改革开放实现了跨越式发展，成为世界第二大经济体。这一方面为其他发展中国家做出了榜样；另一方面，在旧的国际经济结构认知下，部分共建国家在与中国进行经济合作时颇有顾忌，担心本国经济安全会受到威胁和挑战。因此，要提升"一带一路"倡议的国际文化认同，让共建国家真正了解"一带一路"倡议合作共赢的本质，意识到"一带一路"建设符合共建国家的根本利益。只有这样，才能真正推进与"一带一路"共建国家经济的深度合作，进而实现共同发展、共同富裕。

3.有利于发挥"一带一路"构建共建国家命运共同体的载体作用

"一带一路"倡议是构建人类命运共同体的重要载体。国际经济合作能够将世界各国紧密地结合在一起，然而，传统的国际经济合作是以资本输出、全球利润追求为核心，反映了资本权力在利益分配中的正当性和合法性。然而实践表明，这种传统的国际合作理念及其治理模式的副作用是全球贫富差距的不断加大、结构性矛盾的进一步加深，以及不同文明间的冲突和对抗。将人类命运共同体理念注入国际经济合作，是国际合作价值理念的内在需求，也是国际经济合作因时而变的必然选择。"一带一路"倡议解构了资本权力至上的旧有理念，为国际经济合作提供了全新模式。在"一带一路"建设中，没有资本的绝对权力，而是合作共赢、利益共享；没有绝对的主导者，而是共商共建、责任共担。秉承命运共同体理念的"一带一路"建设，能够真正满足共建国家和人民的利益需求，促进国际经济合作焕发出全新的更强大的生命力和凝聚力。"一带一路"倡议为构建国际经济新秩序、推进共建国家彼此合作，提供了相互平等、合作共赢的新型国际关系。在这种新型的国际关系中，每个共建国家都是不可或缺的平等成员，各共建国家互为彼此发展的基础和条件，扩大了互利共赢的发展空间，最终实现共建国家经济的平衡发展。"一带一路"倡议所承载的人类命运共同体这一新型国际经济合作关系，不仅代表着共建国家的共同利益，还代表着共建国家共同的发展方向。可以说，人类命运共同体理念是"一带一路"建设的内在需求，提升"一带一路"倡议的国际文化认同对推进共建国家形成命运共同体具有极为重要的战略意义。

4.有利于"一带一路"共建国家形成新的经济格局与治理秩序

"一带一路"是我国在全球化背景下提出的新型国际合作倡议。事实上，全球化让世界经济比以往任何时期都更紧密地联系在一起，也比以往任何时期都更需要一个开放、包容、普惠的全球治理秩序。随着世界经济进入复杂的新周期以及国际发展力量的消长变化，原有的中心主宰边缘、大国主导世界的全球化治理模式和国际经济秩序越发不能有效应对全球性挑战，也越发不能满足世界各国人民发展的普遍需求。我国提出的"一带一路"倡议为摒弃国际经济旧秩序、促进全球治理格局和治理体制变革提供了新方案，为新型国际经济秩序勾画了理想蓝图。在"一带一路"倡议的新型国际经济治理秩序中，合作、发展、共赢是旗帜，平等、互信、包容是恪守准则；承认多边的国际关系、多元化的文化价值、多样化的发展道路，国家不分大小强弱，多元的经济主体描绘的是共建国家共同发展的美好愿景。让更多国家、更多阶层、更多人群在完善国际经济治理体系中协作探索，共同决定共建国家未来发展方向，共同塑造新型国际经济秩序，共同享受国际合作发展成果，这是"一带一路"倡议的核心要义。可以说，国际经济需要新秩序，全球治理需要新思维，进一步提升共建国家对"一带一路"倡议的认同是推进共建国家构建国际经济新秩序的基本前提和重要保障。

第三章　经济理论的文化向度回归：
文化要素禀赋新论

North（1955）认为，文化在社会中具有基础性作用，是决定长期经济绩效的重要因素。作为历史积淀所形成的核心价值体系，文化必然对经济活动主体的价值取向、行为规范产生重要影响，进而成为影响经济活动的深层因素。但是长期以来，主流经济学中的要素理论却难以兼容文化在经济活动中的重要作用。因此，深入揭示文化与经济的相互关系，积极探索将文化纳入主流要素理论研究的逻辑路径，就成为本章研究的核心内容。同时，本章以文化要素的空间流动性揭示生产活动中的区域性要素与非区域性要素的区别，这不仅在一定程度上丰富和发展了要素禀赋理论，还为课题从空间维度研究地域文化对区域经济活动的差异性影响奠定了坚实的理论基础。

3.1　要素与要素分类

3.1.1　生产要素的内涵

经济学一直重视生产活动中的要素投入问题，并对生产要素的内容和性质进行了细致而又丰富的研究。很多经济学者认为，生产要素是生产活动中所必须投入的各种资源。《简明不列颠百科全书》第7卷（1986）首次对生产要素进行了定义，认为生产要素是生产产品和提供服务所需要的经济资源，是生产活动的基本因素和前提条件。随着人们对生产活动认识的不断深入，越来越多的经济学者也普遍认可，生产要素的形态是可分的，既有如资本、劳动等有形的、实物性的要素，也有管理、技术等无形的、抽象的要素。无论是有形的要素还是无形的要素，都是无法独自形成完整生产过程的，必须是多种要素的组合才能确保生产的顺利完成。因此，各种不同要素的配置形式及其比例和数量就成为经济学研究的核心内容。在很大程度上，经济学研究的根本目的就是要素的最优配置问题，即通过科学合理的配置，使用最少的资源，尽最大可能满足人们的需求。尽管经济学对生产要素的认识是不断深化的，但是其对生产要素的作用有着广泛的共识，即要素是经济活动的客观基础和前提条件，是生产活动所必须投入的主要手段；而"经济活动的实质就是对生产要素的节约（于刃刚和戴宏伟，1999）"，经济学研究的任务即是实现要素的最优配置。

生产的目的是充分利用稀缺资源，尽最大可能满足人们的需求，然而生产活动的方式和方法却是随着生产技术以及人们利用自然能力的提升而不断变化的。在这种变化过程中，社会生产所涉及的基本条件和必需要素也发生着变化，影响生产活动的条件也随之变化。这就决定了，生产活动所需要的生产要素也是动态变化的，各种要素对生产活动的影响和制约也会随着技术条件、生产力发展水平的变化而变化。因此，经济学所研究的生产要素的内容、构成及其作用方式也是动态变化的；或者说，经济学对生产要素的界定及对其内容和形式的理解和认知是随着社会生产力的发展而变化的。从社会经济发展的历程看，不同时期的生产活动所依赖的生产要素是不同的，经济学对生产要素的理解和认知往往取决于其生产活动的性质和需求。因此，生产要素是否对生产活动形成制约和束缚成为经济学研究生产要素的重要前提。例如，在技术水平较低的时期，生产活动相对简单，生产活动所需的要素往往是劳动、土地。这些生产要素决定并限制着生产活动的内容和规模，其要素禀赋赋存状态和数量对生产活动起着决定性作用，因此劳动和土地就成为经济学要素问题研究的核心和重点。然而随着技术水平的不断提高，生产活动日益烦琐复杂，限制和制约生产活动的各种因素也越来越多。除了劳动、土地等传统生产要素，管理、信息及技术等这些对生产活动日益形成决定性作用的因素也逐渐成为经济学要素理论研究的热点和重心，并得到了广泛而深入的研究。事实上，在技术水平以及生产力低下的经济时代，生产活动的内容和规模主要取决于劳动和土地等生产要素，尽管技术、信息与管理也在生产中起到了作用，但是相对于劳动和土地，信息与管理等要素对生产活动的制约性、限制性往往较小，甚至在很大程度上可以忽略不计。因此，在较早的农业经济时代，人们关注的要素就是劳动、土地；而信息、管理则很难成为人们在生产活动中关注的重点。而随着生产技术的不断提高以及社会化大生产效率的提升，管理、信息及技术日益成为生产活动不可或缺的重要因素，在生产活动中所起到的限制和制约作用也日益凸显。相对于劳动、土地等传统生产要素，管理和信息等要素的生产重要性日益凸显，并成为经济学生产要素研究的重要内容，人们对于生产要素的理解和认知也进一步拓宽。同样，随着社会化大生产的进一步发展，规模工业的快速发展使资源、环境等因素开始日益成为限制和制约生产活动的重要因素，因此环境和资源也随后成为经济学领域生产要素研究的重要内容。可以说，经济学对生产要素认识的深化和拓展是动态的。随着生产力的发展以及科学技术水平的提高，从劳动、土地等有形生产要素到管理、信息、技术等无形生产要素，人们对生产要素内容和形式的认识不断发展和变化。

总体而言，生产要素是生产活动所必须投入的各种资源，是经济活动的前提条件和客观基础。生产要素的存在是不以人的意志为转移的，但是人们对生产要素的理解和认知是一个不断完善和深入的过程。这种认知的发展过程，取决于社会生产活动的内容和性质的制约性，即一种生产活动的条件和基础是否成为生产要素取决于该条件或基础是否制约和限制了生产活动的发展。或者更严谨地说，生产要素是一切影响和制约生产活动的经济资源。从这个角度上说，经济学的要素问题研究必然是动态变化的。

3.1.2 生产要素构成的诸元说

1.生产要素二元论

生产要素问题一直是经济学研究的重心，从配第（2006）的"土地为财富之母，而劳动为财富之父和能动的要素"，到坎蒂隆（1986）在其《商业性质概论》中明确指出"土地是所有财富由以产生的源泉或质料"，这些都表明了经济学家对生产要素问题研究的重视。尽管配第与坎蒂隆从不同角度阐释了劳动和土地在生产活动中的作用，并对其功能进行了差异性阐释，但是他们都强调劳动和土地在生产活动中的重要作用，这标志着"生产要素二元论"思想的提出，已成为当时经济学生产要素研究的重要内容。需要注意的是，在"生产要素二元论"形成和发展的过程中，资本是否是与劳动和土地并列的第三种要素，也是当时学者争论的热点。通过实践分析以及对劳动和土地"生产二元要素"的系统反思，奥地利经济学家庞巴·维克否认了资本的第三种生产要素属性，并最终完成了生产要素二元论。庞巴·维克在其《资本实证论》一书中指出资本的起源、存在和作用，其本质是自然与劳动相互作用的阶段结果。因此，庞巴·维克认为部分经济学者将资本作为独立生产要素的根本原因是"如果否认资本的独立要素属性，则在解释利息时就会感到为难"（维克，1964）。

需要指出的是，尽管生产要素二元论中强调劳动和土地是具有独立属性的生产要素，但是从土地生产要素的生产属性上可以看出，经济学所突出强调的"土地"要素，从广义上讲应该是包括土地在内的生产活动所需要的全部自然资源。正如舒马赫（Schumacher E. F.）在其《小的是美好的》一书中指出，"社会经济所依赖的是那些收益不能替换的资本"（舒马赫，

1984）。这里所说的"不能替换的资本"指的就是自然资源。自然资源在生产活动中不仅是生产的对象，还构成了生产活动的背景和环境，对生产活动的空间布局、可持续发展起着至关重要的作用。自然资源包括水、能源、矿产、生态及土地等任何影响和制约生产活动的资源。尽管各种自然资源对生产活动起着不同的作用，但是由于土地是自然资源中最基本、最直接，也是直接参与生产活动的一种资源，尤其是农业最基本的生产资料，因此传统经济学关于自然资源的研究通常就集中在土地资源上。

2. 生产要素三元论

古典经济学家亚当·斯密认为，在社会经济活动中，商品价格的构成究其根源决定于劳动、资本和土地。这种论述构成了生产要素三元论的雏形。随后，萨伊（Jean-Baptiste Say）进一步完善了生产要素三元论。萨伊认为生产活动所创造的价值都可以追溯到劳动、资本和自然力的作用，其中自然力是生产活动中不可或缺的要素，但不是唯一的要素。同时，萨伊在其著作中也系统地分析了劳动、土地和自然力的报酬问题。萨伊认为劳动参与生产活动所得到的报酬是工资，资本参与生产活动的报酬是其利息，而土地（自然力）参与生产活动所得到的报酬是地租。需要指出的是，在生产要素三元论形成的过程中，很多学者对于三要素的构成也提出了不同观点。英国学者西尼尔（Nassau William Senior）在其《政治经济学大纲》一书中指出，要使劳动和土地充分结合并完成生产活动还需要至关重要的第三个生产要素——"节制"（abstinence）。相对于主流的劳动、土地和资本生产要素三元论，西尼尔认为资本是生产活动的结果，但不是生产的手段，因此资本是一种社会财富。西尼尔用"节制"的作用来替代资本，从而形成了特殊的生产要素三元论。节制的生产属性是"生产者对其可以使用的手段进行自由分配……或是有计划地用于将来而不在于眼前的生产"（西尼尔，1977）。

生产要素三元论的观点得到了英国经济学家约翰·穆勒的认可和支持。

穆勒在继承生产要素（土地、劳动和资本）三元论的基础上，深入探索了各种生产要素在生产活动中的作用、条件及方式。同样，德国经济学家威廉·罗雪尔（Wilhelm Roscher）也支持生产要素三元论观点，并在其《历史方法的国民经济学讲义大纲》一书中指出，"在初级生产阶段，自然要素占支配地位……而到了更加高级的社会生产阶段，资本要素的绝对支配地位将日益凸显"（罗雪尔，1981）。

3. 生产要素中的知识与技术

1890年，经济学家马歇尔在其经典巨著《经济学原理》一书中，对生产要素进行了详尽的分析。马歇尔同样认为生产要素包括劳动、土地和资本三个要素。其中，土地要素包括一切大自然给予人类生产和生活所需要的物质材料和力量；劳动是人类在经济活动中的付出，既包括体力劳动，也包括智力劳动；资本是生产活动所必需的一切设备和条件。与以往生产要素三元论不同的是，马歇尔认为资本并不是单纯地以货币量化的物质资料，其主要构成内容是知识和组织。由于马歇尔随后意识到知识和组织在社会生产过程中的属性具有明显差异，因此其在后期论述中又特意将组织单独割离出来，并论述其为第四种生产要素。

20世纪50年代，美国经济学家库茨涅兹（Simon Kuznets）通过对经济增长的源泉进行分析后发现：技术进步是推动经济增长的重要因素。同样，加尔布雷斯（J. K. Galbraith）也在其"权力分配论"中提出了技术在经济增长中的重要作用。加尔布雷斯认为，生产要素的供给是与社会权利紧密结合在一起的。拥有重要生产要素的所有者必然是社会权力的拥有者。例如，在封建时代，土地是最重要的生产要素，作为拥有土地生产要素的地主成为社会权力的拥有者；在资本主义时代，资本是最重要的生产要素，资本家成为资本主义社会权力的拥有者，掌控着资本主义的经济秩序；而在现代工业经济中，科学技术和专业知识取代资本要素成为最重要的生产要素，拥有科学技术和专业知识的社会阶层成为权力的拥有者。

同样，现代经济增长理论的奠基人、经济学家索洛进一步论证了知识和技术在经济增长中的重要作用。通过对美国经济增长的定量分析，索洛发现在美国实际经济增长的源泉中，资本和劳动的贡献仅占一小部分，而技术进步则对美国经济增长有着重要影响。可以说，索洛的余量（广义的技术进步）分析，不仅标志着现代经济增长理论的产生，理论界也首次正面回应了技术进步在经济增长中的重要作用，为后期经济增长理论奠定了坚实的研究基础。知识和技术的生产要素属性也逐渐得到了主流经济学的认可。

3.2　要素禀赋理论的演进

要素及其赋存状态对经济活动具有至关重要的影响，因此本节将继续对传统要素禀赋理论进行系统性梳理。这对于本课题深入揭示文化要素禀赋差异对经济活动的内在作用机理具有重要的借鉴意义。

3.2.1　传统要素禀赋理论

1.绝对优势理论

亚当·斯密在其《国民财富的性质与原因的研究》一书中提出的要素"绝对成本学说"是绝对优势理论的首要基石。斯密认为，各个国家和地区的自然条件和资源是不同的，若具有国际贸易途径的两个国家或地区因其要素禀赋差异而分别在各自商品生产中具有效率的绝对优势，那么这两个国家或地区分别生产自己具有优势的产品，并通过成本可控的国际贸易进行交换，则这两个国家或地区都能通过这种分工获得额外的收益。这就是斯密的绝对优势理论。斯密的绝对优势理论进一步肯定了分工和国际贸易对整体经济福利的提升作用，对于扩大市场规模和提升效率提供了理论支撑。尽管斯密的绝对优势理论推进了国际分工与贸易的发展，但绝对优势理论仍然存在很大不足。这是因为，斯密的绝对优势理论突出强调了各个国家都是在有各自生产效率优势产品的条件下才可以进行国际贸易，如果个别国家没有优势产品，生产效率相较而言处于劣势，那么国际分工和贸易是否仍能存在，斯密没有给出明确答案。从这个角度上说，斯密的绝对优势理论虽然开启了国际贸易理论研究的先河，但是其对现实的国际分工和贸易的指导性仍然存在不足，其理论不带有普遍性的指导意义。

2. 比较优势理论

反思斯密的观点，李嘉图进一步提出了比较优势理论。李嘉图通过构建比较优势理论，系统推导出即便特定国家或地区在两种产品的生产上都不具备生产效率优势，其成本都绝对高于其他国家或地区，这个国家仍然可以通过国际分工和贸易获得额外的生产效益。同样，那些具有成本优势的国家和地区，与生产效率处于劣势的国家进行国际分工与贸易，也能通过这种国际分工和贸易获得额外收益。因此，李嘉图的比较优势理论论证了无论国家之间的生产效率存在怎样的差异，国际分工和贸易都能促进不同国家的福利水平提高并获得额外的经济收益。随后，李嘉图通过严谨的数理推导进一步验证了比较优势理论，并对现实中的国际分工和贸易形成了具有普遍应用价值的指导理论。可以说，李嘉图的比较优势理论从更加广泛的视角，论证了国际分工与贸易在世界经济增长中的作用，为后期社会化分工协作提供了坚实的理论支撑。

需要指出的是，虽然斯密的绝对优势理论和李嘉图的比较优势理论是国际分工与国际贸易理论的基石。但是从分析方法上看，无论是斯密的绝对优势理论还是李嘉图的比较优势理论，采用的都是要素损耗研究方法，即单纯采用生产过程中有形要素的损耗作为成本核算的依据，并对有形要素与无形要素的配置效率缺乏足够研究。例如，在两个国家或地区投入相同的生产要素数量却仍然存在生产效率差异的情况下，无论是斯密的绝对优势理论还是李嘉图的比较优势理论都只能将其原因归结于技术问题；两个国家或地区技术均处于相同水平时，无论是斯密的绝对优势理论还是李嘉图的比较优势理论就都无法做出有力的解释，从而大大削弱了比较优势理论的适用性。从这个角度上来说，深入揭示生产要素内在范畴，探索无形要素及其与有形要素之间配置关系在经济活动中的重要作用就显得更加迫切和有意义。

3. 赫－俄理论

赫－俄（Heckscher-Ohlin）理论（赫克歇尔－俄林理论）又称要素禀赋理论，是由经济学家赫克歇尔和俄林共同提出的国际贸易理论。赫克歇尔和俄林认为，如果不同国家的产品市场和要素市场都是完全竞争的，那么两国之间在一定条件下运用相同生产要素生产不同商品，并进行国际分工与贸易则会对各国资源实现充分利用。在赫－俄理论中，特定国家进口的产品应该具备一定属性，即该商品在本国不具备充分的生产条件。这种生产条件主要是指生产该商品的生产要素资源禀赋。如果一国特定生产要素禀赋短缺，那么该国应当减少这种商品的本国生产总量，而应当通过大量进口来满足国内需求。相反，特定国家出口的商品则应具备特定条件，即生产该商品的生产要素禀赋在本国是相对充裕的。如果不同国家都按照这种原则进行国际分工并实行国际贸易交换，那么参与国际分工与贸易的国家都能提高本国资源利用效率，并获得额外的国际贸易收益。俄林认为，价格的绝对差异或者成本的绝对差异并不是国际贸易的真正动因，国际贸易形成的真正内在原因是各国生产要素禀赋的不同及其特定产品生产中的要素配置比例的差异。要素禀赋及赋存状态的差异是国际分工与国际贸易的内在原因和决定因素。从这个角度上说，国际贸易的本质是将要素禀赋充裕国家的产品转移至要素禀赋稀缺的国家。尽管赫－俄理论在其推导过程中设立了大量苛刻假设，如进行国际分工与国际贸易的国家的商品市场和要素市场必须是完全竞争市场、不存在规模报酬递增性质，国内要素流动成本为零且在不同国家间不能流动，以及不同国家的生产技术完全相同、不存在技术差异及关税和贸易壁垒。但不可否认的是，赫克歇尔和俄林的国际贸易理论仍然为从要素禀赋视角探索各国国际分工和国际贸易提供了坚实的理论支撑，并将要素禀赋赋存纳入国际分工和贸易理论研究之中。

4.要素价格均等化定理

在赫克歇尔－俄林要素禀赋理论基础上，斯托尔珀进一步运用数学方法证明了国际贸易的进行会使参与国际分工和国际贸易的各个国家在生产要素价格上实现均等。随后，经济学家萨缪尔森又对国际贸易条件下各国生产要素价格均等化问题进行了细致分析，并得出国际分工与国际贸易会使参与国无论是在相对收入方面还是绝对收入方面都完全一致。这即构成了完整的赫克歇尔－俄林－萨缪尔森定理（H-O-S定理）。H-O-S定理指出，尽管生产要素在不同国家间的流动性很弱，甚至不能自由流动，但是通过生产要素所生产出来的产品可以进行国际贸易。这就使生产要素间接地进行了国际流动。这种间接的要素流动最终可以实现不同国家间生产要素价格的均等。例如，劳动资源丰富的国家通过出口劳动密集型产品，而资本要素丰裕的国家通过出口资本密集型产品，以商品形式在国际上流动的要素最终使不同国家的劳动要素和资本要素的报酬趋于相同。可以说，H-O-S定理不仅将生产要素禀赋问题纳入了国际分工和贸易理论研究，也将国际分工与贸易的福利水平的影响归结于要素禀赋的不同，实现了要素禀赋理论研究的进一步深化。

3.2.2 要素禀赋理论的新进展：文化要素禀赋论

从本章前文对要素禀赋理论的系统梳理可知，以往的要素及要素禀赋理论是采用有形要素损耗研究方法来探索要素及其禀赋对经济活动的影响的。这种以生产要素损耗作为成本核算依据的方法，虽然有效揭示了要素禀赋对国际分工和贸易的内在影响机制，但是这种单纯的要素损耗核算方法却对要素配置效率，尤其是对无形要素配置效率的影响缺乏足够研究。

这就导致了在特定条件下，如在两国或地区存在生产效率差异时，无论是比较优势理论还是要素禀赋理论都会简单地将其原因归结于技术问题。在两个国家或地区技术均处于相同水平时，是否存在分工的内在动因？国际贸易是否会提升参与国或地区的额外收益？此时，过往的要素与要素禀赋理论都无法做出有力解释，从而大大削弱了要素禀赋理论的应用性。正是从这个角度上说，继续深入揭示生产要素的内在范畴，探索无形要素及其配置效率就显得更加迫切和有意义。应该说，经济学已经意识到这个问题并已经做出了重要努力和尝试。在这一方面，关于文化要素及其对经济活动的影响成为要素禀赋理论研究的新热点。

事实上，文化与经济的研究一直是经济学研究的重要内容。从斯密重新思考经济与道德对"经济人"的界定，到穆勒突出强调信仰与文化对经济活动有重要影响，这都反映了文化在经济问题研究中的重要地位。马歇尔甚至认为，文化因素与经济动机一样共同决定着人们的行为。而在新制度经济学中，诺斯（Douglass C. North）认为文化是一个社会的博弈规则，是形塑人们互动关系的行为约束并最终决定了经济发展的结果和绩效。

文化是一种历史积淀，这种历史积淀所形成的核心价值体系必然对经济活动主体的价值取向、行为规范形成至关重要的影响。哈耶克曾明确提出，文化是"由习得的行为规则构成的传统"（哈耶克，2001）。正是这些超越理性的传统习俗和规则构成了人类所具有的先天性本能。经济主体的各种行为受其所在社会历史环境的影响，形成了鲜明的特定社会文化环境的印记。经济主体所追求的经济利益必然是其需求和意愿的直接反映，但经济主体的需求和意愿却显著受制于经济主体所处的社会时代背景及其所积淀的核心文化价值体系。毫无疑问，不同文化价值观、不同社会文化背景下的经济主体必然会有着不同的物质需求及其意愿，其所采用的方式和方法也会存在显著的差异性。从这个角度上说，文化在很大程度上决定着经济主体的行为及其经济绩效。需要指出的是，每个现实实践活动中的经济主体，无论是企业还是个人都处于特定的、复杂的、非线性的社会文化背景中，并潜移默化地受到这种社会文化的熏陶和感染。随着社会经济的发展，各种社会关系也发生着变化，这种动态变化每时每刻都在塑造和刻画着特定历史时期所独有的核心文化价值体系。因此，虽然特定社会文化价值体系具有历史积淀的传承性，但是从历史发展的视角看，这种历史积淀所形成的核心价值体系也是不断变化的。不同的历史时期，不同的地区，它们的社会文化价值体系是不同的，也是动态演进的。毋庸置疑，当特定地区的文化价值体系与其区域内的经济活动相匹配时，这种文化价值体系就会不断地为经济生产提供巨大的精神动力和智力支持；相反，当特定地区的文化价值体系与其区域内的经济活动不相匹配，甚至相互冲突时，这种文化价值体系就会阻滞和延缓经济活动的发展。从这个角度上说，离开特定的文化价值体系，就无法真正地理解和揭示经济活动的真正规律。在经济生产过程中，即便文化不是经济活动的生产对象，文化也会以其强有力的行为规范和社会约束力参与生产活动，成为经济活动的动力、资源。作为历史积淀所形成的核心价值体系，文化以其看不见、摸不着的底蕴已经成为经济活动中隐藏的深层生产力和不可或缺的生产要素。

综上可知，文化对经济活动主体的价值取向、行为规范有着重要影响，进而成为影响经济活动的深层因素。但不无遗憾的是，长期以来主流经济学中的要素理论却难以兼容文化在经济活动中的重要作用。因此，本研究的核心内容之一是深入揭示文化与经济的相互关系，并积极探索将文化纳入主流要素理论研究范式的基本逻辑路径。需要指出的是，本课题虽然旨在研究主流要素禀赋理论兼容文化问题的分析范式创新，但并不否认现有文化要素对现实经济影响的相关成果与结论。在文化与经济研究领域，诸多学者已经进行了细致而又艰苦卓绝的探索，研究成果颇丰。而正是基于过往文化理论及其对经济影响的相关研究成果的回顾与总结，本课题才能对主流要素禀赋理论的分析范式进行创新性研究。因此，系统、有效地梳理文化与经济研究领域的相关成果有利于准确厘清文化与经济间的相互关系。

1.文化的经济影响机制

经济决定着政治与文化的发展，而文化同样影响着经济与政治的进步。随着经济的不断发展，文化已成为重要的资源与资本。一方面，作为经济活动的精神动力和智力支持，文化正逐渐转换为生产力，促进经济持续增长；另一方面，不同的文化环境产生不同的经济行为，因此文化也在很大程度上决定着经济的发展方向。汪晓莺（2003）通过对知识经济条件下经济的文化进行了细致研究，其研究结果显示文化的生产力价值主要体现在以下两个方面：首先，体现在商品文化本身。在现实的商品生产中，商品从制作到包装的每个环节都体现着文化因素，文化附加在商品生产中的每个环节，最终构成了商品的价值。文化附加价值决定了商品的价格和需求，文化附加价值高的商品更具有市场竞争性。其次，体现在营销文化上。商品价值的实现是以其完成交换为基本前提的。随着社会化大生产的发展，在种类繁多的商品中，如何使消费者快速确定商品的种类并最终消费，是商品价值实现的重要条件，也是市场竞争的必然内容。因此，有创意的广告、丰富的媒体手段成为商品交换的重要环节。文化价值凭借其巨大的生产力，可以快速实现商品的交换，最终完成商品的价值实现。同样，丹增（2007）认为，文化以其强有力的规范性和创新性，不断激励着经济主体进行创新行为，从而形成生产的累积创新和经济发展方式的不断变革。因此，文化是经济发展的重要动力，是促进经济增长的内在因素。而叶皓（2010）通过对中国发展实践进行系统分析和总结后认为，文化和经济的作用并不是单向促进的，而是相辅相成、相互促进的。文化是经济发展的前提，也是经济发展的结果。中国以其包容性的文化底蕴不断地接收优秀的外来文化，并将外来文化的优秀基因纳入其传统文化中，最终形成推进经济发展的持续动力。在我国的经济发展实践中，文化作为一种软实力，为经济转型提供了良好的秩序保障，并在规则制度的完善、实现经济社会和谐发展、降低资源消耗及提高经济效益方面提供了强大的保障。

2. 文化的区域经济影响

不同地域间自然条件、社会制度、风俗习惯、语言及价值观念存在着巨大差异，这种差异在漫长的历史演进中形成了不同的地域文化。这些地域文化对地区经济发展与社会进步的影响也不尽相同，并形成了不同地区间独特的经济发展模式。于晓东等（2000）认为：一方面地域文化对区域经济发展有着至关重要的作用。先进的地域文化促进经济发展，落后的地域文化阻碍经济发展。另一方面地域文化也是区域发展的重要资源。极具特色的地域文化不但会形成强大的激励动力，而且其自身也成为旅游、服务、贸易等第三产业发展的重要内容和形式。徐李全（2005）认为，地域文化同科学技术一样，是特定区域发展的重要生产力。不同的区域有不同的文化，一个地区的文化往往是漫长历史演进中沉淀出来的社会准则与行为规范。正是这种社会准则和行为规范决定了地区间经济发展的差异及其鲜明特征。例如，具有开放型特征的地域文化往往形成外向型的经济发展模式，而具有封闭型特征的地域文化则固化了传统的经济发展模式。同样，隋琳（2006）也支持上述观点，其研究成果显示出不同的地域文化塑造了各具特色的区域经济，而传统文化的包容性和开放性也是促进区域经济创新发展的重要动力。文化是孕育创新的软环境，能够为区域经济发展提供环境和动力支撑，进而体现文化的经济增长动力特征。

值得指出的是，很多学者也从实证角度研究了地域文化对区域经济发展的影响。陈晓、张倩和李莎（2009）通过研究地域文化对山东省经济发展的影响，发现山东省地域文化有力地推动了地区经济发展，山东地域文化所形成的社会道德标准与行为规范为山东经济发展提供了强大精神动力；同时，山东独具特色的地域文化也成为地区发展的重要资源，其文化旅游产业成为地区经济发展的主导产业。于波和赫亚红（2016）在详细分析了东北地域文化与区域经济发展的相互关系后认为，东北地区作为多民族集聚地区，各民族文化相互融合，显示出较强的民族团结协作与拼搏精神。"铁人精神""北大荒精神"是东北地区地域文化的鲜明特征。东北地域文化所显现出来的精神动力，曾有力地支撑了东北地区的经济发展。然而，殷晓峰、李诚固和王颖（2010）对东北地区经济发展中的文化阻滞问题进行了研究，他们认为，由于东北地区自然条件好且地区移民文化较重，因此东北地域文化表现出较强的传统保守及中庸思想，缺乏创新意识和冒险精神。这种地域文化特征导致了东北地区经济外向度较低，明显制约了东北地区的振兴发展。可以说，我国学者关于地域文化与区域经济发展关系的实证研究，进一步证实了地域文化对经济发展的双重性影响。

3. 文化产业的经济增长影响

文化产业既是文化发展的内容本身，也是文化发展的形式载体。在经济发展实践中，文化产业以其产业关联性强、辐射面广，以及能耗低、产值高等特点成为国民经济的主导产业。因此，我国学者对文化产业的发展规律也进行了丰富的研究。在文化产业对经济结构转型升级的作用方面，张洪华（2011）认为，文化产业在经济结构转型过程中起着重要支撑作用，其在国民经济增长中的重要作用越来越突出。主要体现在以下两个方面：一方面，文化产业与其他产业关联性强，尤其是其高附加值特性使文化产业往往孕育着新兴朝阳产业的发展，为经济结构转型升级创造了良好的条件与外部环境；另一方面，文化产业拥有健康、绿色、可持续发展的属性，其本身的集群式发展构成了经济结构与就业结构的转型升级。同样，蔡旺春（2010）也支持上述观点，其研究结果显示文化产业可以有效"软化"经济结构。文化产业因其较强的产业关联性和扩散性，能够与第一产业和第二产业形成较强的联动，因此其可以带动产业结构优化，促进整个经济可持续发展。尤其是我国正进入工业化后期阶段，经济结构逐渐以重工业为主向以知识、技术、服务为主的第三产业过渡，而文化产业则是第三产业重要的承载部分。柳斌杰（2006）认为，随着信息技术的发展，文化产业在经济增长中的作用越发明显。首先，文化产业与先进科技的结合带动了新兴产业的发展，为经济增长创造了新的增长极。其次，国内外巨大的文化产品消费市场也推动了文化产业的发展，使文化产业自身成为经济发展的新增长点和支撑力量。最后，文化产业在促进经济增长的同时，也吸纳了更多的劳动者就业，既提高了就业率，又成了经济发展的劳动力蓄水池。

3.3　要素内涵的拓展及划分

3.3.1　要素与资源的再认识

经济学是研究如何将有限的资源用于不同生产从而尽最大可能满足人们需求的学科。从这个角度上说，经济活动的本质就是合理、有效配置各种资源的一种过程。虽然经济学以资源配置为其研究对象，但是经济学对其核心概念"资源"的理解和认知却是一种动态的过程①。随着生产技术的提高以及社会化大生产的发展，资源的内涵和外延也在不断地深化和扩大。尽管经济学尚没有给资源下过严格、公认的定义，但是为满足本课题研究需要，我们仍对资源做如下界定：资源是自然界及人类社会中一切经济活动所必需的因素。虽然这个界定与以往很多经济学者关于资源的界定相比更加抽象，但是本书认为正是这种抽象的定义才使得我们可以突破传统束缚，进而从更加广义的视角去研究资源（生产要素）。

资源是经济活动所必需的内容和条件。资源对经济活动的必要性，体

---

① 虽然"资源"的范畴要远远大于"要素"的范畴。但是，鉴于本书研究中"资源"和"要素"属义相同，同时很多经济学经典著作对"资源"和"要素"也做了相同理解，因此本书对"资源"与"要素"做同义论述。

现在资源在经济活动中所表现出来的稀缺性。稀缺性是经济学认识和理解资源的重要标准和尺度。从某种意义上说，人们发现和认识某种资源，就是因为这种资源在生产活动中体现出了不同程度的稀缺性。在特定的生产活动中，只有一种资源表现出了稀缺性，人们才会注意这种资源，并对其在经济活动中的配置采取更加合理的选择。从这个角度上说，部分经济学者关于"资源"或者"要素"的论述中曾认为，技术条件和生产力水平决定了人们发现、理解和认识某种资源，这种观点是值得商榷的。事实上，并不是技术条件和生产力发展水平决定了什么是资源，而是随着科学技术的提升以及生产力发展水平的提高，人们才发现了那些一直就存在于生产活动过程中并起到重要作用的要素，只是这些生产要素在以往的生产过程中没有显示出其制约生产的稀缺性。现代科技以及社会化大生产使那些一直参与生产活动但制约性却不强的要素开始表现出越来越强的制约性。资源的稀缺性所表现出来的这种制约性，是资源参与生产活动的必然属性。由于技术和科技及生产力发展水平是不断提高和变化的，因此从这个角度上说，经济学认识和理解资源的稀缺性也是一个复杂而缓慢的过程。

在生产活动的初期阶段，由于技术与生产力水平较低，相对于当时的简单生产活动而言，生产所需资源（要素）数量较少，因此很多资源和要素的稀缺性在生产中并没有完全显现，它们的稀缺性对生产活动的制约和限制作用尚不苛刻。此时，人们在生产活动中关注的主要是那些明显限制和制约生产活动的要素，即土地和劳动。研究如何有效配置土地和劳动要素，并使其在生产活动中发挥更大的效率也自然成为当时经济学研究的主要内容。然而，随着技术水平的提高以及社会大生产的产生，生产活动所需要的资本要素数量越来越多，资本在生产活动中的稀缺性及其限制作用也越来越明显。因此，在经济学所研究的要素范畴内，资本对经济增长作用的研究就成为要素理论的核心内容。伴随着生产技术水平的进一步提高，社会化大生产成为经济活动的主要形式，此时信息、科技及管理水平在经济活动中的作用日益凸显。信息、科技及管理水平对经济增长的贡献也越来越大，谁拥有了这些资源就意味着谁拥有了绝对的生产优势。因此，信息、技术等资源不仅成为经济竞争的核心，也因其相对稀缺性及其对经济活动的制约性而成为经济学要素理论的研究重心。

随着经济的不断发展，在通过有效配置劳动、土地、资本、信息技术等生产要素实现经济发展的同时，经济学也开始从更广泛的视角去观察和认识资源（要素）。这是因为，随着现代经济的发展，人们发现生产活动顺利进行不仅需要劳动、土地、资本等直接参与生产活动的要素，也需要与生产活动所依存的空间进行交互影响。这种影响在生产力水平较低或是生产规模较小时几乎是"非显性"的，但是在生产规模变大，生产力水平提高时越发明显并成为制约和限制生产活动的重要因素。这种影响来源于"自然资源"与生产活动的相互交换。"自然资源"既包括传统的生产资料，也包括自然环境、生态特征甚至社会环境等生产活动所必须依存的自然空间和社会空间。在生产力水平较低时，生产活动对"自然资源"产生的压力很小，"自然资源"的承载韧性很强，几乎对生产活动没有任何限制和制约，导致人们忽视了其对生产活动的影响，仅关注那些生产活动能直观显现的要素损耗和投入。然而，随着生产力水平的不断提高，生产规模不断扩大，人类经济活动对"自然资源"形成的压力也越来越大，使其逐渐显现出对生产的制约和限制。此时，经济学才开始重新审视和思考"自然资源"在生产活动中的作用和属性。正如本书所说，生产要素是自然界及人类社会中一切经济活动所需要的因素和条件。虽然自然环境、生态特征与社会环境等"自然资源"并非生产活动直观体现的要素投入与损耗，但是这些资源究其本质是经济活动顺利进行的必要因素，在很大程度上影响着生产活动。因此从这个角度上说，自然环境、生态特征与社会环境等自然资源也是生产要素，而且是生产活动不可或缺的要素。

需要指出的是，尽管经济学已经意识到并承认自然环境、生态特征及社会环境对生产活动产生了重要影响，是生产活动顺利进行不可或缺的要素。但是，与传统生产要素直接参与生产活动并在生产过程中表现为各种"形式表征"不同，自然环境、生态特征及社会环境等要素却是以无形的形式表征参与生产活动的。因此，自然环境、生态特征及社会环境等要素参与生产活动的内在价值如何体现？其内容与规律是什么？这无疑是新型生产要素理论需要不断研究的重要内容。

3.3.2　要素的直接价值和间接价值

需要指出的是，任何生产活动都是在一定的地域文化下进行的，完全脱离文化环境约束的经济活动是不存在的。地域文化作为一种强有力的价值观和规范系统对经济活动产生了至关重要的影响。本课题虽然重在揭示地域文化对经济的影响规律，但为了实现课题对传统要素理论的创新和发展，本节将从更加广义的视角去探索"自然资源"在生产活动中的价值体现。毋庸置疑，地域文化是"自然资源"中社会环境的重要组成部分，因此本节相关的要素问题研究，其基本分析范式和结论都兼容文化要素分析。

传统经济学一直重视对劳动、资本等有形生产要素的研究，并对其参与生产活动的主要形式和内容有了较为深刻的理解和认知。但是，对于自然环境、生态特征及社会环境等要素参与生产活动的内容和形式却仍未完全揭示。正如前文所述，传统经济学长期以来一直以要素损耗方法展开生产要素理论的系统性研究，并突出强调生产要素的直接生产使用价值是核算要素成本的唯一方法。然而这种方法却不适合对自然环境、生态特征及社会环境等要素的研究，因为他们在生产中并不是表现为直接的物质损耗，其与传统经济理论以损耗来研究生产要素的方法是不兼容的。因此，进一步拓展生产要素理论并真实地反映生产过程的损耗，需要进一步展开对生产要素直接价值和间接价值的研究。

1. 要素的直接价值

在生产过程中,很多要素是直接以物质形态参与生产活动的,其对生产的贡献表现为生产要素自身形态的直接提取、消耗和转移,即生产要素的直接价值。例如,生产过程中所需投入的劳动要素就是以直接价值的形式参与了生产过程,在生产过程中,劳动所形成的价值直接转化为劳动产品的价值;林业生产过程中,林业生产活动所投入的林木体现为林木材料形态的直接转移和损耗,这也是生产要素直接价值的表现形式。由于要素的直接价值可以在生产活动中直观地体现,因此要素的直接价值就成为人们关注的重点并成为经济学要素理论研究的核心。

2. 要素的间接价值

在生产过程中,有些生产要素是以有形的状态投入生产活动中的,而有些要素则是无形的。那些无形的生产要素也是生产活动不可或缺的重要因素和内容。事实上,无形要素参与生产活动并不是以其自身形态在生产过程中的直接提取、转移和消耗为形式表征,而是表现为非形态性的使用价值。同样以林业生产为例,当林木作为林业生产活动的重要对象和内容时,林木自然成为生产活动的重要要素,其自身形态的消耗、提取是林木在生产活动中的直接价值体现;事实上,林木在林业生产中不仅是劳动对象,同时也为生产提供了良好的环境和生态空间,从而保障了生产的顺利进行。我们很难想象一个脱离自然环境和良好生态空间的生产是如何进行的。因此,林木自身所形成的自然条件和生态环境既是生产活动的重要条件和基础,也是一种生产要素,这种生产要素在生产活动中所体现的价值即是间接价值。本课题所研究的文化在经济活动中的重要作用是要素间接价值的重要体现。从文化动机决定着人们的行为,到文化孕育制度的产生、变迁及文化所形成的强有力的价值观和规范系统对经济运行的激励与约束,都是文化要素间接价值的体现。

需要指出的是,本书从生产要素的形态上,将生产要素阐释为有形要素与无形要素，而从生产要素在生产活动中的作用功能上，本书又系统阐释了生产要素的直接价值和间接价值。但是严格来说，生产要素完全可能同时以直接价值和间接价值进入生产过程。例如，在文化产品生产中，某些具有特定文化历史或者内涵的文化产品，在其生产过程中文化产品本身是生产活动的对象，体现文化产品的直接价值；与此同时，由于特定文化环境构成了特定文化产品，因此特定文化环境及其历史为文化产品的生产提供了间接价值。

生产要素的直接价值与间接价值共同决定了生产活动的性质、内容及其效率，是生产价值构成不可或缺的两个重要方面，也在很大程度上影响和改变了整个社会生产的过程和结果。然而，由于以往的经济理论更多地侧重生产要素直接价值的研究，而在很大程度上忽视了生产要素的间接价值，导致以往生产活动的成本核算因为缺少生产要素的间接价值而产生了低估问题。正是从这个角度上说，生产要素的间接价值理论为随后的文化要素参与经济活动并构成生产活动的内在价值提供了研究思路和基础理论支撑。

3.3.3 要素流动与要素的区域性及非区域性划分

随着社会化大生产的不断深化，经济学对生产要素的理解和认知也不断深入。从单纯的要素自身问题研究，到要素在生产过程中的非线性组合绩效研究；从静态的要素投入研究，到要素动态积累作用的多维度分析；从单纯的生产活动中要素损耗研究，到生产活动与其环境的交互影响研究。应该说，经济学对要素的认识是动态的，也是无止境的。随着生产力水平的提高以及科学技术的发展，经济学对要素的研究也必将不断发展和深化。在这种认识的深化过程中，生产要素的流动性以及要素流动性在生产过程中的作用也应得到研究和关注。

现实生产活动往往需要两种或者更多种生产要素的共同投入才能完成特

定的生产目的和任务。然而，随着社会化大生产及专业化分工的出现，生产所需要的要素种类越来越多，但生产要素在空间上并不是均匀赋存的。这就导致生产要素的空间位置以及要素的流动性问题。如果特定地区生产活动缺少某种或更多种生产要素，那么该地区可以通过运输工具或载体进行运输。但是生产实践表明，尽管现代运输工具使越来越多的生产要素可以进行跨空间流动和转移，但是很多生产要素是无法在不同空间流动的。尤其是自然环境、生态特征及社会环境等"自然资源"，这些自然资源（生产要素）对其所依附的（空间）载体有很强的黏性，其在不同区域间的流动性很差或者根本无法流动。例如，自然环境和生态特征两种要素是特定区域所固有的，受自然地理以及气候条件影响根本无法进行跨空间转移和流动。同样，地域文化作为特定地区历史积淀的行为规范和价值观念，其文化禀赋也深深地刻画于特定地区、特定时期及特定人群。不同地区、不同阶段的经济活动是很难移植地域文化特征的。因此，文化要素及其禀赋的空间流动性很弱。

如果特定生产要素不具有空间流动性，那么不同地区的生产活动必然表现为差异性。这种差异性不是来源于生产活动自身的形式、特征，而是来源于不同生产要素的投入内容和性质。显而易见，即便两个地区都生产同样的有形要素，但是如果存在差异性的无形要素投入，那么两个地区的生产绩效与结果必然也是不同的。从要素流动性上看，有些生产要素在区域间的流动成本很高，或者不具备区域间的流动性，这些要素属于"区域性要素"；而有些要素则可以在不同的区域间进行流动，不同地区的生产活动都可以自由使用，这些生产要素则是"非区域性要素"。在经济活动中，劳动、资本等有形要素是非区域性要素，是各个区域可以自由获得的要素；自然环境、生态特征及社会环境等无形要素多是区域性要素，这些要素在不同区域存在显著不同的赋存状态。要素的区域性和非区域性不仅反映了要素禀赋在空间分布上的差异性，还表明了不同区域间必须进行经济合作，才能最终实现协调发展。而区域间发展的差异，也源于要素禀赋因流动性差异而形成的区域性分布差异。

导致不同要素之间流动性差异的原因是复杂的。首先，是自然资源的空间不可移动性，不同区域有不同的自然环境和条件，这就决定了自然资源和环境的差异性分布。其次，是要素流动载体的限制。要素流动需要载体，不同的要素需要依靠其特需的载体才能实现区域间的流动和转移。要素流动载体的发展水平和程度决定了要素的流动性强度。载体越多、越丰富，要素流动的可能性就越大。甚至原本不具有流动性的要素，依托新型载体也可以实现区域间的自由流动。从这个角度上说，区域性要素与非区域性要素之间是可以相互转化的。曾经的区域性要素因出现了新的流动载体而实现了空间流动，就变成了新的非区域性要素。需要指出的是，要素的流动载体不仅包括交通运输工具，还包括影响要素流动的所有因素，如文化、风俗、基础设施、自然环境和生态特征，甚至是信息的存储、加工和传播手段等都是要素流动的广义载体。但是，社会经济发展实践也表明，有些区域性要素无论要素流动载体发展到什么程度或何种水平都是无法实现不同地区空间转移的。因此，正视要素的空间流动性差异，深入揭示要素流动性在经济增长中的内在机制，是经济增长问题研究的重要方向。

3.4　本章小结

（1）经济学对生产要素的理解和认知是一个不断深化的动态过程。这种认知过程取决于生产要素对社会生产活动的制约性，即是否对生产活动形成了制约和束缚，是经济学生产要素研究的前提条件。随着社会化大生产以及专业化分工的发展，文化对于经济活动的制约性越发明显。文化在社会生产活动中的作用既是基础性的，也是决定长期经济绩效的重要因素。

（2）传统经济学一直重视劳动、资本等有形生产要素研究而忽视自然环境、生态特征及社会环境等无形要素对生产活动的重要影响。这种理论局限性是因为传统经济学长期以来一直以要素损耗作为成本核算的依据和方法进行要素问题研究。这种分析范式突出强调生产要素实物形态的直接损耗、提取和转移，无法有效兼容自然环境、生态特征及社会环境等要素的生产价值问题研究。

（3）生产要素是生产活动所需要投入的各种因素和手段。有些生产要素是以有形的状态投入生产过程中的，而有些要素（如文化）则是以无形的状态投入生产过程中的。在生产过程中，有形要素直接以其物质形态参与生产活动，其对生产活动的贡献表现为生产要素自身形态的直接提取、消耗，即要素的直接价值。无形要素参与生产活动是基于其与生产活动所进行的各种无形的、非形态性的价值提取和转换。文化在经济活动中的重要作用即是要素间接价值的重要体现。从文化动机决定着人们的行为，到文化孕育制度的产生与变迁，以及文化所形成的强有力的价值观和规范系统对经济运行的激励与约束，都是文化要素间接价值的重要体现。事实上，要素的直接价值与间接价值之分是将文化等要素重新纳入主流经济理论的重要逻辑路径，为本课题随后研究文化对区域经济差异性影响奠定了坚实基础。

（4）从流动性上看，有些生产要素在区域间的流动成本很高，或者不具备区域间的流动性，这些要素属于区域性要素；有些要素可以在不同的区域间流动，这些生产要素是非区域性要素。文化是区域性要素的重要内容，其作为特定地区历史积淀的行为规范和价值观念，文化资源与禀赋深深地刻画于特定地区、特定时期及特定人群，不同地区、不同历史阶段的经济活动是很难移植地域文化特征的。因此，文化要素及其禀赋是重要的区域性要素，其在空间上的流动性很弱，或者不具有流动性。从这个角度上说，正是文化等区域性要素在生产过程中的差异性投入，使不同区域的经济发展出现了显著不同。

第四章　文化要素与经济理论的
空间维度演进

任何经济活动都是在特定空间维度下进行的，如何准确界定经济空间属性及其特征是经济学空间问题研究的重要逻辑前提，也是经济学实现文化向度回归不可规避的基本问题。关于经济空间属性的长期争议，一直以来是制约和限制经济学空间问题研究的重要障碍。笔者研究认为，地域文化等区域性要素禀赋在经济空间上的差异分布是形成经济空间均质或非均质特征的根本原因。那么，文化等区域性要素禀赋如何决定经济空间属性？文化要素对经济活动的认同性又如何决定地区经济发展的模式和路径？对这些问题的探索与揭示，不仅是本章研究的主要内容，还是本章研究的重要创新所在[①]。

4.1　经济空间的均质和非均质

目前，经济学关于经济活动空间属性的研究和判断主要包括两种学说，即均质经济空间假设和非均质经济空间假设。

---

① 前文已经阐释，地域文化因其显著的区域性特征而属于"区域性要素"。虽然课题重在揭示地域文化对经济的影响问题研究，但为了实现课题对传统要素理论的创新和发展，本章研究将从更加广义的视角去探索自然环境、生态特征及社会环境等"区域性要素"在生产活动中的作用。本章研究了相关的区域性要素问题，其基本分析范式和结论都兼容文化要素分析。

4.1.1 均质空间假设及其研究范式

均质空间假设是将生产空间属性假设为均质的。在这种均质的经济空间设想中，没有非均质性的存在，也就是说没有任何地理上的差异，也没有自然环境、生态特征及社会环境等要素空间分布的差异，所有生产要素在经济空间中均匀分布。均质经济空间假设使经济学分析更加简单直接，因为均质空间假设使经济学中最重要也最难以处理的运输成本问题得以简化。正如前文所述，区域性要素的存在及其差异性使不同地区之间的分工和协作成为现代经济的重要特征。但是在现实的经济空间中，由于存在地理上的凸凹不平以及生产要素空间分布上的不均匀，不同区域间的经济活动必然会产生运输问题。如果经济空间是非均质的，那么不同地区之间的生产活动所形成的运输距离和成本就是非线性的。也就是说，即便距离相同，由于受到地形地貌以及自然环境的影响，其运输成本也是不同的。而如何将非线性运输成本纳入主流经济学，仍然是经济学目前尚未解决的重要理论难题。正如 Starrett（1978）所说，如果两个不同地区需要生产要素的互补性流动，并且市场是完全竞争的，那么就不存在非线性运输成本条件下的竞争均衡。如果经济空间是完全均质的，那么任何两点之间的运输成本就与其空间距离形成了单一的线性关系。运输距离与运输成本就成为可以互换的替代变量，这极大地简化了经济学中的运输问题分析。在经济空间均质假设的学术阵营中，古典经济学家杜能（1986）的农业区位论以及勒施（1995）的市场区位论是其经典代表。需要指出的是，虽然以均质空间为假设可以极大简化经济学的运输成本问题分析，但是这种简化形式不可避免地使经济学舍弃了继续在空间维度上深入探索的必要性和迫切性。可以说，尽管杜能和勒施在经济学的空间维度研究中起到了先驱的作用，但也正是其均质空间假设使经济学在随后的研究中以距离替代了运输而逐渐舍弃了空间维度，主流经济学也将空间问题推向了经济学研究的边缘。

事实上，经济活动的均质空间假设也无法与现实经济兼容。首先，如果经济空间是均质的，那么就不存在生产与贸易的比较优势。一般认为，在解释现代国际贸易及国际分工的时候，经济学家更侧重从分工与专业化可以带来比较优势，即国际贸易及其国际分工可以带来效率的提升以及整体福利的提高来分析。如果经济空间是均质的，要素禀赋在经济空间中都是均匀分布的，那么专业化和分工的内在动力是什么？在资源条件以及要素禀赋都相同的情况下，各个地区的生产效率必然都是相同的，分工也不可能形成。而即便将分工的内在动力归结于分工所带来的熟练程度提升而形成的效率提高，那么这种解释也很难对现实经济活动带来有价值的指导意义。因此，经济活动的均质空间假设并不完全兼容传统经济理论的分析范式。其次，经济活动空间的均质假设不仅忽视了自然环境、社会环境与生态特征等自然条件的空间分布差异，同时也忽视了文化、价值观念等要素在经济活动中的重要作用。作为特定地区历史积淀的行为规范和价值观念，文化对经济主体的行为产生重要影响，也影响了经济活动的成果和绩效。然而，经济活动空间的均质化假设必然要对文化因素进行简化处理，忽视不同地区历史文化等社会环境对经济主体产生的任何影响，忽视不同地区、不同时期文化要素的显著性差异，将经济主体高度抽象为"理性人"。虽然在经济学问题研究中更加简化方便，但却与经济实践存在着巨大差异。最后，传统经济学对现实经济活动的指导价值在于其对现实经济增长的揭示。作为传统经济增长理论的核心内容，聚集效应及外部性一直是经济学研究的重要主线。如果现实经济活动的空间是均质的，那么以往依赖于资源禀赋非均匀分布所形成的经济集聚的动力就失去了其存在的合理性。经济集聚的根源是什么？其动力机制又是什么？显然，在经济空间均质假设下，经济集聚问题就成了不解之谜。

需要指出的是，经济活动的均质空间假设也与现实的经济发展规律相冲突。经济活动的均质空间假设必然要求生产集合的凸性属性。在这种分析范式下，经济活动的规模报酬是不变的，经济活动可以在任意规模、任意空间进行布局，此时，考虑到现实经济活动中的消费者不可能集聚性消费，以及运输成本的存在，那么现实的经济世界就必然不会存在城市和中心，生产会在整个经济空间均匀布局，经济活动不会形成集聚，因为城市的存在不仅不会提高生产效率，反而会因土地价格的上涨而大幅增加生产成本。因此，虽然经济活动的均质空间假设有利于简化经济问题的分析和技术处理，有利于从更加抽象的高度揭示经济活动的内在规律，但是随着社会化大生产的不断深入及经济全球化的发展，跨地区经济活动日益活跃，经济活动均质空间假设的分析范式与现实经济活动实践的冲突和矛盾也会日益凸显。

4.1.2 非均质空间假设及其研究范式

非均质空间假设是将生产空间假设为非均质的。在这种非均质的经济空间中，自然资源与生产要素是非均匀分布的，不同地区间的自然条件与生产要素禀赋是不同的。应该说，非均质空间假设更趋于现实经济世界。从古典经济学家斯密到李嘉图，其理论研究的基本前提都是基于经济活动的非均质空间假设。斯密等古典经济学家认为，经济活动的非均质空间的形成有两种原因：一是自然资源及要素禀赋因地理特征、气候条件而形成的非均质经济空间；二是人类经济活动对自然环境的改造不断累积，形成了经济空间的非均质。然而经济非均质空间假设在经济研究中也有着无法规避的难题。例如，Arrow 和 Debreu（1954）的一般均衡理论是主流经济学研究的基本分析范式，这种分析范式是基于完全竞争性分析的。然而，无论是自然条件或是地理因素所天然形成的要素禀赋区域间的差异性分布，还是人类活动自身对要素禀赋赋存状态的非均匀性改造，非均质经济空间都注定了市场活动的非完全竞争性。非均质空间假设必然导致生产要素投入的非均衡性，这就意味着非均质经济空间必然是以非完全竞争为其基本分析范式的。这种非竞争性的分析范式与传统主流经济学的竞争均衡分析范式是无法实现有效兼容的。此外，正如我们在论述均质空间假设时所说，如果经济空间是均质的，那么空间运输成本问题就可以抽象为距离问题。但若是非均质经济空间，那么现实世界中地理表面的凸凹不平就使运输成本与运输距离成为非线性关系，这种非线性的运输成本问题使经济学在考虑空间问题时面临着巨大的技术障碍。

在对经济活动空间非均质性的研究中，经济地理学取得了巨大成就，其在解释人地关系、区域差异化发展等方面做了大量研究，但是经济地理学也有其无法解决的问题。例如，经济学对空间问题的研究，其核心是区域经济形成的内在机制及其演化规律，而经济地理学将经济活动在经济空间上的集聚与演化归结于自然资源以及要素禀赋在空间分布上的差异性。换句话说，经济地理学过于强调自然条件、资源及要素禀赋在区域经济活动中的决定性作用，而忽视了经济的内在机制问题。这就使经济地理学不仅在理论上过于强调人类经济活动对自然条件和自然资源的依赖性，同时也失去了经济地理学研究成果对现实经济活动的指导性。此外，基于经济非均质空间假设的经济地理学也因其无法兼容竞争性均衡分析，而不得不舍弃了对市场结构问题的研究。正如Fujita等（1999）认为，经济地理学的这种弊端使其对经济主体的行为缺乏足够阐释，因此经济地理学在很大程度上脱离了经济学的研究范畴而更像是地理学研究。

4.2　要素的区域性与空间均质和非均质相统一

经济学重视空间维度研究，究其本质是对空间上不均匀分布的资源禀赋如何进行最优配置问题的研究。然而传统的经济空间假设，无论是均质空间假设还是非均质空间假设都存在与现实经济的内在冲突。因此，准确揭示经济空间的属性是经济学向空间维度回归的重要前提。本书前文已经论述过区域性要素与非区域性要素的区别与联系。从流动性角度上看,有些生产要素属于特定区域所特有的要素,是区域性要素;而有些要素则可以在不同的区域间进行流动,这些生产要素则是非区域性要素。在现实的经济活动中,单一的区域性要素或者非区域性要素是无法满足生产活动需求的,任何生产活动都需要区域性要素和非区域性要素的共同投入和使用,而区域性要素在不同区域之间的流动性又存在着明显差异,那么经济活动的空间载体自然是要素。从这个角度上说,要深入地、准确地揭示经济活动的空间属性,其逻辑起点应是要素。

4.2.1 区域性要素与均质空间

从要素的流动性上看,有些生产要素不具有区域间的流动性,或者流动性成本很高,这些要素即为特定区域所特有的区域性要素。如果一切影响生产活动的因素都是生产要素,那么不同经济区域之间的空间差异就是这些区域性要素在不同区域之间的分布差异。区域性要素禀赋刻画了特定区域显著区别于其他经济区域的空间特征,不同区域之间区域性要素禀赋的差异决定了区域之间的非均质特性,但是经济活动的空间属性也并不是完全的非均质状态。从空间维度上看,经济学对其经济活动的空间问题研究是有边界的,也就是说,经济学所进行的区域性资源禀赋最优配置问题研究也一定是在特定的区域内展开的。如果我们把研究视角放大,其涵盖区域边界越广,那么目标区域内的区域性要素禀赋无论是种类还是数量就会越多,这就决定了该目标区域与其他区域之间存在着显著的区域性要素禀赋差异,经济空间自然也是非均质的。如果我们将研究的视角不断缩小,研究的目标区域越小,涵盖区域边界越窄,那么特定研究目标区域内所包含的区域性要素禀赋在种类上和数量上就会越小,当我们将研究尺度缩小到一定边界时,区域内的区域性要素就是均质分布的,此时的经济空间就变成了均质。从这个角度上说，以往经济空间均质性和非均质性假设的冲突和矛盾，多是因研究边界差异所产生的；而不同经济空间属性的形成，则是因为存在区域性要素禀赋的空间差异。

需要指出的是，经济学对生产要素的理解和认知是动态变化的。生产活动所需要的一切因素都是生产要素的范畴，如果特定生产要素对生产活动尚没有形成制约，即该生产要素相对生产活动的需求而言是相对非稀缺性的，那么这种生产要素对生产活动没有制约性和限制性。因此，特定区域性要素虽然参与生产活动，但在生产活动中作用有限，对生产没有制约性，就不构成相对于其他经济区域的经济空间非均质性特征。从这个角度上说，我们可以更加严格地对经济空间均质性做出经济学定义，即那些参与生产活动并对生产过程起重要作用的区域性要素是形成经济空间非均质性的重要原因。

4.2.2 区域性要素与非均质空间

经济空间均质和非均质属性的重要决定因素是区域性要素的空间分布差异。当区域经济研究的尺度不断缩小，直至特定区域性要素禀赋在区域内均质分布时，经济活动的空间又是均质的。因此，现实的经济空间的本质属性是均质和非均质的对立统一。传统经济学将经济空间抽象为完全均质，这种抽象虽然利于其在微观区位选择上做出独到的成就，但却与现实经济增长的不平衡性和差异性形成了内在逻辑冲突；经济地理学将经济空间假定为完全非均质，虽然这种假设符合现实的经济地理特征，但是其过于强调自然地理特征对经济空间的影响，在面对人地关系、区域经济形成及微观经济机理时难有作为。现实的经济活动空间既不是完全的非均质，也不是完全的均质，而是均质与非均质的对立统一。这种判断不仅符合经济实践，也调和了传统经济学的均质空间假设与非均质空间假设的冲突，为我们进一步研究地域文化等区域性要素在经济活动中的内在作用机制提供了理论基础。

区域性要素禀赋是经济活动的重要投入，其在空间上呈均质分布，是决定和刻画特定地区的经济结构与特征的重要因素。例如，在气候与土壤等区域性要素良好的区域，生产结构及其特征以第一产业为主；而在矿产丰富的地区，采掘加工业就成为该地区的主导产业。因此区域经济的实质是区域性和非区域性要素的优化配置。脱离区域性要素禀赋的特征与条件，仅靠非区域性要素的累积和强化投入推进经济增长，虽然短期内可以促进地区经济增长，但是从长期来看，是不可持续的，甚至会损害和削弱该地区的发展潜力。

4.3　要素的区域性与经济增长模型

严谨的数理分析和模型推理是表达经济思想的审慎方式，也是揭示经济规律的强有力工具。如前文所说，任何生产活动都需要区域性要素与非区域性要素的共同投入。由于不同区域之间拥有不同的区域性要素，因此区域要素禀赋就决定和刻画了特定地区的经济结构与经济特征。那么区域性要素是如何决定经济增长的？其内在机制和作用途径是什么？本节通过构建跨期动态均衡模型来进一步说明区域性要素与非区域性要素对经济增长形成的作用机制。

4.3.1　模型的前提与假设

假定一个经济体，其生产需要区域性和非区域性两类要素。本节模型中的区域性要素分为两种类型：一类是除文化要素之外的所有区域性要素归结于一类，为 M_A。要素 M_A 以其实物形态参与生产过程，并以直接价值的形式完成生产价值创造。另一类是文化要素 M_B。要素 M_B 以其无形要素的形式参与生产活动，其价值实现是以间接价值为主。考虑到文化作为特定区域所具有的特定区域性要素禀赋，并且其是以核心价值体系对经济主体的行为起到规范作用，进而影响经济活动的，因此，模型中文化要素不直接进入生产函数，而是通过作用于非区域性的资本要素 K 转化为中间型的复合要素 $\xi_i(i=1,...,\chi)$ 参与生产，χ 为复合要素的数量，区域性生产要素 M_A 和 M_B 的总量为 M_0，由于特定地区的区域性要素禀赋短期内无法迅速调整，因此 M_0 为常数。

同时假定模型经济体生产活动所需要投入的非区域性要素也分为两类：资本要素 R，其余非区域性要素组合为 N。鉴于模型旨在揭示区域性要素在经济活动中的重要作用，因此模型对区域性与非区域性要素不设定投入关联系数，非区域性要素组合 N 可进行独立投入。不失一般性，将其设为常数。文化要素与非区域性要素资本 K 结合产生中间型复合要素 ξ_i，最终 ξ_i 参与生产。

模型采用 CD 生产函数考察不同要素的生产作用。根据假定 1 和假定 2，模型对中间型复合要素 ξ_i 的表达式设定为 $Y=M_A^{\alpha}N^{\beta}\int_0^{\chi}\xi_i^{1-\alpha-\beta}di$。

从公式中可以看出，中间型复合要素是对称分布的并且每一 ξ_i 的任一单位都与非区域性要素资本形成稳定技术关联 ω，即 $R=\omega\sum_0^{\chi}\xi_i$。由于中间型复合要素是对称分布，要素的数量必然相同，可标记为 $\overline{\xi}$，非区域性要素资本的公式就可标示为 $R=\omega\chi\overline{\xi}$。最终模型中的 CD 生产函数可变形为 $Y=N^{\beta}M_A^{\alpha}\chi\overline{\xi}^{1-\alpha-\beta}$。

最终生产模型中的中间型复合要素 x 为变量，其值大小决定于文化要素的投入 M_B，两者相互关系为 $\dfrac{\dot{\chi}}{\chi}=\tau M_B$。其中，$\tau$ 是文化要素 M_B 在与非区域性要素结合成为中间型复合要素的效率系数。

进一步假设，本模型经济体包括生产部门和消费者部门。不失一般性，假设生产活动不存在折旧。因此，两部门条件下的经济均衡条件为 $\dot{R}=Y-C$。

由于在经济实践中，消费者往往以跨期效用最大为行为目标，因此在跨期中模型假定效用总量的贴现率为 ρ。同时，模型采用相对风险系数固定的效用函数进行效用测算：$U(C) = \dfrac{C^{1-\lambda}}{1-\lambda}$。

4.3.2　最优控制过程

模型根据消费者在不同时期内所取得整体效用最大为原则，选用控制变量 C 和 M_B，并且同时设定状态变量 x 和 R 来进行跨期均衡的最优控制，公式可设为

$$\max \int_0^\infty \frac{C^{1-\lambda}}{1-\lambda} e^{-\rho t} dt$$

$$s.t \quad \frac{\dot{\chi}}{\chi} = \tau M_B$$

$$\dot{R} = Y - C$$

$$\chi(0) = \chi_0, R(0) = R_0$$

进而继续对控制变量求偏导：

$$\frac{\partial N_C}{\partial C} = C^{-\lambda} - \lambda_R = 0$$

$$\frac{\partial N_C}{\partial M_B} = \lambda_\chi \tau \chi - \lambda_R \alpha (M_0 - M_B)^{\alpha-1} \omega^{\alpha+\beta-1} \chi^{\alpha+\beta} N^\beta R^{1-\alpha-\beta} = 0$$

通过变形处理，状态变量 x 和 R 的跨期演进方程公式如下：

$$\dot{\lambda}_\chi = -\lambda_\chi \tau M_B - \lambda_R (\alpha+\beta) \omega^{\alpha+\beta-1} \chi^{\alpha+\beta-1} (M_0 - M_B)^\alpha N^\beta R^{1-\alpha-\beta} + \rho \lambda_\eta$$

$$\dot{\lambda}_R = -\lambda_R (1-\alpha-\beta) \omega^{\alpha+\beta-1} \chi^{\alpha+\beta} (M_0 - M_B)^\alpha N^\beta R^{-\alpha-\beta} + \rho \lambda_R$$

4.3.3　稳态与收敛性分析

进一步将资本代入，产出公式可变为

$$Y = (M_A \chi)^\alpha (N\chi)^\beta R^{1-\alpha-\beta} \omega^{\alpha+\beta-1}$$

需要说明的是，由于模型构建的跨期动态优化涉及两个共态变量和两个状态变量，共有四个微分方程，因此此处用哈罗德中性技术进步形式来完成稳态和收敛性分析。在哈罗德中性技术进步假设下，稳态时的资本、产出、消费及中间型复合要素的增长率都相同，即 $\dfrac{\dot{Y}}{Y} = \dfrac{\dot{\chi}}{\chi} = \dfrac{\dot{C}}{C} = \dfrac{\dot{R}}{R}$。

依据汉密尔顿法则对控制变量 C 求导：

$$C^{-\lambda} = \pi_R$$

$$\frac{\dot{\pi}_R}{\pi_R} = \frac{-\lambda C^{-\lambda-1}\dot{C}}{C^{-\lambda}} = -\lambda\tau M_B$$

代入共态变量 π_R 方程中得：

$$M_B = \frac{\tau(\alpha+\beta)M_0 - \alpha\rho}{\tau(\alpha\lambda+\beta)}$$

根据前文所述 $\frac{\dot{\chi}}{\chi} = \tau M_B$，因此，

$$\frac{\dot{Y}}{Y} = \frac{\dot{\chi}}{\chi} = \frac{\tau(\alpha+\beta)M_0 - \alpha\rho}{\alpha\lambda+\beta}$$

4.3.4 稳态增长率分析

根据跨期动态均衡模型推导出的最终跨期稳态增长率公式，区域性要素禀赋在经济活动实现稳态时有着至关重要的作用：一方面，文化等区域性要素通过对非区域性要素参与生产效率的影响，进而以中间型复合要素产出数量决定了最终稳态时的经济增长率，这种判断是符合现实的。正如前文所述，作为一种长期的历史积淀，文化以其强有力的价值观和行为规范影响和制约着经济主体的行为和决策，最终决定了经济活动的方向和绩效。因此，跨期动态均衡模型结论充分证明了文化等区域性要素在生产活动中的重要地位和作用。另一方面，区域性要素的赋存总量 M_0 也对稳态增长率产生了重要作用。可见，区域性要素禀赋的种类和数量对生产活动的内容和效率起着决定性作用。这种理论结果与经济实践也是高度一致和吻合的。

4.3.5 模型启示

本节通过构建跨期动态均衡模型，进一步揭示了区域性要素（文化等）与非区域性要素在经济增长中的内在作用机理。首先，区域性要素与非区

域性要素的配置方式和效率决定了特定地区长期均衡时的经济增长率。这种理论判断对经济实践有着重要的指导意义和价值。长期以来，经济学过度聚焦于资本、劳动等有形的非区域性要素对生产的重要作用研究，而忽视了生态特征、人文环境等无形区域性要素在生产中的作用。这一方面是由于以往生产活动中的区域性要素，尤其是无形的区域性生产要素在生产中未表现出强烈的约束性；另一方面是由于传统经济学缺乏有效处理文化等无形要素的技术方法和手段，从而舍弃了区域性要素禀赋的研究。但是从本部分模型结果上看，区域性要素在生产中确实起着重要作用，因此，重视区域性要素在经济活动中的重要作用，并进一步深入揭示区域性要素的生产作用机理，是未来生产要素理论研究的重要方向。

其次，区域性要素禀赋的赋存状态对长期稳态经济增长起着决定作用。区域性要素禀赋是特定地区所拥有的并且显著区别于其他地区的生产要素，其他地区无法通过转移、交换及复制得到。这就决定了不同地区拥有不同的发展模式和发展道路。只有适合本地区区域性要素禀赋的发展模式才能是可持续的，任何脱离本地区区域性要素禀赋的发展都会损害该地区未来的发展潜力。同时，由于区域性要素禀赋在经济空间上的分布是不均匀的，因此各地区的发展必然会存在差异。片面追求各地区相同的发展模式、发展速度是不科学的，也是不合理的。区域发展差异是客观存在的，并不以人的意志为转移。我国的平衡发展，究其本质是各地区充分利用区域性要素禀赋资源，科学合理地选择适合本地区的发展道路、发展模式，并通过各地区有效的分工与专业化实现了区域之间的协调和平衡发展。

4.4 本章小结

如何准确界定经济空间属性及其特征是经济学空间问题研究的逻辑前提，同时也是经济学文化向度回归不可规避的基本问题。然而，以往经济学中无论是经济均质空间假设还是非均质空间假设都存在着理论和现实不可调和的矛盾和冲突，也无法有效兼容文化问题研究。均质空间假设虽然可以极大地简化空间运输成本问题，但是却忽视了现实经济中资源禀赋的空间分布差异性，使其在解释现实经济集聚、分工以及国际贸易方面失去了指导性；同时，经济非均质空间假设虽然存在一定的成就，但是非均质空间假设过于强调自然资源与生产要素的地理性分布而无法有效解释经济活动的内在机制及其演化规律，在一定程度上脱离了经济学范畴。

从流动性角度上看，生产要素分为区域性要素和非区域性要素，而任何生产活动都需要区域性要素和非区域性要素的共同投入和使用。如果生产活动的所有因素都是要素，那么经济空间的载体自然也是要素。（地域文化等）区域性要素禀赋决定了特定区域显著区别于其他经济区域的空间特征。然而，经济学的经济空间问题研究是有边界的。如果我们将研究的空间尺度不断缩小，那么特定研究区域所包含的区域性要素禀赋就成了均质分布。因此，区域性要素禀赋的空间分布差异既是经济空间非均质性的成因，也是经济空间均质性的成因，而现实的经济空间则是均质与非均质的对立统一。

自然环境、生态特征及社会环境等区域性要素与非区域性要素的配置方式和效率对特定地区的长期经济增长起着决定性作用。长期以来，传统经济学的研究往往偏重于资本、劳动力等具象且普遍性的生产要素，而未能充分认识到文化、自然环境与生态特征等抽象的、地域特有的生产要素在生产过程中的关键性作用。这种偏向部分源自历史上这些地域性要素，尤其是文化等无形要素，在生产活动中的约束力并不显著；同时，也因为传统经济分析框架在处理文化等无形地域性要素方面缺乏成熟的技术方法和工具，导致这些要素在研究中被边缘化。然而，从本研究构建的跨期动态均衡模型分析结果来看，区域性要素在生产活动中扮演着至关重要的角色，它们与非区域性要素的结合方式及其配置效率，是决定一个地区长期均衡经济增长率的关键因素。因此,将区域性要素纳入经济活动分析的主流,并深入探讨其在生产中的作用机制,是未来生产要素理论探索的关键趋势。

经济的长期稳定增长在很大程度上取决于区域性要素禀赋的固有特质。这些要素,尤其是文化等,构成了各地区独特的生产要素,它们是不可复制、不可交易且无法从其他地区获取的。因此,每个地区都有其特定的发展路径和发展策略。唯有那些与地区特有的要素禀赋(如地域文化)紧密相连的发展模式,才能够促进可持续的发展。反之,任何忽视地区独特要素禀赋的发展尝试,都可能削弱该地区的长期增长潜力。此外,由于区域性要素禀赋在地理分布上的不均衡性,地区间的发展水平自然会呈现出多样性。因此,单纯追求一致的发展模式和发展速率是不切实际的,也是不恰当的。在中国,真正意义上的均衡发展,其实质在于各地区能够充分发挥其区域性要素禀赋的潜力,审慎地选择与本地条件相适应的发展途径和发展策略,并通过优化区域间的分工与专业化,促进区域协调与均衡发展。

第五章　文化认同对经济发展的影响机制

探索经济增长的内生动力及其运行机制，是现代经济增长理论研究的核心问题。生产活动必然需要区域性要素（文化等）与非区域性要素的共同投入和使用，因此现代经济增长理论研究就不能舍弃文化及其经济认同性在经济增长中的重要作用。本章通过对传统经济增长理论基本分析范式的深刻反思，将文化及其经济认同性纳入阿罗－德布鲁（Arrow-Debreu）一般均衡分析范式，通过厘清文化认同性对消费者偏好、生产者偏好以及分工和经济集聚的影响，进而完整揭示了文化认同在区域经济增长中的作用路径及其内在机理，不仅完成了文化认同对经济增长影响机制的创新性研究，同时也为课题后续实践性研究奠定了坚实的理论基础。

5.1　文化认同的内涵

本课题研究的核心内容之一是深入探索将文化及其经济认同性纳入主流经济理论分析范式的基本逻辑，并揭示文化认同对经济增长的影响路径及其内在机理。因此，本课题并不否认现有文化认同问题研究的相关成果与结论。事实上，正是基于对过往文化认同研究的系统回顾与总结，本课题才能实现文化认同在主流经济理论分析范式上的创新性研究。因此，系统梳理现有文化认同研究的相关成果，不仅有利于准确厘清文化认同的相关概念、内涵，同时也有利于本课题更好地实现文化认同在主流经济理论分析范式上的创新性研究。

5.1.1 文化认同内涵的界定

有关"认同"的研究最早可以追溯到19世纪末20世纪初Freud等（1918）的研究。Freud等学者认为，认同是个人与他人或群体在情感和认识上逐渐相识并趋同的过程。雷蒙德·威廉斯和王尔勃（2000）则在对文化的深入研究中认为，文化具有信息传递与共享的功能，通过该功能可以实现共鸣，这种共鸣可以促进群体间的关系。随后，阿玛蒂亚·森（Amartya Sen）等学者进一步研究提出，文化传递与交融的过程是文化认同逐渐形成的过程，这种复杂的过程本身也会不断强化文化之间的沟通和交流。文化认同的研究源于个人与群体之间共鸣关系的研究，其对于群体凝聚力的形成具有重要作用。因此，随着经济全球化的发展，跨文化、跨空间合作日益频繁，不同地域间的认同性问题受到越来越多经济学者的关注。卡赞斯垣（2009）在其经典著作《国家安全的文化：世界政治中的规范与认同》一书中提出，国家之间的合作和认同对世界政治和经济的安全具有重要的作用。Castells（1997）在其研究中也提出，如果不同宗教和族裔可以通过商业合作来构建文化交流网络，则全球分散的宗教和族裔可以克服地理上的隔离并进行有效沟通与联系。乔尔·科特金和张达文（2002）同样支持上述观点，并进一步提出经济行为的社会化规范可以通过思想的交流来实现文化的认同感。虽然多数学者认为文化认同对经济全球化有着重要的推进作用，但不能忽视的是，现有文化交流仍存在文化"普世主义"和文化相对主义的争论。这是因为，部分学者认为经济与文化的结合，必然导致经济发达国家产生文化优越与文化霸权，并可能以文化为手段进行强权政治和霸权经济，因此文化交流应该与经济分开，并限制其相互联系。而部分学者则进一步提出，发展中国家的优秀文化应该受到保护，这对于保持民族文化的独特性和多样性具有重要的意义。

同样，国内学者也对文化认同进行了深入的研究。例如，崔新建（2004）认为，文化可以视为个体或群体的独立思想意识，并且彼此的思想意识所反映出的行为可以通过交流被接受。张岱年、方克立（2004）及赖美琴（2006）从民族和政治视角对文化认同进行了研究，其结果显示文化认同能够通过构建以某种特定思想为核心的信仰价值体系实现民族与社会群体的融合。郭晓川（2013）、何洪涛（2014）同样支持上述观点，其认为人们在共同地域范围内长期形成的核心价值观念具有趋同性，并通过这种价值观念形成了社会、国家和民族的凝聚作用。这种价值观念即是文化认同，是共同区域的精神基础。钟星星（2014）则进一步将文化认同研究拓展到了不同核心价值理念间的融合性分析。其研究显示，文化认同不仅包括对自身既往文化的认同，还包括对外来文化的认同。不同文化之间的交流与融合可以对不同民族和社会群体的行为形成影响，并不断进行自觉创新和维护。佐斌和温芳芳（2017）同样支持上述观点，并强调世界、国家等多层面的民族文化和地域文化都属于文化认同的范畴。文化认同是一个完整的体系，不仅是个人对自身及外界事物的认识，也是人们世界观和价值观相互影响的体现。

通过系统梳理国内外学者关于文化认同问题的相关研究，并结合本研究的实践目的，笔者认为文化认同是一种凝聚过程。这种凝聚过程即是特定地域在长期积累中所形成的核心价值观念的趋同性，它以特定意识形态和价值观念形塑着该地区社会群体的行为规范并起着强大的凝聚作用；同时，文化具有传递性与共享性，不同地区的核心价值观念可以通过文化交流和融合实现共鸣，促进不同群体之间的凝聚关系，并通过构建以某种特定思想共识为核心的价值体系实现不同社会群体的融合交流。

5.1.2　文化认同的路径和过程

关于文化认同的形成，多数学者认为文化认同是一个动态过程。在不同的历史阶段和时代背景下，为适合自身发展需要而确立的文化核心要素会随之发生变化，因此文化认同的过程就是对核心文化价值体系在传承的基础上实现的文化创新与再造。例如，张卫良和龚珊（2016）认为，文化认同是文化交流和融合的过程，是文化价值重新构建的过程，在继承优秀传统文化时不断开放性地进行创新和融合，从而增强了主流文化的核心价值体系。罗迪（2014）认为，文化认同的发展路径究其本质是文化的革新和创新过程。在这一过程中，其核心价值观发挥着重要的基础性作用。

通过系统梳理文化认同形成的路径及其研究过程，笔者认为，作为在漫长历史积累过程中形成的规范和约束特定地区社会群体行为的意识形态和价值观念，文化认同必然是在继承和发展传统优秀文化的基础上，通过不断创新和重构，进而形成了新的核心价值体系。这种文化认同的形成路径必然是开放的、包容的，不同核心价值体系之间可以相互交融、相互作用，进而对传统文化的核心要素进行再组织和再重构。从本质上讲，文化认同的路径是动态的，这就决定了文化认同本身也是动态的。

5.1.3　文化认同面临的障碍

随着全球化进程的加快，文化交流和合作日益常态化，不同文化之间的关联也日益增多。全球化背景下的不同文化间的相互关系，不仅有交流与融合，也有冲突和碰撞。如何对待并正确处理传统文化与外来文化之间的冲突，克服不同文化之间的认同障碍，并将自身优秀文化与外来文化融合创新，受到越来越多学者的关注。应该指出的是，文化认同并不是经济全球化的产物。历史上，一些发达国家通过殖民扩张，将自己的文化强加于殖民地国家。这种文化殖民使殖民地国家的传统文化受到了巨大的冲击和影响，甚至很多殖民地由此丧失了传统文化的根基。这既是早期文化交流的重要特征，也是早期文化认同的障碍。泰勒（2008）对资本输入带来的文化认同危机进行了深入研究。其研究成果显示，不同文化间的相互融合其本身就是矛盾的碰撞，尤其是不同国家和民族间的经济利益冲突会进一步加重文化矛盾，并最终形成文化间的对抗，这是文化认同障碍的核心所在。关于如何克服文化认同障碍，我国学者也结合中国经验进行了研究。张兴成（2011）、陈青文（2013）两位学者研究认为，中国在与世界多元文化的交流和融合过程中，应注重保持民族文化的独特性，通过寻找多元文化的共同点和平衡点，克服文化冲突，实现中华文化的创新和发展。事实上，作为漫长历史演进中形成的社会约束和行为规范，文化对经济活动产生着相对稳定的影响。因此，作为对传统社会约束和行为规范的突破，不同文化间的融合必然会形成矛盾和碰撞。文化认同本身就是一种冲突，这种冲突是文化交流所不可避免的。但是，文化本身也具有包容性、传递性与共享性，不同地区的核心价值体系可以通过交流实现共鸣。因此，文化认同的路径是开放的、包容的，通过文化交流最终可以构建以某种特定思想为核心的新价值体系，进而实现不同社会群体的融合。

5.2　文化认同与消费者均衡

根据要素对生产空间的依附性及其空间的不可流动性，我们将生产要素划分为区域性要素和非区域性要素，并明确了文化等区域性要素在现实经济空间的不均衡分布是导致均质和非均质经济空间形成的重要原因。事实上，任何经济活动都必然在特定社会文化环境中存在，但是有关地域文化的空间异质属性造成文化对经济活动的影响，没有被主流经济学所充分考虑和研究。这是由于传统消费者均衡理论与生产者均衡理论对文化要素及其经济影响难以进行有效的兼容。因此，要进一步探索文化认同对现实经济活动的内在影响，就必须厘清文化认同分析与传统经济学研究范式的兼容机制，并做出符合现实经济实践的理论判断。

5.2.1 传统经济学消费者分析的范式局限：消费者偏好凸性

阿罗 – 德布鲁一般均衡分析框架对于新古典经济学的构建及其现实指导性有着毋庸置疑的贡献和成就。阿罗 – 德布鲁一般均衡理论是以消费者偏好为凸性作为其理论研究前提的，这种理论前提与现实中的消费者活动存在着内在的逻辑冲突。在消费者行为理论中，实现其自身效用最大化是消费者的唯一诉求。在这种目标追求下，消费者偏好凸性假设则意味着，如果存在边际消费效用递减的情况，那么消费者就应该在所有类型的商品中进行选择。每种类型商品消费数量必须经过审慎衡量①，从而在各种类型商品中消费特定数量，最终实现消费者在所有商品消费中的总效用最大。在这种逻辑条件下，新古典经济学进行了系统而丰富的研究并形成了富有代表性的基数效用学派和序数效用学派。虽然两大学派对于商品效用的衡量方法存在差异，但是各自形成了完整且系统的理论体系，并对消费者如何选择每种商品的数量进行了严谨的模型推导。需要指出的是，无论是基数效用论还是序数效用论，其消费者偏好凸性假设与现实的经济活动是无法兼容的。如果不考虑消费的空间维度，基数效用论和序数效用论的结论是符合现实判断的，然而，鉴于消费者的消费行为是处于现实经济空间中的，实现消费者均衡的状态是相当困难的。这是因为，考虑到经济活动的空间维度，消费者在消费效用递减规律的作用下，应该在各个经济空间进行均匀消费进而实现消费者的最大效用。而消费空间足够大时，消费者则必然选择极端的消费模式，即在每一个经济空间仅消费一单位商品，这样才能保障消费者效用水平最大化。显然，考虑到现实经济空间的距离对消费者所形成的成本效应，消费者很难在各个经济空间进行均匀消费。因此，阿罗 – 德布鲁一般均衡理论中的消费者偏好凸性假设与经济实践存在矛盾和冲突。

---

① 新古典消费均衡理论认为，消费者均衡的实现条件是每种商品的边际效用与其价格之比相等。

5.2.2 文化认同与消费者偏好实现

传统的阿罗－德布鲁一般均衡理论以消费者偏好凸性为其逻辑前提，但是考虑到现实经济中消费者不可能无成本地在任意空间进行均匀消费，因此边际消费效用递减必然与消费者均衡无法同时实现。换句话说，如果边际消费效用递减规律是成立的，并且消费者需要在不同经济空间进行消费，那么就不存在空间成本条件下的消费者均衡。因此，传统经济学为实现消费者均衡最终抽象掉了消费的空间维度，将消费者的消费置于完全虚拟的空间当中，并不考虑空间对消费者行为的影响。这种舍弃空间维度的消费者均衡理论与经济实践存在不可调和的冲突和矛盾。解决这种理论与实践的矛盾和冲突有两条途径：一是对边际效用递减规律做出调整；二是对消费者偏好做出凹性假设，或者至少承认消费者偏好的部分非凸性。显然第一条途径是不可以选择的，因为否定了消费边际效用递减规律就意味着新古典经济学失去了最为基本的理论支撑。长期以来，新古典经济学一直被视为主流经济学。正如熊彼特（2013）所说，新古典理论以一种水晶般明澈的思路，构建了一个可与理论物理学成就相媲美的经济学理论体系。这种"水晶"般的思路是指新古典理论的边际分析方法。而 North（1994）也提到，"通过一个原理性和逻辑性的分析框架，新古典理论已使经济学成为一门卓越的社会科学。放弃新古典理论无异于放弃作为一门科学的经济学"。因此，在研究消费者均衡实现的本质规律问题上，新古典理论基本范式仍是主要方法。从这个角度上说，重新对消费者偏好做出假设是提升消费者均衡理论现实解释力的必然选择。

正如前文所述，文化在社会经济活动中具有基础性的作用。作为历史积淀所形成的核心价值体系，文化必然对经济活动主体的价值取向、行为规范产生重要影响，进而成为影响经济活动的重要条件和基本因素。文化以无形的状态投入生产过程中，其强有力的价值观和规范系统会对消费者行为产生激励或约束作用，这即是文化在消费者均衡实现过程中的间接价值体现。文化作为特定地区长期历史积淀所形成的行为规范和价值观念，深深地刻画于特定地区、特定时期及特定人群。因此，不同地区、不同历史阶段的消费者行为明显带有该地区所特有的文化烙印。特定地域文化背景下的消费者在其所在地区的消费行为，在一定程度上区别于其在其他地域文化所影响或覆盖地区的消费行为。换句话说，同一消费者在不同地域文化空间中所进行的消费行为选择是不同的。这种情况的产生有两种原因：一是不同地区有不同的价值观和规范体系，这种文化差异导致消费者在不同地区的消费行为存在不同；二是文化作为长期历史积淀所形成的核心价值体系，必然会渗透其所覆盖地区的生产和生活，因此不同地域文化下的消费者对跨区域产品消费有着不同的偏好。

如果充分考虑地域文化以及不同地区文化认同性差异对消费者行为的影响，那么在边际消费效用递减且在不同空间进行的消费行为是存在均衡可能性的。如果消费者是在特定地区进行消费，那么在相同的地域文化规范下，消费者可以依据边际效用在各类商品之间进行选择，最终实现消费者均衡。如果消费者在其他地域文化环境下进行消费，而这种地域文化是消费者自身文化核心价值体系高度认同的价值体系，那么消费者行为不会发生较大变化，边际效用规律在该消费者的跨地区消费中就表现为连续性变化；而如果消费行为所在地的文化核心价值体系与消费者原属地的文化核心价值体系认同度较低，那么消费者行为就会发生较大变化，边际效用规律在不同地区的消费中就表现为非连续性变化。因此，考虑到文化认同性在消费者行为中的重要影响，消费者并不会在每个经济空间都进行均匀消费，更不会在每个经济空间都进行单一消费。从这个角度上说，现实经济世界中的消费者偏好并不是完全的凸性，而是在跨文化空间中表现为一定的非凸性。这种非凸性的值域范围取决于跨文化空间的文化认同程度。如果不同消费行为所在空间的文化核心价值体系能够相互交融、彼此认同，那么消费者偏好在不同空间的偏好非凸性差异较小；而如果不同消费行为所在空间的文化核心价值体系不能够彼此认同，那么消费者偏好在不同空间的偏好非凸性差异则会较大。这即表明地域文化以及不同地区文化认同程度差异对消费者行为存在影响，并使边际消费效用递减与不同空间消费条件下的消费者均衡有存在的可能。

5.3　文化认同与生产者均衡

5.3.1　传统经济学生产者分析的范式局限：规模报酬不变

作为传统经济学理论的基本分析范式，阿罗－德布鲁一般均衡分析框架的另一个基本假设是生产者偏好的凸性假设。然而，阿罗－德布鲁一般均衡理论的生产者偏好凸性前提也与现实的生产者空间经济行为无法兼容。这是因为，生产者偏好凸性假设要求生产规模报酬不变。换句话说，当现实的经济活动以相同比例进行规模扩张或缩小时，生产的效率是没有变化的，不会因为规模的变大或变小而产生任何的效率提升或降低。应该说，生产规模报酬不变假设是新古典经济理论中的一般假设。这种假设有利于分析那些成本损耗生产要素在生产活动中的作用。但是，这种规模报酬不变的分析范式与现实的空间经济活动是相互冲突的。这是因为，如果现实经济活动的生产规模报酬是不变的，那么生产就可以选择在任意的规模层次上进行。考虑到在经济实践中，生产活动的集中往往导致土地使用成本的上升以及产量集中所带来的向外运输成本的提高，因此如果生产规模报酬不变，即规模大小并不对企业生产效率产生影响，那么企业必然会选择较小的规模进行生产。从这个角度上说，规模报酬不变必然与社会化大生产相冲突，整个社会生产都将是个体经营单位。因为越小的经营单位，不仅不影响生产效率，还会因土地成本、集聚成本下降而产生额外的收益。这种理论推断无法有效解释现实经济活动所表现出来的专业化分工以及规模经济。事实上，现实经济中的生产活动并不是以规模报酬不变为常态的。虽然在特定阶段和特定规模中，生产活动可以表现为规模报酬不变，但是这种规模报酬不变仅是局部性的和短期性的。显然阿罗-德布鲁一般均衡理论的生产者偏好凸性前提与现实中的生产行为无法兼容。

5.3.2 文化认同与生产者偏好实现

事实上，经济学领域已经意识到并开始重视阿罗-德布鲁生产者偏好凸性假设所带来的制约性，并尝试将规模报酬递增纳入新古典经济理论研究。本书并不否认经济学家关于将规模报酬递增纳入主流经济学的各种尝试，也不否认这些尝试所取得的丰硕成果。但不可否认的是，将规模报酬递增纳入阿罗-德布鲁一般均衡理论分析框架的尝试无法克服内在冲突。Sraffa（1926）对这个内在冲突做出了明确表达，即规模报酬递增无法实现市场的竞争均衡。市场竞争实现最终均衡，是经济学研究中基本的判断和结论。如果生产活动的规模报酬是递增的，不断扩大生产活动的生产规模就会带来更高的生产效率，而更高的生产效率必然会带来更多的收益，因此，以收益最大化为目标的企业就会不断扩大生产规模，这种不断扩大生产规模的行为，最终会在市场竞争的作用下，形成市场的完全垄断，显然，这与新古典经济学强调充分竞争进而实现社会福利最大化的判断是相冲突的。因此，很多学者通过突出市场需求来弱化规模报酬递增带来的垄断可能，认为只要市场需求足够大，企业就不会形成垄断。但是这种通过将市场需求与企业生产完全割裂来分析规模报酬的外生性解释是难以成立的。

现实的经济活动必然是生产规模报酬递增的，这是无法否认的经济规律。无论是从经济学研究的基本范式上，还是从现实的经济实践表现上看，市场竞争均衡都是存在的。显然，规模报酬递增与市场竞争均衡，两者之间存在着某种特殊的内在联系。但两者之间的内在关联机制是什么？在何种程度上，规模报酬递增能实现最终的市场竞争均衡？这是探索经济发展规律不可回避的重要问题。文化作为历史积淀所形成的核心价值体系，对经济主体的价值取向、行为规范产生重要影响，对生产者行为产生激励与约束作用。如果特定地区文化的价值体系和社会规范与该地区经济活动的内容、模式相互适宜，那么处于文化认同下的生产者就会有更多的激励动力，该地区经济必然会表现出较高的生产效率；如果特定地区文化的价值体系和社会规范与该地区经济活动的内容、模式相互冲突，那么文化与经济活动的相互矛盾和冲突必然会导致地区生产效率的损耗。由于文化是以无形的间接价值参与生产活动的，因此从传统的规模报酬上看，获得地域文化认同的经济发展模式必然表现为生产规模报酬的递增，而未获得地域文化认同的经济发展模式则表现为生产规模报酬的递减[①]。甚至当地域文化完全不耦合其经济内容时，仅依靠技术、资本或者劳动要素的投入，区域经济仍可能会面临严峻的状态。从这个角度上说，现实经济世界中的生产者偏好并不是完全的凸性，而是在跨文化空间中表现为一定的非凸性；而生产活动的规模报酬也并不是完全的规模报酬不变，而是表现出一定程度的规模报酬递增的性质。

需要指出的是，由于不同地区具有不同的地域文化特征，因此不同地区的文化对经济活动内容和模式的认同性存在着明显差异。这在一定程度上解释了地区发展差异的问题。例如，自改革开放以来，我国取得了举世瞩目的成绩，但是也存在着较为严重的区域发展差异。东部地区、中部地区、西部及东北地区的经济发展水平差异明显，尤其是我国东北

---

① 由于传统经济学更多地关注劳动、资本等有形要素在生产活动中的作用，而忽视了地域文化等无形要素在生产活动中的作用。因此，即便是地域文化对生产活动产生了重要的激励作用，从而导致生产效率的提高，但是传统经济学却并未充分重视文化因素的作用，而仅将生产效率的提高认为是生产活动规模变化所引起的效率差异。

地区的经济增长相对衰退和经济地位的迅速下降引起了很多经济学者的关注。导致我国东北地区经济下降的原因是多样的，有生产要素配置的原因，也有历史性的原因。作为漫长历史演进中形成的社会传统和行为规范，东北地域文化以其广泛而深刻的渗透力对东北地区经济发展内容和模式产生了独特且重要的影响。东北地域文化特征与我国东部地区的地域文化特征存在着显著差异，这种差异决定了简单地照搬照抄先进和发达地区的经济发展经验，并不能有效解决东北地区的经济发展问题。因此，只有充分考虑地域文化对经济发展模式的认同性，并真正对东北经济主体起到激励和促进作用，才能真正地解读东北地区经济引擎失效的根源所在。

5.4 文化认同与经济的分工、专业化及集聚外部性

5.4.1 文化认同与分工、专业化

在现代经济增长的经济研究中，多数学者认为分工与专业化是生产力提升的重要形式，也是现代经济增长的长期的、内在的动力。因此，将文化及其经济认同性纳入主流经济增长理论研究，其对分工和专业化的影响将是无法绕过的重要命题。

通过系统梳理分工和专业化研究的成果，我们可以看出经济学对分工和专业化的研究经过了两个重要阶段：第一阶段是古典经济学对分工和专业化的解释。基于生产要素禀赋在自然地理空间上的不均匀分布，古典经济学认为比较优势是分工产生的原因。古典经济学的这种分工和专业化形成的原因分析是以要素不能流动为前提的。但是，随着现代生产技术的不断发展以及高速运输工具的出现，当生产要素可以在区域间自由流动时，古典经济学对于分工和专业化的成因解释就失去了合理性。第二阶段是放

弃了要素禀赋分析从生产过程中寻找答案。在此阶段，以阿林·杨格为代表的经济学者认为分工和专业化的动力源于生产过程中不断细化的生产环节及其所带来的效率提升。显然，这种在生产环节中寻找分工和专业化动力的探索在很大程度上符合生产实践。然而与古典经济学一样，阿林·杨格等学者在生产环节探索分工和专业化动力的努力和尝试，仍然无法解释区域间分工和专业化形成的内在动力。这是因为，如果现实经济中的要素是自由流动的，那么不同经济空间都可以成为分工和专业化的选择地点。"在哪里"分工就变成了"在任意地点"分工。显然这种理论与现实经济的分工和专业化实践并不相符。

在前文中，我们基于要素的流动性，论述了经济空间的均质和非均质统一属性，并且详细阐释了区域性要素（文化等）在空间中是非均质分布的，是经济空间均质和非均质逻辑统一的重要原因。因此，区域性要素禀赋在经济空间上的非均质分布在很大程度上决定了现实经济中的分工与专业化。不同区域都应该充分利用其特有的区域性要素禀赋，通过选择与其要素禀赋相适应的主导产业，获得生产上的绝对优势或者比较优势。需要指出的是，地域文化是区域性要素的重要组成部分。地域文化及其经济认同性也必然参与了经济活动的分工和专业化形成过程。如果将地域文化及其经济认同作用纳入分工问题研究，本书认为分工和专业化产生的根源，源于特定区域内其特有的区域性要素禀赋适宜于某些产品生产的有利条件。这种有利条件既源于有形的区域性要素禀赋，也源于地域文化等无形的区域性要素禀赋。作为特定地区长期历史积淀所形成的核心价值体系，地域文化的价值观和规范系统会对生产行为产生激励与约束作用。这种作用必然会对该地区的经济发展模式、路径产生影响，并且决定了特定地区在整个国民经济中的地位和功能，形成了符合其区域经济和文化特征的分工体系。这种分工和专业化体系，必然会充分发挥其地域文化特征，表现出较高的生产效率，并最终形成相对于其他地区的绝对优势或比较优势。因此，区域间分工的形成并不是可以在"任意地点"选择和进行,而是有其内在的形成机理和规律。

5.4.2 文化认同与集聚外部性

分工和专业化导致集聚。分工和专业化的深化过程会给空间集聚的经济活动带来额外的经济利益,这种额外的经济利益即是集聚的外部性。集聚外部性的存在是聚集经济产生的重要原因之一。国内外很多学者围绕集聚外部性展开了深入研究,相关成果为本书研究提供了坚实的理论基础。本书在充分肯定前人对于经济集聚外部性研究成果的基础上,更想突出的观点是,地域文化对其区域内经济发展模式和路径的认同对经济集聚有着重要的促进作用,是经济集聚外部性的重要来源。

地域文化对其域内经济模式认同性所形成的外部性经济利益主要产生于其对经济效率的影响。地区经济增长模式同地域文化的价值观念和行为规范相互适应、相互融合,地域文化就会提升经济活动的生产效率。具体来说,生产效率提升源于两个方面:一方面是文化的强有力价值观和规范系统对生产活动产生激励作用,使生产活动所投入的各个要素的使用效率得到了提高,进而表现为生产效率的提高;另一方面是由于文化对经济活动强有力的影响,导致生产方式和生产模式为适应本地区社会规范和行为约束而实现了创新和变化,各种生产要素的配置方式和形式发生了变化。这种生产要素配置的优化使生产效率大幅度提高。前者的效率变化,并不涉及各种生产要素配置方式的改变,仅是由于各种生产要素使用效率变化而导致的。这种文化对经济认同的影响,更多地表现为文化认同实现了地区经济的增长,即在生产要素投入数量不变的情况下提高了生产效率。而后者效率的提高则是由于要素配置优化而形成的。这种文化对经济认同的影响,还表现为文化对经济活动的认同实现了地区经济结构的调整以及发展方式的转变,即在生产要素投入结构进一步优化的情况下实现了生产效率和产出水平的提高。在现实的经济实践中，前者更多地涉及经济增长，而后者则更多地涉及经济发展。

需要说明的是，文化认同对要素配置方式和模式的优化效应并不一定是连续的。如果特定地域文化对其域内生产活动中的要素配置形成了小幅度渐进性的影响，那么地区经济发展表现为生产结构的不断优化；而如果特定地域文化对其域内生产活动中的要素配置形成了重大变革，进而导致地区发展模式的改革和创新，那么地区经济发展则表现为生产结构的升级。相反，如果特定地区文化与其域内的发展模式和生产方式并不相容，那么地域文化强烈的排斥性也会对生产活动产生阻滞，甚至导致资源的错配以及经济结构的畸形。

5.5　本章小结

通过系统梳理国内外学者关于文化认同问题的相关研究，并结合本课题研究的实践目的，本书认为文化认同是一种凝聚的过程。这种凝聚过程是特定地域在长期积累中形成的核心价值观的趋同性，这种趋同性以特定意识形态和价值观念形塑着该地区社会群体的行为规范并起着强大的凝聚作用；同时，由于文化具有传递性与共享性，因此不同地区的核心价值观念可以通过文化交流和融合实现共鸣，促进不同群体之间的凝聚关系，构建以某种特定思想共识为核心的价值体系以实现不同社会群体的融合交流。

本书认为，文化认同作为漫长历史积累过程中所形成的规范和约束特定地区社会群体行为的意识形态和价值观念，必然是在继承和发展传统优秀文化的基础上，通过不断创新和重构，进而形成了新的核心价值体系。这种文化认同的形成路径是开放的、包容的，不同核心价值体系之间可以相互交融、相互作用，进而对传统文化的核心要素进行再组织和再重构。从本质上讲，文化认同的路径是动态的，这就决定了文化认同本身也是动态的。

传统经济学的一般均衡分析范式以消费者偏好凸性假设为其逻辑前提，这种分析范式无法有效兼容文化及其经济认同性问题研究。作为特定地区历史积淀的行为规范和价值观念，文化深深地刻画于特定地区、特定时期及特定人群并对经济主体的消费行为产生重要影响，消费者行为偏好必然带有其区域所特有的文化烙印。消费者在不同地域文化空间的消费行为特征是不同的。现实经济中的消费者在跨文化空间中表现为一定的偏好非凸性。这种非凸性取决于跨文化间的认同程度。如果不同地区间文化核心价值体系能够相互交融、彼此认同，那么消费者偏好的跨空间非凸性差异较小；反之，消费者偏好的跨空间非凸性差异较大。这表明不同地区的文化认同性差异对消费者行为存在影响，并且消费者在不同空间进行消费存在空间成本，在边际消费效用递减条件下仍然存在消费者均衡的可能性。这个结论，在一定程度上规避了传统经济学一般均衡理论中消费者偏好凸性假设与经济实践的矛盾和冲突问题。

传统经济学一般均衡分析范式的生产者偏好凸性假设必然要求生产活动的规模报酬不变，这与社会化大生产相冲突。在特定阶段和特定规模中，生产活动可以表现为规模报酬不变，但是这种规模报酬不变仅是局部性的和短期性的。从地域文化及其经济认同性看，特定地区文化的价值体系、社会规范与该地区经济活动的内容、模式相互适宜，高度文化认同下的区域经济必然会表现出较高生产效率。因此，从生产规模报酬上看，地域文化认同下的经济发展模式必然表现为生产规模报酬递增；相反，未获得地域文化认同的经济发展模式则表现为生产规模报酬递减，此时仅依靠技术、资本或者劳动要素的投入，区域经济仍会面临严峻的状态。从这个角度上说，现实经济世界中的生产者偏好并不是完全凸性，而是在跨文化空间中表现为一定的非凸性；而生产活动的规模报酬也并不是完全不变的，而是表现出一定程度的规模报酬递增。

　　分工和专业化是研究现代经济增长问题的一条重要逻辑主线。无论是古典经济学还是新古典经济学都难以解释区域间分工和专业化形成的内在动力。事实上，区域间的分工和专业化，源于特定区域内其特有的区域性要素禀赋适宜于某些生产的有利条件。这种有利条件既源于有形的区域性要素禀赋，也源于无形的地域文化等区域性要素禀赋。地域文化强有力的价值观和规范系统会对生产行为产生激励与约束作用。这种作用必然会对该地区的经济发展模式、路径产生影响，决定了特定地区在整个国民经济中的地位和功能，从而形成符合其区域经济和文化特征的分工体系。从这个角度上说，区域间分工的形成并不是可以在"任意地点"选择和进行，而是有其内在的形成机理和规律。

　　文化对其域内经济发展模式和路径的认同性对经济集聚有重要作用并成为经济集聚外部性的重要来源。如果地区经济增长模式同地域文化的价值观念和行为规范相互适宜、相互融合，那么地域文化就会提高经济活动的生产效率。

第六章　文化与经济福利

福利经济学是现代经济学的一个重要分支，其主要研究一个经济变量的变化或者一项经济政策实施后，其"经济体系的一种形态比另一种形态是好还是坏，以及一种形态是否应当转变为另一种形态的问题"（李特尔，1965）。前文探讨了文化纳入主流经济理论分析范式的基本逻辑，揭示了文化及其经济认同性与阿罗-德布鲁一般均衡分析范式的兼容性机制。将文化要素纳入主流经济学研究，其对经济福利是否具有影响？如何体现文化要素间接价值的经济福利核算？这是经济学文化向度复归不可规避的另一项重要内容。

6.1　经济福利与价值判断

福利经济学是经济学重要的分支，其研究围绕经济活动中生产"效率"与分配"公平"两个核心内容展开。目前，新福利经济学是经济福利问题研究的主要流派。在效率和分配问题研究方面，新福利经济学采用了"二分法"，即把经济福利分成关于效率的命题和关于分配的命题两个部分来研究。这种经济福利问题的"二分法"研究，使新福利经济学舍弃了伦理和价值判断并完全抽象为纯粹的技术科学。正如李特尔（1965）所说，在新福利经济学中"只有经济学家使之理论化的人才是追求最大效用满足的人"。事实上，经济福利问题研究与伦理和价值判断是紧密联系的。早在19世纪

20年代，杰里米·边沁（Jeremy Bentham）和詹姆斯·穆勒（James Mill）等学者为解决当时的政治、经济和社会等问题，首次提出了以效用主义为核心的福利经济学。效用主义福利经济学认为，经济主体行为的根本目的是其自身福利的提高，而个人福利与社会福利具有内在的统一逻辑。效用主义福利经济学否定了个人福利与社会福利的冲突和矛盾，并认为符合"道德水准"的经济主体在其经济行为中也会考虑他人的福利，因此社会行为的最终结果是普遍的社会福利提升。从福利经济学的形成与演变进程上看，福利经济学在其起源中涵盖了伦理和价值判断。19世纪70年代，边际主义分析思想和范式对西方经济理论产生了重要影响。在这场边际革命中，西方经济学对经济活动进行了严谨和富有逻辑的数理论证，并"以'水晶般明澈'的思路，构建了一个可与理论物理学成就相媲美的经济学理论体系"（熊彼特，2013）。边际分析成为西方经济学的重要方法论特征。然而，尽管边际革命使经济学对资源配置问题的研究得到了长足发展，但不无遗憾的是，边际分析方法所内设的理性人假设使经济学完全舍弃了其社会学、伦理学的交叉学科属性，从而变成了纯粹的技术科学。此时期的经济福利问题被推到了主流经济学研究的外围。

随着西方资本主义的发展，纯边际分析的狭窄视野使经济学表现出越来越多的弊端。因此，如何协调经济与社会协同发展的政策研究又重新成为经济学关注的重点。1920年，英国经济学家庇古（Arthur C. Pigou）的代表作《福利经济学》正式出版，标志着旧福利经济学的产生。庇古认为，经济福利的广义定义可以表述为"与货币度量相关的群组的满意感与不满意感"（庇古，2007），他还在其著作中首次提出了两个经济福利的基本命题：一是国民收入水平越高，社会福利越好；二是国民收入分配越平均，社会福利就越好。这也奠定了经济福利问题研究的基本框架，并深刻影响着当代福利经济问题的研究。在旧福利经济学中，庇古等经济学家认为物质福利可以代表效用水平，个人的效用可以用"基数"来度量和加总，因此福利可以在人际间进行总计效用的比较。应该说，旧福利经济学的产生打破了边沁效用主义之后经济福利问题研究的沉寂，也标志着福利经济学已经成为一门完整的经济学分支学科，其在当时社会税收、收入分配等政策的制定和实施方面起到了积极的作用。然而，随着经济学对经济福利问题研究的不断深入，实证经济学家开始不断质疑旧福利经济学的基本观点。尤其是，效用是人的主观感受，其大小如何能用"基数"度量？如果效用不能度量和总计，那么经济福利又应该用什么衡量？人际间的福利又该如何进行比较？这些问题也引起了理论经济学家的深刻反思。在此过程中，罗宾斯（L. C. Robbins）等学者通过系统反思旧福利经济学的不足与缺陷，提出了经济学与伦理学、社会学存在着内在的逻辑冲突，做出了经济学、伦理学和社会学不能相互结合的理论判断。罗宾斯认为，经济学不应该涉及价值判断问题，而"基数"效用的使用必然会引起规范分析的结论，因此福利经济学应避免使用基数效用。约翰·希克斯（John R. Hicks）基于帕累托的原始理论，提出了社会福利比较的新依据，即帕累托标准，并最终形成了新福利经济学。根据帕累托标准，任何一个能够使至少一个人的福利有所增进，而并没有其他人因此而损失福利的变革即是帕累托改进。当任何变革都不能实现帕累托改进时，此时的状态即为帕累托最优。因此，新福利经济学的研究核心是实现帕累托最优所必需的一系列边际条件。可以说，新福利经济学并没有直接研究如何度量经济主体主观效用的评价问题，而是通过寻求一种全新的社会福利比较标准巧妙地规避了效用评价问题。新福利经济学使用偏好来表示效用概念，能够更加突出行为主体的主观性；同时，帕累托标准及其相关的边际条件在序数效用论的基础上进行分析，避免了效用的人际比较。应该说，新福利经济学使经济福利问题研究进入了一个快速发展时期，并成为经济学研究的重要内容。

然而，新福利经济学由于规避了效用的人际评价，遭到了质疑。其中，最为严重的是作为新福利经济学的重要理论基础，帕累托标准仅是一个关于效率的标准，并不涉及分配问题，而经济福利问题的分析离不开分配问题。面对这一缺陷，新福利经济学通过构建社会福利函数来表明经济社会发展的目标，或者说哪些因素是个人的利益或效用，或是社会的利益和效用。令人遗憾的是，1951年阿罗（K. J. Arrow）通过深入研究个人福利函数与社会函数的转换得出了不可能性定理。其结论表明，根据集体选择定义的社会福利函数是不存在的。这意味着，新福利经济学对分配问题的研究缺乏最为基本的条件。因此，围绕阿罗不可能性定理，新福利经济学家开始重新对社会选择问题进行深入研究，并试图寻找克服不可能性定理否定结论的方法，直至20世纪70年代才有了重大进展。阿玛蒂亚·森研究认为，阿罗不可能性定理只在阿罗社会福利函数的投票式集体选择中适用，并不适用于人际效用的比较。阿玛蒂亚·森认为，新福利经济学采用序数效用进行福利排序是不可能的，尤其是在缺乏足够社会信息的条件下，序数效用无法直接提供相对充分的人际效用比较；相反，基数效用却可以获得更为全面的人际比较信息。应该说，阿玛蒂亚·森的研究标志着新福利经济学向基数效用研究的一种回归。在这种回归过程中，福利经济学重拾了经济行为的社会学、伦理学的交叉属性，并认为在社会福利分析中必然存在着主观意识与价值判断。同样，李特尔也对新福利经济学的帕累托标准提出了批评。李特尔（1965）认为，在福利经济学里价值判断是无法避免的，"丢掉价值判断将是把婴儿连同洗澡水一同倒掉"，福利结论即价值判断，经济福利研究需要以价值判断为前提。

需要指出的是，虽然阿玛蒂亚·森和李特尔的批评牵涉经济福利问题研究的伦理和经验基础，但是他们过于侧重价值判断对经济福利的本质分析，没有深入探讨价值判断在经济福利形成过程中的影响。因此，无论是阿玛蒂亚·森还是李特尔，这些学者在经济福利的最优配置和收入分配上如何体现价值判断，都没有给出明确的方案。

然而，随着福利经济学家对经济福利问题研究的不断深入，越发明显的结论是：一是经济福利研究的本质属性是价值判断，经济福利问题研究必然包括人的意识形态、信仰和道德等因素的影响；二是将文化纳入主流经济学研究，其对经济福利必然有重要的影响，然而如何确定文化在经济福利的最优配置以及收入分配中的作用及机制仍然需要做出不断深入的探索；三是新福利经济学通过一个原理性和逻辑性的分析框架对经济福利问题进行了卓有成效的研究，继续沿袭并拓展新福利经济学基本范式是经济福利问题研究的一条重要思路，然而如何纳入文化等价值判断因素仍是其需要不断探索的重要方向。

6.2　文化价值与非凸性无差异曲线

阿罗－德布鲁一般均衡分析一直是新福利经济学研究的基本框架。在一般均衡分析框架中，人际效用的比较和评价可以借助无差异曲线的位置进行分析。然而，阿罗－德布鲁的一般均衡分析框架却是以消费者偏好为凸性作为其理论研究前提的。凸性的消费者偏好无差异曲线意味着，如果任意给定偏好相同的两个商品的消费束(x_1, x_2)和(y_1, y_2)，那么在这两组消费束中的任意加权平均消费束组合至少与给定的两个端点消费束的偏好一样好，或者比两个端点消费束中的任何一个都更好，若$(x_1, y_1) \sim (x_2, y_2)$，即对于任意满足$0 \leqslant t \leqslant 1$的$t$值，都存在$[tx_1 + (1-t)x_2, ty_1 + (1-t)y_2] \geqslant (x_1, y_1)$。其中，$\sim$符号为偏好相同，$\geqslant$符号为弱偏好于。

从图6-1所示的凸性偏好无差异曲线的几何图形上看，无差异曲线（U_1）的两个商品消费束(x_1, y_1)和(x_2, y_2)处于相同的偏好水平，两端点间任意的加权平均消费束都会处于连接两端点的线段上。这意味着，加权平均后的消费束必然处于更高水平的偏好无差异曲线上（U_2），在同样的收入和价格水平下，消费者可以获得更高的偏好满足。因此，凸性的消费者偏好保证了在任意收入价格水平下，消费者只有一个最优的消费束，并且这

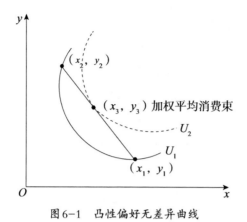

图 6-1　凸性偏好无差异曲线

种最优（偏好水平最大）的商品消费束组合必然由收入价格曲线（预算线）与无差异偏好曲线的相切点确定。需要指出的是，消费者偏好表现为凸性是新福利经济学的基本假定，但在现实的经济活动中消费者偏好并不一定表现为凸性，而可能表现为一定的非凸性，非凸性偏好无差异曲线如图 6-2 所示。这是因为，消费者偏好凸性假设意味着，如果存在边际消费效用递减的情况，那么消费者就应该在所有类型的商品中进行选择。每种类型商品消费数量必须经过审慎衡量[①]，从而确保在各种类型商品中消费特定数量，最终实现消费者在所有商品消费中的总效用或者说总满足程度最大。然而，这种消费者偏好凸性假设与现实的消费行为无法兼容。如果考虑消费的空间维度，消费者在边际消费效用递减规律的作用下，应该在各个经济空间进行均匀消费才能实现消费者总效用的最大。而如果消费空间足够大，那么消费者则必然选择极端的消费模式，即在每一个经济空间仅消费一单位商品，这样才能保障消费者效用水平最大化。显然，考虑到现实经济空间对消费者所形成的空间成本效应，消费者很难在各个经济空间进行均匀消费。这就意味着，在现实的经济活动中，消费者偏好必然表现为一定的非凸性，否则消费者均衡是无法存在的。事实上，即便不考虑消费行为的空

---

① 新福利经济学认为，消费者均衡的实现条件是每种商品的边际效用与其价格之比相等。

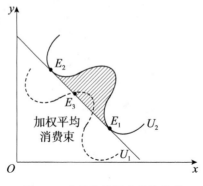

图6-2　非凸性偏好无差异曲线

间维度，作为历史积淀所形成的核心价值体系，文化也对消费者的消费偏好产生了重要影响，进而成为影响消费者行为的重要条件和基本因素。从这个角度上说，不同地区、不同历史阶段的消费者行为明显带有该地区所特有的文化烙印。特定地域文化背景下的消费者在其本地区的消费行为，必然在一定程度上区别于其在其他地域文化所影响或覆盖地区的消费行为。换句话说，同一消费者在不同地域文化空间中所进行的消费行为选择是不同的。这就意味着，不同地域文化下的消费者，其对跨区域产品消费有着不同的偏好。因此，消费者偏好也必然表现为一定的非凸性。这种偏好非凸性的强度取决于跨文化消费行为的差异及其认同程度。消费者消费行为所跨文化的差异越大，消费者偏好就表现为越强的非凸性；消费者消费行为所跨文化的价值体系越相近，消费者偏好的非凸性就越小。同样，如果不同消费行为所在空间的文化核心价值体系能够相互交融、彼此认同，那么消费者偏好的非凸性就较小；反之，消费者偏好的非凸性就会较大。从非凸性偏好的无差异曲线几何图形看，在任何收入价格曲线条件下，理性消费者不会选择无差异曲线凹形部分与收入价格曲线所围成的区域（图6-2中的阴影区域）中任意一点所代表的商品消费束。这是因为，此区域中任意商品消费束所代表的偏好水平或总满意程度都会低于现有无差异曲线所代表的偏好水平，消费者不可能以更高的预算来消费低于现有偏好水平的商品消费束。

6.3　文化价值的核算：补偿变化与等价变化

　　消费者偏好是非凸性的，虽然这种理论判断对新福利经济学关于消费者均衡的实现标准并没有影响，即无差异曲线与收入价格曲线（预算线）相切是消费者均衡的必要条件。但是，文化是影响消费者偏好由凸性向非凸性变化的重要原因，这种理论判断对于揭示文化参与经济活动的价值衡量提供了一种测算方法。生产要素是生产活动所需投入的各种因素和手段，有些生产要素是以有形的状态投入生产过程中的，而文化要素则是以无形的状态投入生产过程中的。在生产过程中，文化要素参与生产活动不是以其自身形态在生产过程中的直接提取、转移和消耗为形式表征，而是基于其与生产活动所进行的各种无形的、非形态性的间接价值的提取和转换。从文化动机决定着人们的行为，到文化孕育制度的产生与变迁以及文化所形成的强有力的价值观和规范系统对经济运行的激励与约束，都是文化要素间接价值的重要体现。应该说，文化要素的间接价值评价不仅是将文化要素重新纳入主流经济理论的重要逻辑路径，还是文化要素对经济福利影响分析的重要基础。传统经济学长期以来一直以要素的直接损耗为方法展开要素成本的核算，显然这种方法并不适应文化要素研究。因此，如何进一步准确揭示文化要素参与经济活动的价值核算，是文化要素回归经济理论研究的重要命题。

　　正如前文所述，文化对经济主体消费行为有着重要影响，是消费者偏好非凸性的重要成因。在现实的经济活动中，消费者偏好非凸性并不完全是由文化对消费者消费行为的影响所致，消费者的消费习惯也会形成其偏好的非凸性。例如，当消费者同时面对由喜好品和厌恶品构成的两种商品组合时，消费者偏好也会形成一定的非凸性，选择对喜好品的完全极端消费。换句话说，在喜好品和厌恶品中的任意加权平均消费束组合都不如完全选择喜好品给消费者带来的效用更大。需要指出的是，现实经济活动中消费者面临的商品选择是多样的。消费者所厌恶的商品无论是在种类上还是在数量上，在其所有商品选择中所占比例均较小，消费者可以通过自身决策避免对厌恶品做出消费选择。因此，本书排除厌恶品对消费者偏好非凸性的影响，仅假定文化是引起消费者偏好非凸性的唯一原因。从这个角度上说，如果消费者偏好的凸性和非凸性变化主要是由文化的影响产生，那么文化要素的间接生产价值，就可以用偏好曲线凸性和非凸性间的补偿变化或等价变化进行核算。文化间接价值的补偿变化如图6-3所示。图6-3显示了两种消费者均衡的实现过程。首先，实线反映的是现实经济中考虑文化影响的非凸性消费者偏好无差异曲线与收入价格曲线相切，切点 E_2 为消费者均衡时的商品消费束组合；虚线显示的是排除文化影响后，凸性消费者偏好无差异曲线与补偿收入价格曲线（虚线表示的补偿预算线）相切，切点 E_1 为排除消费者均衡时的商品消费束组合。

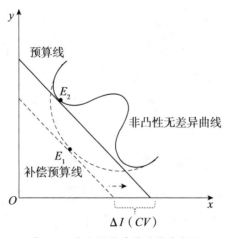

图6-3　文化间接价值的补偿变化

　　考虑到文化对消费者偏好的影响，那么现实经济活动中消费者偏好的无差异曲线是非凸性的（图6-3中弯实线所示的为非凸性无差异曲线），因此在既定的收入价格条件下（图6-3中直实线所示的预算线），消费者会在 E_2 点处的商品消费束组合中实现消费者均衡。可以说，E_2 点处所标示的消费者均衡是现实经济活动中考虑到文化影响的真实的消费者行为选择。由于新福利经济学排除了文化对消费者偏好的影响，因此对现实的非凸性消费者偏好做出了凸性假定，这就导致了图6-3中非凸性无差异曲线变形为凸性的无差异曲线（图6-3弯虚线所示的无差异曲线）[①]。最终，消费者可以在商品价格不变的情况下以更低的收入水平实现"消费者均衡"。显然，此时的"消费者均衡"没有充分考虑消费者对商品文化价值的实际消费，消费者也为此节约了 ΔI 的支出，即补偿预算线与实际预算线的平行移动距离。换句话说，消费者在消费过程中，由于没有支付商品的文化价值，其仅用补偿预算线（图6-3中直虚线所示）确定的收入就实现了真正预算线（图6-3中直实线所示）所能够带来的效用水平[②]。这种支出的减少实际上是对文化价值的"节约"。因此，图形6-3中 ΔI 所反映的货币价值是文化间接价值的体现，这种通过补偿预算线形式测度的文化间接价值可以用 CV 表示。

　　文化的间接价值还可以通过另一种等价变化形式进行核算，文化间接价值的等价变化如图6-4所示。图6-4中消费者在初始的收入价格条件下，其预算线（直实线所示）与考虑到文化价值的非凸性偏好无差异曲线（U_1）相切于 E_2。此时 E_2 为商品消费束组合是现实经济中消费者支付文化价值时的消费者均衡选择。排除文化对消费偏好的影响，非凸性的消费偏好无差异曲线将由非凸性变形为凸性。在保持消费者收入价格不变条

---

　　① 需要指出的是，从理论上的几何变形来说，由特定的非凸性无差异曲线转变为凸性时可以有多种变形方式，也可以表现为多种凸性状态。本书所指的凸性与非凸性变形，是以唯一的、最小幅度进行的，从而确保了文化间接价值衡量的唯一性。

　　② 在新福利经济学中，预算线的右侧移动被认为是支出（收入）水平的提升，即支出（收入）水平越高，预算线离原点越远。

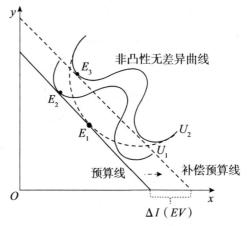

图6-4 文化间接价值的等价变化

件下，消费者现有预算线（图6-4中直实线所示预算线）将与某一条排除文化价值的凸性偏好无差异曲线（U_2）相切于E_1点。无差异曲线（U_2）所代表的消费者偏好水平要高于原无差异曲线（U_1）所代表的水平。这意味着，消费者如果不考虑现实经济中商品的文化价值，可以在收入水平保持不变的条件下，实现更高的（U_2）效用水平；消费者如果考虑商品的文化价值，要实现U_2效用水平应该具有更高的收入水平，其收入水平至少应该提升至图6-4中补偿预算线（直虚线）的位置。因此，图形6-4中预算线（直实线）向补偿预算线（直虚线）平移距离（ΔI）所反映的货币价值是文化间接价值的体现。这种通过等价变化形式测度的文化间接价值可以用EV表示。需要指出的是，由补偿变化核算出来的文化间接价值CV不完全等同于通过等价变化核算出来的文化间接价值EV，这主要取决于非凸性消费偏好无差异曲线的变化趋势及其幅度。而在拟线性偏好的情况下，补偿变化所核算出的文化间接价值CV即可等同于等价变化所核算出来的文化间接价值EV。

本节通过偏好分析的补偿变化和等价变化揭示了文化间接价值的表现形式和核算机制。在现实经济活动中，文化要素参与生产活动的价值生成，是由要素的边际成本决定的。但是与其他要素不同的是，文化要素是以无形的状态参与生产活动的，单独的文化要素不能构成完整的生产活动，必须与其他生产要素共同作用才能完成特定的生产活动。这主要体现在两个方面：一方面，文化强有力的价值观和行为规范会对其域内经济主体形成重要激励，促进全要素生产率的提高；另一方面，先进的文化孕育着创新动力，也对其域内要素的配置方式不断优化和调整，进而促进生产效率的提高。从这个角度上说，文化要素在生产活动中的价值体现是依附于与之密切相关的有形生产要素在生产过程中所形成的竞争效率。在不同的文化要素条件下，即便是生产内容、生产模式完全相同的经济活动，也不必然具有相同的生产效率和发展成果。这种差异是文化要素价值的现实经济体现，也是文化要素参与收入分配的现实转换。

6.4　文化价值与消费者剩余和生产者剩余

在福利经济学中，消费者剩余和生产者剩余的变化是评价特定经济变量或经济政策经济福利效果的重要方法。因此，如果文化对经济福利存在影响，那么纳入文化变量后的消费者剩余和生产者剩余必然存在规律性变化。文化变量对经济福利到底存在怎样的影响？其作用规律如何体现？这是本节需要解决的另一个重要问题。图6-5至图6-8展现了文化变量对消费者剩余和生产者剩余的影响过程。图6-5中实线标示的是排除文化影响的消费者偏好凸性无差异曲线 U_1，虚线则是考虑到文化影响的消费者偏好非凸性无差异曲线 U_2。其中，E_1 点是在收入水平 I_1 和商品 x 价格水平 P_1 时预算线与 U_1 凸性无差异曲线的切点，即排除文化变量影响下的消费者均衡所确定的商品消费束组合，此时商品 x 的消费数量为 x_1。图6-6标示的是与图6-5相同收入和价格条件下消费者均衡的文化价值的补偿变化。在图6-6中，如果考虑文化变量影响，真正的预算线将向右侧平移（如实线所示），消费者均衡在E_2点实现。此时，消费者均衡时商品x的消费数量由x_1增加到x_2。这种消费者均衡时的商品需求数量变化是因文化变量所引起的。换句话说，考虑到文化变量的影响，在消费者均衡时商品x的消费数量会增加。需要注意的是，在文化价值的补偿变化中，预算线和补偿预算线具有相同的斜率，即商品的价格是不变的。因此，由于文化变量的影响，由图6-6消费者均衡所推导的消费者需求曲线也将发生变化，补偿需求曲线与需求曲线如图6-7所示。在图6-7中，商品x的需求曲线将向右侧平移。其中，实线标示的是考虑到文化变量影响的需求曲线，而虚线标示的是没有文化变量影响的补偿需求曲线。这意味着，在商品x的价格水平是p_1时，如果不考虑文化变量的影响，那么消费者均衡时商品x的需求数量是x_1；而如果考虑文化变量的影响，那么消费者均衡时商品x的需求数量则是x_2。同理，在其他价格水平下，由于文化变量的影响，商品x的需求数量都会相应增加。体现在整条需求曲线的变化上，即由于文化变量的影响，消费者对商品x的需求曲线将向右侧平移。

图6-8显示的是由于文化变量的影响，消费者对商品x的需求曲线向右侧平移所导致的消费者剩余和生产者剩余变化。首先，在不考虑文化变量的影响时，从消费者剩余的角度上看，市场竞争均衡时需求曲线与供给曲线交于E_1点，消费者剩余为E_1、P_1、P_3围合的面积；从生产者剩余的角度上看，生产者剩余为E_1、P_1、P_5围合的面积。因此，在不考虑文化变量影响时，消费者剩余和生产者剩余的总量为E_1、P_3、P_5围合的面积，即图6-8中竖行阴影面积。其次，在考虑文化变量影响时，从消费者剩余的角度上看，市场均衡时需求曲线与供给曲线交于E_2点，新的消费者剩余为E_2、P_2、P_4围合的面积，消费者剩余比之前增加了h、E_2、P_4、P_3围合的面积，而减少了h、E_1、P_1、P_2围合的面积；从生产者剩余的角度上看，新生产者剩余为E_2、P_2、P_5围合的面积，相较之前增加了E_1、E_2、P_2、P_1围合的面积。从消费者剩余变化的总计上看，由于文化变量的影响，消费者剩余增加幅度

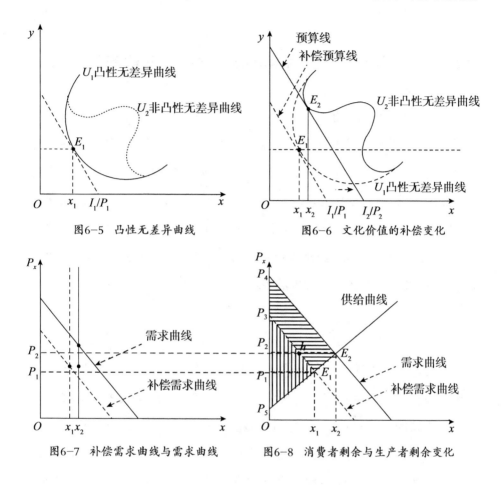

图6-5　凸性无差异曲线

图6-6　文化价值的补偿变化

图6-7　补偿需求曲线与需求曲线

图6-8　消费者剩余与生产者剩余变化

要高于消费者剩余的减少幅度。需要指出的是，由于文化变量的影响，消费者剩余增加幅度与消费者剩余减少幅度的大小取决于需求曲线和供给曲线的相对斜率。但是，从消费者剩余和生产者剩余的总体变化上看，由于文化变量的影响，消费者剩余和生产者剩余总量是增加的，如图6-8中E_1、E_2、P_4、P_3围合的横行阴影部分所示。从整体上看，文化变量对消费者偏好无差异曲线的非凸性影响，直接导致了消费者对商品需求数量的变化，而这种需求数量的变化使新的市场达到均衡时消费者剩余和生产者剩余都有相同方向的增加。因此，文化对经济福利有着重要影响，充分考虑经济活动中的文化价值会增加经济活动的整体福利。

6.5 文化价值启示：我国高质量发展的文化向度

经济福利的成果既包含有形的社会财富，也包含无形的社会财富。忽略了社会经济发展的文化价值，必然导致经济福利成果的价值被低估。尤其是，我国经济已由高速增长阶段转向高质量发展阶段，作为漫长历史演进中逐渐形成的社会约束和行为规范，中华文化究竟是以何种广泛而深刻的渗透力在这场关系中国伟大实践全局性、历史性的新变化中起着至关重要的作用？这不仅是福利经济理论中国化的重要创新，也是我国实现平衡、充分发展，更好满足人民美好生活需求所不可规避的时代命题。

6.5.1 文化与高质量发展

文化以强大渗透力对其域内经济产生着动态的、非线性的影响，这是现实经济发展的客观规律。传统经济理论忽视了经济发展中的文化向度，以精致的工具理性对社会发展问题进行了纯粹的经济学分析。应该说，传统经济理论的研究范式及其政策推论，在物资短缺的时代具有合理性，对我国改革开放初期的发展实践起到了极大的推进作用。目前，在我国实现快速经济增长的同时，社会经济发展也开始面临人与自然、人与社会，甚至人与自身关系的各种失衡、矛盾甚至冲突。如何走出单纯追求经济无限增长的"物质主义"膨胀，完成"物本位"到"人本位"的科学转换，真正实现全面发展的社会文明，是我国社会主义事业伟大实践中迫切需要解决的重大问题。在这场关系中国伟大实践全局性、历史性的新转变中，基于发展实践，我国政府站在历史和全局的战略高度进行了经济、政治、文化、社会、生态文明五个方面"五位一体"的总体布局，并明确提出我国经济已由高速增长阶段转向高质量发展阶段。推动高质量发展，文化是重要支点、重要因素，也是重要力量源泉。文化对经济发展有着极为深刻的影响，是重要的生产要素。任何生产活动都需要文化要素的投入，任何经济发展的成果也必然包含着文化要素的价值构成。因此，经济发展的成果既包含有形的社会财富，也包含无形的社会财富。忽略社会经济发展的文化价值，必然会导致经济发展成果的价值被低估。继续提升社会经济发展中的文化价值，是中国高质量发展的客观要求，也是中国高质量发展的内在动力。

6.5.2　文化与我国经济的平衡、充分发展

20世纪80年代初，经济全球化促进了国际分工和世界市场的扩大，东亚、非洲和拉丁美洲几乎同时启动经济转轨和社会变革。它们同样选择了市场发展模式，同样重视要素流动、市场开放等相关经济政策，然而与东亚经济的高速增长不同，非洲和拉丁美洲的经济陷入了长期缓慢增长状态。而在东亚内部，不同国家之间也存在着经济增长的较大差异。例如，2010年我国超越日本成为世界第二大经济体，而韩国经济则长期处于缓慢增长的状态。同样，即便在创造了世界经济增长奇迹的中国，各区域间的发展也不平衡。由此可见，无论是从世界经济格局的整体变迁还是从地区经济发展趋势上看，现实经济都表现为较为明显的发展差异和不平衡。可以说，不平衡发展是当前世界和地区经济发展的一个重要特征。尽管很多经济学家从自然资源、地理区位、制度政策等视角试图揭示现实经济非均衡发展的原因，但其理论判断很难得到现实经济的检验。事实上，任何经济活动都在特定文化环境下进行，不同的文化蕴含着不同的价值观念、风俗习惯、思维模式、行为特质，并在长期历史积淀中逐渐成为域内经济主体"集体行为的共同逻辑"。因此，不同文化基因的经济主体对其自身面临的经济发展条件、市场变化、制度政策等必然存在着不同的感知、认同和响应能力。这种经济主体的感知、认同和响应差异决定了，即便是相同的经济政策、相同的经济模式，但在异质文化空间中也会表现为巨大的不同。可以

说，文化是特定国家和地区更基础、更深层次的发展条件，对其适应性的经济模式和发展道路有着内在的甄别和筛选，只有与文化激励相容的经济模式和发展道路才能取得更好的发展成果。因此，区域经济发展的本质是以区域发展条件为基础，充分考虑经济发展模式、道路与区域文化的相互匹配，从而形成科学的经济秩序，这是区域发展最基础、最深层次的标准。现实经济中的多元文化决定了多样化的经济发展道路，现实经济中不存在单一的发展模式。东亚与非洲、拉丁美洲的发展差异以及我国各区域的发展不平衡，是由于未能充分考虑地域文化在经济发展中的重要性和基础性作用、未能充分实现经济发展模式与区域文化的相互匹配和激励相容，从而出现了发展错位。发达地区"先进的"经验与"科学的"模式，究其本质是这些模式与发达地区的文化禀赋相互适宜、相互匹配，从而形成了要素的高效率配置，实现了经济的内生式发展。因此，脱离自身文化发展条件，试图以照搬他人模式来实现地区经济发展，是不现实的，也是难以成功的。现实经济中也没有哪个发展模式能够成为超越国家、超越民族、超越文化的普适模式。党的百年奋斗历程和伟大实践证明，只有中国特色社会主义文化才能真正体现中国的价值观念和文明体系，也只有中国特色社会主义道路才能真正激发全国人民的强大精神力量。因此，在全面建成社会主义现代化强国的征途中，必须保持"道路自信、理论自信、制度自信、文化自信"，必须坚持中国特色社会主义道路。这不仅是我国人民在中国伟大发展实践中做出的高度理论概括和实践总结，也是区域经济发展演进规律的内在客观要求。

6.6 本章小结

福利经济学的演进表明，经济学对经济福利问题的认识是不断深入的。经济福利研究的本质属性是价值判断，经济福利问题研究必然包括文化因素。如何将文化纳入经济福利问题分析，进而确定文化在经济福利最优配置以及收入分配中的作用机制是福利经济学需要长期努力和不断探索的重点领域。新福利经济学在文化经济福利研究中采用"二分法"，舍弃了经济福利问题中的伦理和价值判断，通过原理性和逻辑性的分析框架对经济福利问题进行了卓有成效的研究，因此继续沿袭并拓展新福利经济学基本范式是文化经济福利问题研究的一条重要线索。

通过对新福利经济学一般均衡分析范式的系统反思，本章对新福利经济学的消费者偏好假定进行了重新分析。其研究结果显示，文化对消费者偏好形成了重要影响。在文化的影响下，消费者偏好表现为一定的非凸性，而新福利经济学消费者偏好凸性假定无法有效兼容"文化维度"下的消费者消费行为分析。基于文化对消费者偏好的非凸性影响，本章通过补偿变化和等价变化两种方式揭示了文化参与经济活动的间接价值的形成过程，并对文化要素的间接价值进行了核算。

文化对经济福利有着重要影响。文化对消费者偏好无差异曲线的非凸性影响，导致了消费者对商品需求数量的变化，而这种需求数量的变化使新的市场达到均衡时消费者剩余和生产者剩余都有相同方向的增加。从消费者剩余的角度上看，消费者剩余变化的幅度取决于需求曲线和供给曲线的相对斜率，需求曲线越陡峭（供给曲线越平坦），文化变量引起的消费者剩余增加幅度越大；而从生产者剩余的角度上看，由于文化变量的影响，生产者剩余表现为正向变动。

文化对经济福利的影响分析，对我国实现高质量发展以及平衡、充分发展具有重要的启示和指导作用。经济福利的成果既包含有形的社会财富，也包含无形的社会财富。继续提升社会经济发展中的文化价值，是我国高质量发展的客观要求和内在动力。区域经济发展的本质是以区域发展条件为基础，并充分考虑经济发展模式、道路与区域文化的相互匹配。只有这样，才能形成科学的经济秩序。

第七章 "一带一路"共建国家的
地域文化差异及其分类

"一带一路"贯穿亚欧非大陆,"一带一路"共建国家有着不同的地域文化及不同的宗教信仰,其中以东亚文化、南亚文化、中东文化以及东欧文化为主要核心价值体系。正确理解和认知"一带一路"共建国家不同地域文化的核心价值体系,准确把握这些地域文化在经济活动中的差异性影响,是本课题深入研究共建国家对"一带一路"倡议文化认同问题的重要基础,也是深入推进"一带一路"建设的内在要求。因此,本章主要对"一带一路"共建国家主要地域文化的核心价值及其经济影响形态进行系统总结与提炼,为本课题后续研究提供实践性支撑。

7.1 "一带一路"共建国家的文化差异性概述

和平合作、开放包容、互学互鉴、互利共赢的丝绸之路精神,是共建"一带一路"的核心,共商、共建、共享是推进"一带一路"建设的根本原则,推进"一带一路"建设的目的在于促进共建国家加强文化互鉴,助力各国实现可持续、均衡的经济发展。自2013年提出以来,"一带一路"倡议受到亚欧非150多个国家的认可与积极响应。"一带一路"倡议共建国家众多,由于地理环境以及民族发展历史等因素的不同,共建国家的文化具有显著的差异性。因此,只有更好地理解和认知共建国家不同地域文化的核心价值体系，寻求差异性文化交流的融合途径，才能真正保障"一带一路"倡议的顺利推进并取得预期成果。一般认为，广义的文化是指人类创造的物质财富和精神财富的总和，包括价值观、信仰、语言、习俗等，而价值观是文化的核心。本课题通过系统梳理"一带一路"代表性共建国家的文化史著，根据其核心文化价值观及其特征形态，以文化相同（相近）为依据，对共建国家进行文化分类，主要包括以中华文化为核心的东亚文化国家、以印度文化为核心的南亚文化国家、以阿拉伯文化为核心的中东文化国家以及多元文化交叉下的东欧文化国家。

其中，以中华文化为核心的东亚文化国家主要包括东亚的蒙古国及东南亚的越南、新加坡、菲律宾、东帝汶等国家；以印度文化为核心的南亚文化国家主要包括南亚的尼泊尔、不丹、斯里兰卡及东南亚的泰国、老挝、缅甸、柬埔寨等国家；以阿拉伯文化为核心的中东文化国家主要包括东南亚的文莱、马来西亚、印度尼西亚，南亚的阿富汗、巴基斯坦、孟加拉国、马尔代夫，中亚的哈萨克斯坦（哈萨克斯坦共和国）、土库曼斯坦、吉尔吉斯斯坦、乌兹别克斯坦、塔吉克斯坦，西亚的土耳其、伊朗、叙利亚、伊拉克、阿联酋、沙特阿拉伯、卡塔尔、巴林、科威特、黎巴嫩、阿曼、也门、约旦、以色列、巴勒斯坦、阿塞拜疆以及非洲的埃及等国家；多元交叉下的东欧文化国家主要包括西亚的亚美尼亚、格鲁吉亚，中东欧的波兰、捷克、斯洛伐克、匈牙利、斯洛文尼亚、克罗地亚、罗马尼亚、保加利亚、塞尔维亚、黑山、北马其顿、波黑、阿尔巴尼亚、爱沙尼亚、立陶宛、拉脱维亚，以及俄罗斯、白俄罗斯、乌克兰、摩尔多瓦。

基于上述差异性文化分类，本章将进一步梳理和提炼不同地域文化的核心价值体系与特征，并对上述地域文化在经济活动中的差异性影响进行准确分析。需要指出的是，由于文化认同在"一带一路"建设中的影响主要体现在文化核心价值的差异及其对国际交往与合作的影响。因此，本章将分别从共建国家文化核心价值观及其经济影响展开相关分析。

7.2 以中华文化为核心的东亚文化核心价值及其经济影响形态

7.2.1 东亚文化的核心价值

"一带一路"共建国家中，东亚文化国家涉及东亚的中国和蒙古国，以及东南亚的越南、新加坡、菲律宾、东帝汶。东亚文化历经数千年的发展，是当今世界历史最悠久的文化之一。虽然在不同的时期东亚文化辐射地区有所不同，但总体来看是一个相对稳定的结构。纵观其历史沿革，虽然东亚文化国家存在各自的民族文化，但是中华文化一直以核心主体的角色支撑着东亚文化的整体发展，并成为东亚文化国家共有的特征。因此，共建"一带一路"的东亚文化国家的价值观念、行为规范及其在经济上的影响形态主要受中华文化的影响。在中华文化演进的历史进程中，中国凭借其深厚的文化底蕴及先进的文化内涵在较长时期内作为文化输出国向周边国家传播文化理念，尤其是汉语言文字作为中华文化的精神文化载体之一，在东亚国家广泛传播和使用。从历史上看，南至越南、北至朝鲜、东至日本，这些周边国家的文字都与汉字渊源深厚。越南现今使用的官方语言及社会交流用语虽然是越南语，但其曾使用汉字两千多年。菲律宾重视中文教育，尤其是近年来，随着中国国际地位的不断提升，中文教育在越南和菲律宾等国家得到了快速发展。

以"仁义礼智信"为核心的儒家思想是东亚文化的基础之一，它从时间和空间上深度刻画了东亚和东南亚国家的文化特征。从影响的空间范围上看，儒家思想凭借其先进性和普适性以中国为发祥地，以文化辐射的形式不断向东亚和东南亚国家传播并和周边国家自身文化形成了融合发展。从影响的时间范围上看，儒家思想不仅在几个世纪以来是东亚和东南亚国家文化发展的核心，即便是在近代不断受西方文化冲击的背景下，也能够与时俱进地深刻影响着周边国家人们的价值观念以及行为方式。儒家思想对东亚文化国家的影响，其伦理核心在于以"仁义礼智信"为道德准绳的自我规范精神。其中："仁"即仁人、爱人，是个体道德的最高境界和主要价值取向；"义"即正义、公平，是行为规范应遵循的最高道义，是道德标准的体现；"礼"即礼仪、礼让，是人际交往的准绳；"智"即"知"，指才智，强调的是道德实践意义上的聪慧；"信"即诚信，指诚实守信、言行一致的品德。同时，以"和合包容"为交往精神的基本观念，也是儒家思想的一种主要价值观、世界观和方法论。在儒家思想中，和合包容精神主要是承认事物的差异性并在差异性事物中寻求平衡的一种观念，也可以说是一种追求和谐的精神。儒家思想中以"和合包容"精神为文化的核心共性，成为中华文化的主旋律和终极追求。同时，凭借中华文化强大的文化势能向外衍射，形成了相应的文化圈，进而深刻影响了东亚和东南亚国家人民的价值观，并以其包容性在与各国文化相融合中衍生出相应的文化分支并最终成为以中华文化为核心的东亚文化。

7.2.2 东亚文化的经济影响表现形态

文化以其强大的渗透性对其域内经济活动形成强大影响，尤其是在宏观方面对其域内国家的国际关系起着重要引导作用。研究"一带一路"倡议国际文化认同，旨在促进共建国家的国际经济合作与共同发展，因此本节主要对不同类型的文化对其域内国家外交理念及其参与（构建）区域经济组织的影响进行分析，从而准确把握不同类型的文化在"一带一路"国际合作中的差异性作用。

对外交往理念是文化核心价值观的具体体现，也是国际沟通合作的基本行为规范。外交理念的形成来源于各个国家的文化核心价值观，体现为由该国政府或组织主导的文化外交和经济外交。以中华文化为核心的东亚文化以其深刻的文化特征对东亚国家的外交思想产生重要影响。在中华文化影响下，东亚文化国家在外交政策上多倾向于"等距离、全方位、多支点"的中立平和的价值追求，力求与其他国家建立友好的国际合作关系。尽管部分东亚文化国家在政治、经济领域存在一些摩擦和冲突，但在文化领域仍然有较大共识。从长期来看，东亚文化国家根植于以中华文化为核心的价值观，不断调整外交政策，因此东亚文化各国之间形成了和谐共处、共同发展的整体局面。

在国际上以何种形式寻求多领域合作及参与何种经济组织，是文化核心价值理念在国家交往中的重要表现。在以中华文化为核心的东亚文化国家中，主要的国际区域合作组织是中国－东盟自由贸易区。中国－东盟自由贸易区是东亚文化国家为适应全球经济发展，加快区域经济一体化进程而寻求全方位、宽领域、多层次经贸合作的区域经济组织。该组织中的大部分成员国受以中华文化为核心的东亚文化的影响，因此在相同（相近）的文化价值观下，中国－东盟自由贸易区成为世界上发展较快的经济组织，为自贸区各成员国的发展带来了良好的国际合作机遇。同时，秉承"仁义礼智信"的文化道德规范和兼收并蓄的包容性，中国－东盟自由贸易区不仅内部各成员国之间有着友好、积极的贸易往来，同时其与全球其他国家、经济组织也有着开放性的合作。

7.3 以印度文化为核心的南亚文化核心价值及其经济影响形态

7.3.1 南亚文化的核心价值

南亚文化的发展主要依托于印度文化的支撑，其涉及的地区不只局限于地理划分标准，而是受到印度文化影响的所有国家。因此，从文化影响范围上看，东南亚的泰国、老挝、缅甸、柬埔寨以及南亚的尼泊尔、不丹、斯里兰卡均归类到以印度文化为核心的南亚文化中。

7.3.2　南亚文化的经济影响表现形态

现阶段南亚文化国家为适应全球经济一体化的趋势，大多在推行全方位务实外交。在与大国的关系上，南亚文化国家坚持其文化和宗教的普适性，凭借其自身文化与南亚文化的和谐统一的共性，奉行独立外交政策，与大国保持平行关系。例如，尼泊尔主张推崇平等、互利、不结盟的外交政策，力求在平等的基础上促进世界各国的经贸合作往来；受南亚文化影响，缅甸与柬埔寨奉行不结盟和中立外交方针，与世界各国交往为善，追求和谐，致力于国际社会的有序发展。需要指出的是，尽管南亚文化的基本核心价值观是"与人为善"，但是在经济全球化及其大国博弈不断加强的国际背景下，复杂的国际政治和经济环境对南亚文化国家的影响也越来越大，在一定程度上影响了南亚文化中较为弱小国家的外交处理方式和方法。

在区域经济组织方面，南亚文化国家秉承共通的文化历史背景、相似的经济利益目标以及国际发展需求，积极构建国际区域经济组织，以联盟的形式形成利益团体，以实现自身经济利益最大化和国际合作共赢。在南亚文化国家，主要的区域经济组织是东南亚国家联盟（东盟）及南亚区域合作联盟（南盟）。东南亚国家联盟由东南亚的10个国家组成，其在文化层面包含了多元差异性文化，不仅有以印度文化为核心的南亚文化，也有以中华文化为核心的东亚文化和以阿拉伯文化为核心的中东文化，但由于多元的差异性文化中大多拥有"和谐统一"的包容性，因此地缘位置邻近的东南亚国家以联盟形式组成了区域合作组织。东盟成员国以"同一愿景、同一立场、同一联盟"为合作格言，处理其与经济合作组织内外的国际事务合作；以友好平等为合作基础，逐步加快区域经济一体化进程。南亚区域合作联盟成立于1985年，南亚区域合作联盟涉及两种文化，即以印度文化为核心的南亚文化和以阿拉伯文化为核心的中东文化，但由于联盟中多数国家受南亚文化影响较大，因此可将其归为南亚文化影响下的区域经济组织。在南亚文化的影响下，南亚区域合作联盟以改善民生质量、促进社会进步和文化发展来加强多领域合作。尤其是，南盟凭其文化的开放性和包容性，积极加强与其他国家的合作，实现了经济发展的多重动力。

7.4 以阿拉伯文化为核心的中东文化核心价值及其经济影响形态

7.4.1 中东文化的核心价值

共建"一带一路"的中东文化国家不仅涉及亚洲的国家，还包含跨亚、非两大洲的埃及。具体来说，在亚洲，包含东南亚国家：文莱、马来西亚、印度尼西亚；中亚国家：哈萨克斯坦、土库曼斯坦、吉尔吉斯斯坦、乌兹别克斯坦、塔吉克斯坦；南亚国家：阿富汗、巴基斯坦、孟加拉国、马尔代夫；西亚国家：土耳其、伊朗、叙利亚、伊拉克、阿联酋、沙特阿拉伯、卡塔尔、巴林、科威特、黎巴嫩、阿曼、也门、约旦、以色列、巴勒斯坦、阿塞拜疆，以及领土大部分在非洲板块中的埃及。中东文化以阿拉伯文化为核心形成了共性文化核心价值。

中东文化核心价值可总结为：以"中正和谐"为终极理念的核心精神价值。中东文化的和谐理念追求的是人身心内在、人与人之间、人与自然之间的全面和谐。在人身心和谐方面，中东文化强调身心和谐在于道德建设，应通过修身养性、崇德向善以实现身心和谐；在人际和谐方面，应注重以家庭作为基本单位的社会和谐，具体体现为"爱他人敬双亲"的人道主义精神。中东文化还强调在人际交往中要公平正义、要彼此尊重、相互交流学习。中东文化尊重文化多样性、求同存异，这为中东文化国家文化认同"一带一路"倡议提供了良好的文化环境。

7.4.2 中东文化的经济影响表现形态

"一带一路"共建国家中中东文化国家数量最多。在处理大国关系上，中东文化国家致力于平衡大国关系，在注重公平、公正的前提下，以其文化的包容性接纳融合其他文化，并与其他文化国家进行独立自主、不结盟的国际交往与合作。

在区域经济组织方面，中东文化地区中主要的区域组织是阿拉伯国家联盟与海湾阿拉伯国家合作委员会。这两个区域组织维持时间较长，已经成为中东文化地区经济发展最重要的合作平台。阿拉伯国家联盟成立于1945年，是中东地区历史发展的结果。阿拉伯国家联盟尊重每个国家的制度，捍卫各成员国的独立与主权，不以武力解决争端，推动各成员国共同发展。阿拉伯国家联盟的建立，为阿拉伯国家及地区经济发展创造了机遇。海湾阿拉伯国家合作委员会成立于1981年。相同的民族、相同的语言、相同的信仰以及相同的文化成为海湾阿拉伯国家合作委员会成立的主要内部动因。这些共性决定了成员国在增进交流、促进发展、深化合作等方面有共同的需要。海湾阿拉伯国家合作委员会的主要目标是促进成员国在各个领域合作，加强各国之间的联系，深化各国合作，最终实现成员国共同发展。海湾阿拉伯国家合作委员会充分利用各国资源与市场，加强各领域的全方面合作，增强了各成员国的总体经济实力。

7.5 多元文化交叉下的东欧文化核心价值及其经济影响形态

7.5.1 东欧文化的核心价值

"一带一路"共建国家中，东欧文化国家包含西亚的亚美尼亚、格鲁吉亚、中东欧的波兰、捷克、斯洛伐克、匈牙利、斯洛文尼亚、克罗地亚、罗马尼亚、保加利亚、塞尔维亚、黑山、北马其顿、波黑、阿尔巴尼亚、爱沙尼亚、立陶宛、拉脱维亚，以及俄罗斯、白俄罗斯、乌克兰、摩尔多瓦。

东欧文化的文化核心价值主要表现为：以"爱人如己"为基本原则的博爱精神。与中华文化中儒家思想所提出的"仁"相似，东欧文化将"爱人如己"看作最高品德。这种"爱人如己"不仅揭示了东欧文化中的博爱精神，还体现了"人人平等"的传统思想及社会秩序管理规则。

"和谐"思想也是东欧文化的核心。一方面，这种和谐表现在自我与人际的和谐上。人出于生存或自我实现的需求要互帮互助，即为"我你"关系的一种进步。另一方面，这种和谐表现为人与自然、社会、国家的和谐，是对于其他价值的相互承认与接受。其核心是通过克服自身缺陷，建立最深层次的价值观上的和谐，进而实现世界的和谐。这种根植于多元文化交叉下的东欧文化核心价值对于东欧文化国家文化认同"一带一路"倡议提供了良好的文化环境。

7.5.2 东欧文化的经济影响表现形态

东欧文化国家以"爱人如己"的博爱精神来处理人际及人与社会间的关系，并将这种文化价值理念上升到国际层面来处理国际关系。共建"一带一路"的东欧文化国家大多奉行睦邻周边以及全方位发展的外交政策，它们在重视与同源文化下的欧美国家合作的同时，也重视与其他文化类型国家的交流。这也体现了东欧文化中追求人与自然、社会和国家的和谐，进而实现世界和谐的理念，例如，斯洛伐克、罗马尼亚等东欧文化国家奉行独立自主的全方位外交政策，秉承以全方位交流为基础、以主权平等为准则的外交方针，不仅重视与欧美国家的外交关系，也十分重视与中国等国家的合作。需要指出的是，在共建"一带一路"的东欧文化国家中，俄罗斯是中国重要的合作伙伴。随着世界经济一体化进程的加快，中俄两国在政治互信与经贸合作上取得重大进展，中俄关系也成为两国重要的外交关系。

在区域经济组织方面，东欧文化最具有代表性的区域经济组织为欧洲联盟（以下简称欧盟）与欧亚经济联盟（又称欧亚经济委员会）。欧盟是欧洲目前规模较大的区域性经济合作国际组织，文化的同一性是欧盟成立的文化基础，为欧盟的建立创造了独具特色的文化环境。博爱精神、和谐理念以及拯救思想使欧盟各国形成了统一的文化理念与文化意识，促进了各国在发展中达成统一。文化的同一性不仅对欧盟的成立起促进作用，同时也影响着欧盟的发展模式、演进过程。欧盟经济一体化模式已经成为欧盟各成员国经济发展的重要途径。欧盟采取的一系列措施，包括技术一体化、贸易一体化、投资一体化等，使该区域要素自由流动，市场逐步扩大，为成员国经济发展提供了必要的保障。欧亚经济联盟是由俄罗斯、白俄罗斯与哈萨克斯坦三国商定并于2015年建立的区域经济合作组织。欧亚经济联盟各成员国之间的文化共性是欧亚经济联盟成立的基础。虽然各成员国有着不同的历史文化背景，但各文化相互融合，已经形成了相似乃至相同的文化形态与核心价值，相互依存度较高。受东欧文化的影响，欧亚经济联盟的合作原则为保持独立、主权平等、协商一致，其目标为促进各成员国共同发展。

7.6　本章小结

本章通过系统梳理共建"一带一路"代表性国家的文化史著，并根据核心文化价值观及其特征，以文化相同或相近为依据，对"一带一路"共建国家进行了文化分类。其中，以中华文化为核心的东亚文化、以印度文化为核心的南亚文化、以阿拉伯文化为核心的中东文化以及多元文化交叉下的东欧文化分别构成了"一带一路"共建国家的主要文化类型。基于上述文化分类，本章进一步整理和提炼了不同地域文化的核心价值体系与特征，并系统阐释了上述差异性文化在"一带一路"共建国家国际关系处理及国际性经济组织选择与行为规范等方面的影响。概括而言，虽然以中华文化为核心的东亚文化、以印度文化为核心的南亚文化、以阿拉伯文化为核心的中东文化以及多元文化交叉下的东欧文化之间存在不同的文化核心价值体系及特征，并在人文精神、行为规范等方面存在显著性差异。但是，四种文化类型之间仍具有很强的相通性和包容性，尤其是四种文化类型核心价值体系中对多样性及求同存异精神的强调，为"一带一路"倡议的文化认同提供了有力支撑。从这个角度上说，为更高水平、更深层次地推进"一带一路"建设必须充分考虑共建国家的文化特征，并依据地域文化类型分类制定"一带一路"共建国家的合作路径及合作模式，这也是构建文化包容、民心相通的新型国际经济合作关系的必然要求。

第八章 "一带一路"共建国家与我国文化和经贸交流合作现状

本课题研究旨在深入探索"一带一路"倡议的国际文化认同根基，探寻提升不同地域文化类型的共建国家对"一带一路"倡议文化认同的差异性影响因素。正确测度共建国家对"一带一路"倡议的文化认同程度与水平，揭示不同文化类型共建国家对"一带一路"倡议文化认同的差异性影响因素，需要对"一带一路"共建国家与我国的文化和经贸交流合作现状进行系统、翔实、有效的分析。这不仅是准确认知和分析共建国家对"一带一路"文化认同的重要前提，也是本课题后期准确提炼促进"一带一路"国际文化认同的路径选择及保障体系，最终实现课题理论创新与应用实践逻辑统一的重要基础。

8.1 文旅产业合作强化，实现"一带一路"文化认同的资源转化

国际文化与旅游交流合作不仅是地区经济增长的重要动力，也是国际政治、经济与社会交流合作的晴雨表。"一带一路"涉及国家众多，不同共建国家具有显著差异的人文和社会环境。有效开展国际文化和旅游交流与合作，不仅能够使"一带一路"共建国家更好地了解彼此的人文历史，也能够使共建国家更好地理解和认同不同地区的文化理念与核心价值，这有

利于增进区域间的文化认同,促进"一带一路"建设与发展。因此,本节将对"一带一路"不同文化类型共建国家与我国的文化和旅游交流合作进行统计性分析,以期更加准确把握不同文化类型的共建国家与我国的文化交流特征及其发展趋势。

8.1.1 东亚文化国家与我国的文旅交流与合作

在文化交流活动方面,东亚文化国家与我国有着悠久的历史和深厚的渊源。我国与东亚文化国家在文化产业、艺术合作等领域进行了深入的交流并开展了合作,有力助推了东亚文化国家间在政治、经济等领域的合作。由于共建"一带一路"的东亚文化国家较多,因此本节主要选择具有代表性的国家进行阐释。例如,蒙古国与我国政府早在2010年就在乌兰巴托建立了中国文化中心,该中心成了蒙中两国人民文化交流的平台。2014年蒙中两国分别举办"中国文化周"与"蒙古国文化周",此后两国每年都联合举办中国文化节,使双方文化交流合作达到了新高度。越南与我国的文化交流活动在"一带一路"倡议之后更加频繁。2015年,越中两国政府签署了互设文化中心的相关协定,进一步深化了两国文化交流与合作。2019年,越中两国共同签署了文化交流合作执行计划,首次为越中两国文化交流提供了制度保障。菲律宾与我国也保持着活跃的文化交流活动,2012年3月,两国政府共同举办了"中菲友好交流年",极大增进了菲中两国之间的友谊。需要指出的是,"一带一路"倡议也推进了部分东亚文化国家与我国开启了首次文化交流合作。例如,东帝汶与我国的文化交流活动自"一带一路"倡议提出以来有所增加,2016年两国举办了"中国与东帝汶商业文化融合研修班",为两国商业文化交流提供了平台。2019年东帝汶文化沙龙活动在北京文化交流中心举办,促进了两国文化互鉴,也推动了东帝汶了解和认知中国传统文化的热情。整体而言,共建"一带一路"的东亚文化国家与我国开展的丰富、务实的文化交流活动,加深了共建国家与我国的相互了解，巩固了传统友谊，也进一步深化了国际合作。

需要特别提出的是，加强不同国家城市间的友好往来，不仅有利于增强国与国之间的政治互信，同样也是不同国家文化交流的重要合作方式。因此，共建"一带一路"的东亚文化国家与我国在友好城市建设方面也取得了积极进展。在互建友好城市方面，蒙古国与我国从2009年扎兰屯市－乔巴山市结成友好城市至今已共建约30对友好城市，是中国对外建设友好城市较多的国家之一；"一带一路"倡议也加快了越南和菲律宾与我国的友好城市建设进程；1994年新加坡武吉知马市与我国长沙市结成友好城市。友好城市的建设不仅体现了城市间对彼此文化的了解，也展现了两个国家对双方文化的彼此认同。

"一带一路"倡议自提出以来，共建"一带一路"的东亚文化国家积极推进与我国的旅游交流与合作，通过签署政府间多边协议为开展共建国家间的国际旅游创造了便利条件[①]。例如，2019年越南与我国共同推进跨境旅游合作区建设；2016年新加坡与我国共同签订战略合作协议，促进两国旅游业进一步合作与发展；2016年我国与菲律宾同意设立旅游合作增长目标，有效促进了两国旅游业的合作发展。在这些制度和政策的推动下，共建"一带一路"的东亚文化国家与我国的旅游得到了迅速发展。蒙古国与我国双向游客人数在2013年约为120.09万人次，而2013—2019年蒙中双边旅游人数累计约为885.23万人次；越南与我国双向游客数量在2013年总计约为213.1万人次，而到2019年越中双向游客数量约上升为404.43万人次，增幅达到90%，2013—2019年越中两国双向游客累计超过2100万人次；新加坡与我国双向游客在2013年约为182.94万人次，2019年新中双向游客数量约为203.05万人次，上涨11%，2013—2019年新中两国双向游客累计约为1445.44万人次；菲律宾与我国双向游客数量2013年累计约为104.35万人次，2019年菲中往来

---

① 由于东帝汶与我国开展文化与旅游交流时间较晚，同时规模体量也较小，因此本节主要对蒙古国、越南、新加坡、菲律宾与中国的旅游合作进行分析。

游客约为153.12万人次,增长46.74%,2013—2019年菲中两国双向游客累计约为927.32万人次。从整体上看,共建"一带一路"的东亚文化国家与我国的双边旅游人数每年都处于上升趋势,尤其是我国赴东亚文化国家的游客增幅较大。

8.1.2 南亚文化国家与我国的文旅交流与合作

虽然以印度文化为核心的南亚文化与中华文化存在较大差异,但是南亚文化国家与我国保持着较好的文化交流与合作,尤其是一系列多边的文化项目和交流活动为深化南亚文化国家与我国的友好合作提供了重要平台。例如,尼泊尔与我国文化交流活动主要是以互办国家节与文化节的方式进行,2011—2018年举办了四届尼泊尔"中国节","中国节"已经成为两国人民增进情感、互信的重要纽带,对促进尼泊尔与中国文化交流发挥了重要作用。泰国与我国文化交流是泰中两国关系的重要组成部分,早在2012年建成的曼谷中国文化中心就是中国在东南亚地区设立的第一个文化中心,该文化中心的设立为泰中两国文化交流搭建了桥梁。而缅甸、老挝、柬埔寨等国家与我国的文化交流历史更为悠久,最早可以追溯到盛唐时期。这些友好邻邦与我国文化交流活动次数频繁、内容丰富、规模较大,文化交流活动架起了友谊的桥梁,促进了国家间的合作交流,也增进了各国人民的了解和友谊。

加强不同国家城市间的友好往来,不仅有利于增强国与国之间的政治互信,同样也是不同国家文化交流的重要合作平台。共建"一带一路"的南亚文化国家与我国在友好城市建设方面也取得了进展。例如,尼泊尔与我国至今共建友好城市9对,这些友好城市分别在旅游、产能以及文化、社会、信息技术等领域进行了交流与合作;泰国与我国友好城市建立较多,值得注意的是,现有建成的中泰友好城市在地理分布上较广,不仅局限在两国区位相邻的省份,而且遍布中泰两国全部区位,这种友好城市跨越较大地理空间建设的现状，进一步说明中泰两国在经济和社会文化领域的友好关系；老挝与我国互建友好城市层级较多，不同层级的友好城市为老挝与我国各层次的文化交流创造了有利条件；从南亚文化国家与我国建立的友好城市上看，南亚文化国家与我国在政治、经济尤其是文化等领域的交流并没有因文化差异而产生阻滞和摩擦。以印度文化为核心的南亚文化和以中华文化为核心的东亚文化之间完全可以通过有效的文化交流，增进彼此文化间的了解和认知。

共建"一带一路"的南亚文化国家包括南亚的尼泊尔、不丹、斯里兰卡，以及东南亚的泰国、老挝、缅甸、柬埔寨。由于东南亚的泰国、老挝、柬埔寨一直是中国游客出境游的热点地区，南亚其他共建国家经济体量小，自然与人文景观不多，这些国家与我国旅游往来并不密切。因此，本节主要选取泰国、老挝及柬埔寨进行阐释和统计分析。在旅游合作项目及活动方面，泰国是中国在东南亚国家旅游的常选之地。"一带一路"倡议提出之后，2014年中泰两国在铁路旅游方面进行了深度合作，进一步推进了中泰两国的旅游合作。老挝、柬埔寨与中国旅游人数虽然没有其他东南亚国家多，但为扩大旅游市场，促进跨境旅游发展，老挝、柬埔寨也一直积极与中国开展项目合作。2017年中国和老挝相关人员进行会谈，双方对开展跨境旅游合作区建设达成共识，为两国游客提供更优质的服务。2013年柬埔寨实施单一签证政策，其目的是吸引更多中国游客赴柬埔寨旅游；而2019年支付宝与柬埔寨汇旺支付合作，使中国人赴柬埔寨旅游更加方便，有力促进了双方旅游合作。

在游客数量方面，共建"一带一路"的南亚文化国家与我国的游客多集中于泰国，而老挝、柬埔寨赴中国游客数量较少。泰国与我国双向游客人数2013年约为165.01万人次，2019年两国双边旅游人数则大幅度上升，泰国也成为中国出境游客增长幅度较大的国家。由于老挝与柬埔寨经济发展水平较低，因此老挝、柬埔寨与我国的旅游多以中国出境游客为主。中国出境游客为柬埔寨和老挝两国的旅游业发展提供了超大客源。从共建"一带一路"的南亚文化国家与我国的往来游客数量看,南亚文化国家与我国的旅游往来,不仅加深了南亚文化国家与我国的相互了解,巩固了传统友谊,同时也进一步深化了对彼此文化的了解和认知,促进了共建"一带一路"的南亚文化国家与我国的深度合作。

8.1.3 中东文化国家与我国的文旅交流与合作

虽然中东文化与中华文化存在着较大的差异,但是中东文化国家与我国有着悠久的文化交流历史。中东文化国家与我国在文化产业、艺术合作等领域进行的交流合作,有力助推了中东文化国家与我国在政治、经济等领域的合作。由于共建"一带一路"的中东文化国家较多,中东文化是覆盖国家数量较多的文化类型,因此本节主要选择具有代表性的国家进行分析。例如,伊朗与我国有着丰富的文化交流活动,早在2011年伊朗就曾举办过中国文化周,而"一带一路"倡议提出的当年首届伊朗文化周在北京开幕。阿曼与我国文化交流近几年较为频繁,2014年阿曼举办"萨拉莱旅游文化节",我国的艺术团向阿曼人民展示了中国民族文化风情;2015年阿曼马斯喀特艺术节迎来热闹欢乐的"中国日",将"璀璨中华—2015欢乐春节阿曼行"活动推向高潮,该活动是两国自建交以来中国赴阿曼举办的规模较大的一次文化交流活动;2018年为纪念中国和阿曼建交40周年,系列纪录片《永恒的友谊》在中央广播电视总台和阿曼国家电视台同步播出,纪录片对"一带一路"倡议进行了宣传,为中阿双方开展"一带一路"文化交流奠定了良好的基础。应该说,多数共建"一带一路"的中东文化国家与我国有着全方位的文化交流与合作,相关文化交流也为这些国家与我国在政治、经济领域的全方位合作提供了重要支撑。需要指出的是,由于部分中东文化国家国情特殊或在国际政治环境中处于特殊阶段,因此部分中东文化国家与我国的文化交流活动较少。其中较为典型的是伊拉克,尽管我国与伊拉克在经济与贸易方面合作较多，贸易总额也较大，但是由于伊拉克长期受战争影响，政局并不稳定，因此中国与伊拉克的文化交流并不密切。中国与伊拉克的文化交流还有待加强，文化合作还有待发展。

共建"一带一路"的中东文化国家与我国在友好城市建设方面也取得了积极进展。例如，中国与马来西亚自2011年以来共建立友好城市10多对。而中国与印度尼西亚在2011—2019年建立的友好城市比较多，这充分说明中国与印度尼西亚两国文化交流正处于不断加强阶段。中国与巴基斯坦是传统友好邻邦，自2015年起两国在友好城市建设方面取得显著进展。目前中巴友好城市级别覆盖面广，既有省份间友好关系，又有市级友好城市。应该说，共建"一带一路"的中东文化国家与我国友好城市的建设不仅体现了城市间对彼此文化的了解，也展现了国家间对彼此文化的认同。这些友好城市的建设也为国家间文化交流、贸易合作提供了良好的平台。

需要指出的是，尽管共建"一带一路"的中东文化国家众多，但是多数中东文化国家与我国的旅游合作仍处于初级阶段。但是，马来西亚、印度尼西亚以及马尔代夫是我国的重要旅游合作国家。马来西亚一直是中国出境游客较多的目标国家，早在2009年中马两国政府就针对旅游合作项目达成共识并共同签署了合作协议，后来中国与马来西亚两国就旅游发展签订了战略合作框架协议，进一步深化了中马两国的旅游交流和合作。中国目前是印度尼西亚最大旅游客源地，2012年中国与印度尼西亚就加强旅游方面的合作交换了意见，力促双方交流与发展。随后，中国与印度尼西亚开始加强旅游合作，开展了较为丰富的旅游活动。例如，2019年印度尼西亚国家旅游部在中国多个城市举办了推介会，一系列的活动推动了两国在旅游领域的对接与合作。马尔代夫因其拥有丰富的旅游资源而成为中国游客首选的新兴国家。"一带一路"倡议提出之后，中国明确表示支持中方企业投资马尔代夫旅游业，2015年中马友谊大桥顺利开工，后来中国与马尔代夫两国就促进和深化旅游合作签署了谅解备忘录。在游客数量方面，中国与马来西亚双向游客人数在2013—2019年呈大幅上升趋势；中国与印度尼西亚双向游客数量在2013—2019年保持稳定的上涨趋势，中国赴印度尼西亚旅游人数较印度尼西亚赴中国旅游人数数量多、增速快；中国赴马尔代夫游客人数在2013—2019年增长速度较快，2019年中国赴马尔代夫旅游人数比2013年增长近3倍。

8.1.4 东欧文化国家与我国的文旅交流与合作

东欧文化国家与我国一直保持着良好的文化交流与合作关系。尤其是一系列多边的文化交流活动对深化"一带一路"框架下双方友好合作，进而实现互利共赢的经济发展提供了重要平台。在与共建"一带一路"的东欧文化国家的文化交流中，我国与波兰文化交流活动相对频繁，与波兰开展了较为丰富的文化交流活动。2016年中波两国政府签署了《中华人民共和国和波兰共和国关于建立全面战略伙伴关系的联合声明》，确定了包括文化在内的多方面合作意向与规划，将两国文化交流合作上升为国家战略，促进了中波两国经济、社会、文化等多方面的发展。中国与捷克建交以来，2016年中国国家元首首次访问捷克，2016年成为两国文化交流具有历史意义的一年。同年，"捷克2016年中国文化周"在布拉格举办，文化周的成功举办为中捷两国文化交流搭建了平台，成为捷克人民了解中国文化的窗口。我国与乌克兰的文化交流活动在官方与民间均有举办；2013年"乌克兰文化交流中心"落户上海，2017年"一带一路"中乌文化交流周在乌克兰首都基辅举行，中乌两国的文化交流充分展示了华夏文明的魅力，进一步推进了中乌文化交流及"一带一路"建设。我国与东欧文化下的斯洛文尼亚、罗马尼亚、斯洛伐克等国家也有着丰富的文化交流活动，如2013年斯洛文尼亚在北京举办"感受斯洛文尼亚"旅游推介活动；2019年由我国的中央音乐学院与布加勒斯特国立音乐大学在罗马尼亚联合举办的庆祝中罗建交70周年系列文化活动之"布加勒斯特音乐之夜：中罗交流音乐会"；斯洛伐克在2019年举办"欢乐中国年暨中华文化日"。这些文化交流活动的开展有助于共建"一带一路"的东欧文化国家民众近距离感知中国、了解中国、领悟中国，通过对中国历史与文明的感知，进一步为"一带一路"建设筑牢了民意基础。

在互建友好城市方面，中国与波兰至今共建几十对友好城市，从友好城市的布局上看，中波两国友好城市建设范围较广，涉及地区也比较广泛，从东北地区到华南地区均有中波友好城市。中国与斯洛伐克的友好城市建设主要分为两种层级，一种为市级友好城市，另一种为区级友好城市。这些友好城市的建设为加强中斯文化交流，促进城市间贸易合作提供了重要的平台。中国与匈牙利自建交以来建立友好城市也较多，双方友好城市的建立为中匈两国城市间经济、文化交流与合作创造了条件与机会。中国与俄罗斯自建交以来友好城市建设较多，覆盖范围较广，这反映出中俄两国的深度文化交流与合作。中俄两国友好城市的城市层级丰富，而其较为突出的特征是两国在边境地区设立了较多友好城市，这种边境城市互设友好城市的做法，对两国人民文化交流、经贸合作更加有利，也成为连接中俄两国全方面合作的重要纽带与前沿阵地。

"一带一路"倡议涉及的东欧文化国家较多，主要位于中东欧地区。在这些国家中，除俄罗斯与捷克两国外，多数国家人口少，社会与人文环境相近，与中国旅游往来并不紧密。俄罗斯与中国作为山水相连的友好邻邦，两国均有丰富的旅游资源，也都是世界旅游大国，两国间的旅游合作正逐步深化。2017年作为丝绸之路旅游年，中俄两国开展了一系列红色旅游路线及活动；2019年"美丽中国"亮相俄罗斯国际休闲旅游展，促进了两国旅游业的交流与合作。在两国政府的大力支持下，中国与俄罗斯双向游客人数在2013—2019年累计超过2181万人次。捷克是中国赴中东欧旅游的新热门国家，近年来旅游人数增速较快。2017年中捷两国签署了"一带一路"合作项目，加强了两国在旅游方面的合作。在游客数量方面，中国赴捷克旅游人数逐年增长，且增速保持在30%左右。这充分说明"一带一路"倡议为中捷两国打开了旅游市场，深度促进了两国人民的文化交流。

8.2 国际教育不断深入，为"一带一路"国际文化认同培根铸魂

教育是传承文化的重要形式，也是文化沟通和交流的主要平台和载体。由于"一带一路"倡议是共建国家在政治、经济与社会等领域共同发展、共同繁荣的重大倡议，其顺利实施和建设必然需要大量的国际优秀人才。这些人才在"一带一路"倡议中不仅是经济建设的重要动力，也是不同国家间文化交流的纽带和桥梁。如何培养既有深厚专业知识技能，又充分了解和认知"一带一路"共建国家不同民族文化与地域特征的跨国型人才，是"一带一路"建设不可回避的重要问题。因此，加强"一带一路"共建国家间的国际教育合作，打造专业人才跨国学习与文化交流的高层次平台，这在很大程度上决定了"一带一路"建设的成效，也是推进"一带一路"建设的重要前提和基本保障。

8.2.1 东亚文化国家与我国的国际教育合作

"一带一路"倡议旨在共同打造政治互信、经济融合、文化包容的利益共同体、命运共同体。作为"一带一路"倡议的发起者，中国一直秉承文化先行理念促进"一带一路"共建国家间的全方位合作，并在国际教育合作方面做了大量基础性工作。中国与"一带一路"共建国家建立的孔子学院、制订的双边教育计划，以及越来越多的相关国际教育合作项目，为"一带一路"倡议的顺利开展奠定了坚实的基础。

在建设孔子学院方面，2008年中国与蒙古国共建的第一所孔子学院在

乌兰巴扎的蒙古国国立大学正式成立。2010年东北师范大学与蒙古国立教育大学合作建立孔子课堂，随着"一带一路"倡议的推进，两校将孔子课堂拓展为孔子学院，中国在蒙古国建有多所孔子学院，为两国政治、经济和文化合作培养了大量优秀的国际型人才。中国与越南自古交往密切，文化相近，在教育等方面存在较大联系。"一带一路"倡议实施后，中越双方的国际教育合作也逐步推进。经中越两国共同努力，2014年越南河内大学第一所孔子学院正式建立。孔子学院推进了中越友好交流，深化了中越友谊，也为中越经贸合作培养了大量人才。新加坡也是一个十分重视中华文化学习的国家。2005年，中国国家汉办（原中国国家汉语国际推广领导小组）、山东大学和新加坡南洋理工大学共同创办南洋理工大学孔子学院；2012年新加坡科思达教育集团与中国孔子学院总部联合设立科思达孔子课堂。虽然新加坡孔子学院数量不多，但是新加坡十分重视汉语及汉文化学习，这极大促进了双方的文化交流与认同。菲律宾受东亚文化影响，与中国有着相近的文化渊源。目前，菲律宾是海外建立孔子学院较多的国家，这不仅标志着中菲两国在教育合作上的紧密联系，也标志着双方的文化认同，为"一带一路"建设提供了高水平人才培养平台。

在教育计划、活动方面，中国与蒙古国两国重视教育交流与合作，中蒙两国教育合作成果丰硕，到中国交流学习的蒙古国留学生逐年增加。近年来，随着"一带一路"建设的开展，中国和越南两国就文化教育方面的合作也稳步推进，分别出现了学习越南语和汉语的热潮，中国高校与越南高校展开了全面合作。中国与新加坡两国基于相同的文化渊源，在留学生、教育计划和项目方面均有良好合作。2015年中新两国政府发表《中华人民共和国和新加坡共和国关于建立与时俱进的全方位合作伙伴关系的联合声明》，提出要"不断拓展教育合作新领域和新模式，共同推动中国－东盟教育交流合作实现新发展"。中国与新加坡积极开展国际教育合作，大力探索新领域、新模式，2019年，双方签署关于青年实习交流计划的协议。2013年，随着"一带一路"倡议的推进，中国与菲律宾两国也积极深化在留学交流方面的合作。中菲高校开展了广泛的教育合作，增加了双方留学生交流互动及教育合作的机会。目前，中菲两国签署了互相承认高等教育学历和学位的协议，菲律宾在其公立中学中正式加入了汉语选修课，可以说，中菲两国的教育文化交流已经成为两国关系的"推进器"。

8.2.2 南亚文化国家与我国的国际教育合作

共建"一带一路"的南亚文化国家与我国在教育领域有着积极的合作。随着"一带一路"倡议的提出，2013年孟买大学与天津理工大学正式合作筹办孔子学院。孔子学院的建立为中印两国共同推进"一带一路"建设培养了更多熟知两国文化的国际型专业人才。尼泊尔早在2007年就建立了第一所孔子学院；2019年青海民族大学和江西东华理工大学共同在尼泊尔特里布文大学建立了孔子学院。斯里兰卡第一所孔子学院是2007年在斯里兰卡凯拉尼亚大学成立的；2016年第二所斯里兰卡孔子学院在科伦坡大学正式揭牌；2018年黄冈师范学院与萨伯勒格穆沃大学合办的"孔子课堂"成立。斯里兰卡孔子学院对加强两国文化互鉴，搭建学术交流平台，推动"一带一路"建设有着重要影响。泰国一直与中国保持着较好的教育合作，对中华文化也十分认同。2006年8月3日，泰国首家孔子学院——孔敬大学孔子学院正式挂牌成立；2008年泰国农业大学与中国华侨大学联合承办泰国农业大学孔子学院。同时，老挝也设有孔子学院。2010年由中国广西民族大学与老挝国立大学联合建立的老挝国立大学孔子学院正式成立，成为当地重要的汉语言和文化交流平台。2008年2月，缅甸首座"孔子课堂"在缅甸曼德勒市成立，缅甸"孔子课堂"在两国之间架起了一座文化交流之桥、教育合作之桥，已经成为缅甸人民学习汉语、了解中国的重要平台。

在教育计划和活动方面，尼泊尔与中国在国际教育合作方面也保持着积极的互动。随着"一带一路"倡议的提出，2016年在博鳌亚洲论坛期间，尼泊尔总理先后访问了中国多所高校，并大力倡导中尼的教育合作，希望通过建立人才交流平台，积极参与"一带一路"建设。2010年，斯里兰卡第一届中国教育展在其首都举行，这为两国高校开展国际教育合作提供了有利的平台。2014年，斯里兰卡总统在科伦坡会见时任中国科学院院长一行时表示其在科学教育方面与中国合作的愿望强烈；2017年中国与斯里兰卡签订学历学位互认协议，使双方教育合作得到强化。中国与老挝、缅甸与柬埔寨也有着较为广泛的国际教育合作与交流。需要说明的是，由于受特定历史原因影响，我国与老挝、缅甸与柬埔寨的国际交流多以地方政府和高校为主体，如2017年老挝举办了留学中国职业教育与高等教育联合展览会；2014年缅甸的仰光大学与仰光外国语大学与北京外国语大学和云南师范大学相继签署了校际交流与合作协议；2018年清华大学代表团访问柬埔寨王国首都金边，拓展了清华大学与柬埔寨政府部门和教育机构的交流；2019年中国－柬埔寨职业教育合作联盟成立，旨在共同推动中柬两国职业教育发展，共同推动两国职业教育和人才培养合作。

8.2.3 中东文化国家与我国的国际教育合作

我国一直重视与中东文化国家在教育领域的合作。在建设孔子学院方面，2009年马来西亚大学与中国汉办（原中国国家汉语国际推广领导小组）签署协议，双方将合作建立马来西亚首家孔子学院。2015年马来西亚世纪大学孔子学院正式揭牌成立，标志着"一带一路"建设下中马双方教育合作的进一步推进。2019年马来西亚又设立了两所孔子学院，分别为沙巴大学孔子学院和彭亨大学孔子学院；同年华北水利水电大学与砂拉越科技大学共建孔子学院，为促进中马友好交流提供了更加广阔的平台，也为促进中马两国人文交流和国际教育合作做出了积极贡献。印度尼西亚建立的孔子学院较多，2010年印度尼西亚建立了第一所孔子学院——阿拉孔大学孔子学院。2019年印度尼西亚建设了第七所孔子学院。印度尼西亚孔子学院的建立，对印度尼西亚的汉语教育及中国文化传播具有重要意义。巴基斯坦一直积极与中国进行国际教育合作。2013年"一带一路"倡议提出之后，巴基斯坦卡拉奇大学与四川师范大学就共同建立了第一所孔子学院。2019年萨戈达大学孔子学院建立。伊朗于2009年与中国联合创建了首家孔子学院，截至2019年伊朗共有三所孔子学院。可以说，伊朗孔子学院的建设为中伊两国教育合作奠定了基础，也为中伊两国政治和经济合作培养了大批优秀人才。

在教育计划和活动方面，共建"一带一路"的中东文化国家与我国虽有较大的文化差异，但是因其各自文化的包容性和开放性，中东文化国家与我国一直有着教育领域的广泛合作，并为"一带一路"建设打下了良好基础。2016年中国与马来西亚政府共同签署了《中华人民共和国政府和马来西亚政府教育合作谅解备忘录》。2019年中马两国在教育领域达成了新的合作共识，签署了多项高等教育国际合作协议。"一带一路"倡议提出以来，孟加拉国开始重视与我国的教育合作，2013年孟加拉国教育部代表团与中国教育部就教育合作等问题进行会谈，双方均表达了强烈的合作愿望。随后，2013年孟加拉国南北大学与中国云南开放大学合作建立汉语学习中心，旨在为孟加拉国和中国的教育交流合作搭建新平台。哈萨克斯坦与中国在国际教育合作方面也保持着积极的互动。2015年首家关于哈萨克斯坦文化研究和中哈教育交流合作的学术机构在上海外国语大学正式建立。2017年哈萨克斯坦教育科学部部长访华，双方表示继续加强友好往来和留学生互派交流，积极推动两国教育合作进一步发展。2018年中国上海教育展在哈萨克斯坦成功举办，促进了两国教育合作。正如前文所述，伊朗与我国的教育合作仍处于起步阶段，2019年伊朗教育考察团到中国交流访问，并就中伊两国的教育创新进行了深入交流。

8.2.4 东欧文化国家与我国的国际教育合作

"一带一路"倡议提出之后，波兰格但斯克大学与中国青年政治学院在2015年联合创办了波兰第一所孔子学院，同年湖北大学与雅盖隆学院合办孔子课堂。2019年波兰新增三所大学下设孔子课堂。应该说，波兰孔子学院和孔子课堂的建立进一步推动了中国与波兰的国际教育合作，也为"一带一路"建设培养了急需的具有文化融合背景的专业人才。同样，2013年匈牙利米什科尔茨大学与北京化工大学协议建立孔子学院，截至2019年匈牙利约有五所孔子学院。这些孔子学院的建立有力推进了匈牙利与中国在教育文化领域的交流融合，既促进了对差异性文化的认同又推动了倡议的实施。在共建"一带一路"的东欧文化国家中，俄罗斯是最为重视与中国开展国际教育合作的国家之一。早在2010年俄罗斯叶塞宁梁赞国立大学就与长春大学协议建立了孔子学院。目前，俄罗斯的孔子学院已经成为中俄国际教育合作的重要平台，并为两国政治、经济合作提供了大量高层次且熟悉两国文化的人才。同样，我国与东欧的斯洛文尼亚、罗马尼亚等国家也都进行了较多的国际教育合作。2010年上海财经大学与斯洛文尼亚卢布尔雅那大学合建的孔子学院正式成立，成了两国文化交流互动的良好平台。2013年中国政法大学与罗马尼亚的布加勒斯特大学共建的孔子学院成立；2019年北京语言大学与罗马尼亚的康斯坦察奥维第乌斯大学联合创办孔子课堂，为促进中罗两国教育合作做出了巨大贡献。

在教育计划和活动方面，随着"一带一路"倡议的不断落实和推进，共建"一带一路"的东欧文化国家日益重视与我国的国际教育合作，并开展了多种形式的教育合作项目，如2016年波兰与中国政府共同签署了关于互认高等教育文凭及学位的协议，进一步促进了双方留学生的交换学习；2016年中国教育部与捷克教育青年体育部签署了高等教育学历学位互认协议,为两国学生学术交流提供了便利;同样,2019年我国与斯洛伐克共同签署了相互承认高等教育学历学位的协议;"一带一路"倡议提出的当年,匈牙利多所高等院校就到中国举办了匈牙利文化和高等教育推介活动。我国多所高校与匈牙利相关高等院校共同举办了形式多样的校际交流、科研合作、师生互派。需要特别提出的是,中国与俄罗斯一直有着各种层次的、多元化的国际教育合作,如2013年"中国-俄罗斯经济类大学联盟"正式成立,为中俄双方在国际教育合作与科研交流领域搭建了良好的平台。应该说,随着"一带一路"倡议的不断推进,我国与俄罗斯的国际教育合作也在不断深化,不仅促进了两国人民的彼此了解,也为"一带一路"建设提供了大量的熟悉两国文化背景的高级专业人才。

8.3 "一带一路"共建国家与我国的贸易规模及其变化趋势

8.3.1 跨区域贸易总量增加,合作前景良好

1.共建"一带一路"的东亚文化国家与我国贸易情况

近年来,共建"一带一路"的东亚文化国家与我国在双边贸易合作领域一直保持着良性互动。在进口方面,中国从东亚文化国家的进口贸易额在2013年为686.48亿美元。随着"一带一路"建设的推进,我国从东亚文化国家的进口贸易总额快速增长,2019年累计为1259.13亿美元,相对于2013年约增长83.42%。从图8-1中国与东亚文化国家进口贸易额变动趋势上看,"一带一路"建设以来我国从东亚文化国家进口贸易额虽然增速有所波动,但是整体呈上升趋势。这充分反映出,我国作为超大规模消费市场对东亚文化国家经济增长实现了带动作用。

在出口方面,2013年我国向东亚文化国家的出口贸易额累计为1167.83亿美元。2019年出口贸易额累计为1954.01亿美元,相对于2013年约增长

67.32%（各年份数据见附录1）。从各年份贸易数据上看，我国向东亚文化国家出口贸易总额在2016年微降，其他年份均呈现上升趋势，尤其是在"一带一路"倡议提出之后增速明显提高，如图8-2所示。这进一步说明"一带一路"倡议促进了我国与东亚文化国家的贸易联系。

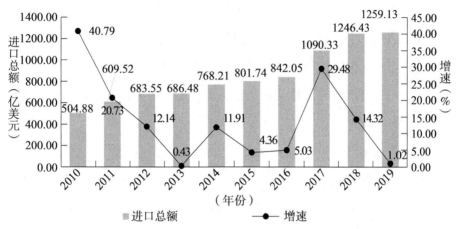

图8-1 中国与东亚文化国家进口贸易额变动趋势①

数据来源：《中国统计年鉴》（2011—2020）整理所得。

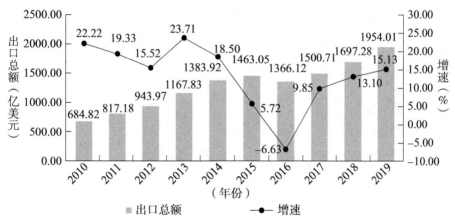

图8-2 中国与东亚文化国家出口贸易额变动趋势

数据来源：《中国统计年鉴》（2011—2020）整理所得。

---

① 为更好地体现"一带一路"建设对我国与共建国家经贸关系的影响和变化，在本章所有趋势图展示时，选用2010—2019年数据，对比展示出2013年"一带一路"建设之前与之后，各共建国家与我国的经贸往来关系变化。

从我国与东亚文化各国的贸易进出口总额上看,我国与东亚文化国家在2013—2015年的贸易总额整体呈上升趋势,增速虽然放缓,但是依旧有所增加。2016年贸易总额出现小幅下降,而2017—2019年又呈现上升趋势。(需要指出的是,由于本部分以后章节将进一步基于我国与共建国家贸易数据进行模型测度,因此本课题也对我国与东亚文化国家的进出口贸易总额进行了系统整理,具体可参见附录2和附录3。)整体而言,我国与各东亚文化国家的进出口贸易呈现上升趋势,其中越南、新加坡和菲律宾的进出口贸易总额无论是在比重方面,还是在增长率方面都处于领先地位。

2.共建"一带一路"的南亚文化国家与我国的贸易情况

近年来,我国与共建"一带一路"的南亚文化国家的贸易合作虽然整体有所浮动,但趋势良好。在进口贸易方面,我国对南亚文化国家的进口贸易额在2013年累计为429.79亿美元;2019年累计为565.82亿美元,相对于2013年约增长31.65%(数据见附录4)。我国从南亚文化国家的进口贸易虽有所浮动,部分年份出现负增长,但整体趋势向好。尤其是相对于"一带一路"倡议提出之前,我国从南亚文化国家的进口贸易增速较快。

在出口方面,我国对南亚文化国家的贸易出口一直保持良好态势。2013年累计出口总额为508.54亿美元,2019年累计为732.24亿美元,与2013年相比约增长43.99%。2013—2015年,我国对南亚文化国家的出口贸易总额不断增加,但增速较低;2016年出现小幅下降;2017—2019年又呈现上升趋势(见附录5)。

在进出口贸易总额方面,我国与南亚文化国家进出口贸易总额存在小幅波动,但整体呈上升趋势。具体来看,2015年和2016年贸易额出现小幅下降,2017—2019年贸易额又呈现上升趋势。从具体国别上看,不同南亚文化国家与我国的贸易进出口总额也有所不同。其中,泰国在我国与南亚文化国家的进出口总额中占绝对比重，而其他南亚文化国家因其经济体量较小，因而与我的贸易总量也相对较小。从这个角度上说，我国与南亚文化国家的整体进出口贸易情况主要取决于泰国（具体数据参见附录4和附录5）。

3.共建"一带一路"的中东文化国家与我国的贸易情况

近年来，由于国际大宗商品价格低迷，中东地区安全风险扩散，给我国与中东国家的贸易带来了巨大挑战。我国对中东文化国家进口、出口贸易以及进出口总额在2015年均出现负增长。具体来看，在进口方面，我国对中东文化国家进口贸易额在2013年为2566.68亿美元，2019年进口贸易额为2904.35亿美元，相对于2013年约增长13.16%。从图8-3可以看出，我国对中东文化国家的进口总额总体上呈现先下降后上升的趋势。

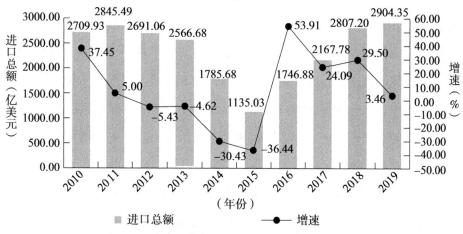

图8-3 中国与中东文化国家进口贸易额变动趋势

数据来源：《中国统计年鉴》（2011—2020）整理所得。

在出口方面，我国对中东文化国家的出口贸易额虽然整体呈上升趋势，但波动较大。从图8-4可以看出，2013年我国对中东文化国家出口贸易额为2532.20亿美元，2019年出口贸易额为2953.63亿美元，相对于2013年约增长16.64%。

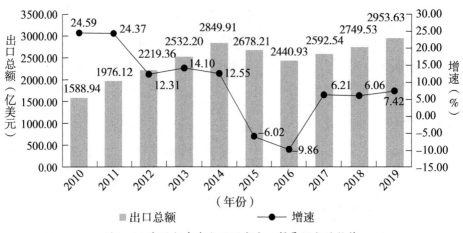

图8-4　中国与中东文化国家出口贸易额变动趋势

数据来源：《中国统计年鉴》（2011—2020）整理所得。

在进出口贸易总额方面，我国对中东文化国家进出口贸易总额整体呈上升趋势，但2014—2015年进出口总额有所下降，呈负增长。需要指出的是，尽管2016年我国对中东文化国家出口贸易总额为负增长，但是同年度进口总额增加幅度较大，因此2016年进出口总额呈现上升趋势（参见附录6）。从具体国别上看，沙特阿拉伯、马来西亚、印度尼西亚和伊朗等国家是我国与中东文化国家进行进出口贸易的主要国家，这些国家在我国进出口贸易中的占比相对较大。其中，伊朗与我国进出口贸易受国际政治形势影响最为严重（参见附录7和附录8）。

4.共建"一带一路"的东欧文化国家与我国的贸易情况

近年来，我国对共建"一带一路"的东欧文化国家的进出口贸易总体呈上升趋势。在进口方面，我国对东欧文化国家2013年进口贸易额为582.42亿美元，2019年进口贸易额为913.72亿美元，相对于2013年约增长56.88%（具体数据参见附录9）。从图8-5可以看出，"一带一路"建设以来仅在2013年、2015年和2016年我国对东欧文化国家进口贸易增长速度为负，其他年份都出现了较快增长。相对于"一带一路"倡议提出之前，我国与东欧文化国家的进出口贸易得到了较快增长。

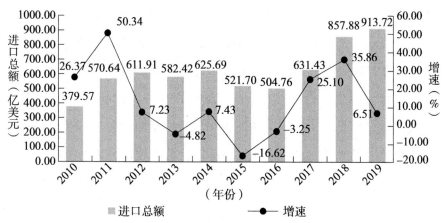

图 8-5 中国与东欧文化国家进口贸易额变动趋势

数据来源：《中国统计年鉴》（2011—2020）整理所得。

在出口方面，我国对东欧文化国家2013年出口贸易额为999.27亿美元，2014年突破千亿美元大关，累计达到1047.45亿美元，2019年出口贸易额为1236.00亿美元，相对于2013年约增长23.69%。从图8-6可以看出，"一带一路"建设以来我国对东欧文化国家出口贸易仅在2015年出现下降，整体上呈上升趋势，增长幅度也大于"一带一路"倡议提出之前。

图 8-6 中国与东欧文化国家出口贸易额变动趋势

数据来源：《中国统计年鉴》（2011—2020）整理所得。

在进出口贸易总额方面，我国对东欧文化国家贸易总额略有波动，总体上较为稳定，并呈上升趋势。2015年我国对东欧文化国家，无论是在出口总额还是在进口总额上均出现了下降，是2010年以来的唯一一次下降，且降幅较大。从具体国别上看，2013—2019年不同东欧文化国家与我国的贸易额变动趋势也有不同。其中，波兰、匈牙利、罗马尼亚、乌克兰、捷克是我国在东欧文化国家中的主要贸易伙伴，而俄罗斯在所有东欧文化国家中是我国最大的贸易伙伴，具体数据可参见附录10和附录11。

8.3.2　国际贸易地位提升，合作环境改善

一般而言，特定国家进出口贸易总额的国别比重，可以有效反映该国的国际经贸伙伴关系及其贸易地位。随着"一带一路"建设的推进，我国与"一带一路"共建国家的经贸合作大幅增加，在共建国家的贸易地位也显著提高。

1.共建"一带一路"的东亚文化国家中我国的贸易地位

我国与东亚文化国家的贸易一直呈现良好态势，且贸易比重逐渐增加。从表8-1我国在东亚文化国家贸易进出口总额比重数据上看，2013—2019年，中蒙贸易额占蒙古国国际贸易进出口总额的比重从56.07%上升至59.57%，而在2018年该比重高达76.82%。这说明，"一带一路"建设以来我国已经成为蒙古国较大的贸易伙伴。2013—2019年，我国与越南贸易额占越南进出口贸易总额的比重从24.80%上升至29.78%，我国也是越南较重要的贸易伙伴。2013—2019年，我国与新加坡贸易额占新加坡贸易进出口总额的比重从7.78%上升至12.01%。虽然我国在新加坡贸易进出口总额中所占比重不高，但是自"一带一路"建设以来，我国与新加坡贸易增幅却是东亚国家中较大的。2013—2019年，我国与菲律宾贸易额占菲律宾贸易进出口总额比重从31.09%上升至32.40%。虽然我国与菲律宾贸易额占菲律宾进出口总额比重上升幅度不大，但是相对比重较大，我国一直是

菲律宾重要的贸易伙伴。2013—2019年，我国与东帝汶贸易额占东帝汶贸易进出口总额的比重从5.57%上升至22.31%，这充分表明"一带一路"倡议推进了我国与东帝汶的经贸联系，成为东亚文化国家中经贸总量增幅最大的国家。

表8-1　　　中国在东亚文化国家贸易进出口总额比重（%）

年份	2013	2014	2015	2016	2017	2018	2019
蒙古国	56.07	66.46	63.68	55.72	60.98	76.82	59.57
越南	24.80	28.06	29.24	28.15	28.70	30.66	29.78
新加坡	7.78	8.16	9.00	11.19	11.31	10.58	12.01
菲律宾	31.09	34.25	35.38	34.38	32.99	31.54	32.40
东帝汶	5.57	6.86	11.31	24.44	20.30	20.30	22.31

数据来源：各国家统计局及联合国贸易和发展会议（UNCTAD）整理所得。

"一带一路"建设以来我国不仅成为东亚文化国家重要的贸易伙伴，东亚文化国家对我国贸易总额也逐渐增加，其在我国对外贸易总额中所占比重也不断发生变化。2013年我国与东亚文化国家的进出口总额占中国对外贸易总额的比重为4.77%，其中进口贸易额占3.77%，出口贸易额占5.65%。2019年我国与东亚文化国家进出口总额占中国对外贸易总额比重为7.02%，其中进口贸易额占6.06%，出口贸易额占7.82%。从图8-7可以看出，2013—2019年，我国与东亚文化国家贸易额占中国对外贸易总额比重整体呈上升趋势。2013年之前，我国与东亚文化国家进出口总额占中国对外贸易总额比重处于小幅增加趋势，而"一带一路"倡议提出之后增幅明显提升。这进一步说明，我国提出并推进的"一带一路"倡议为东亚文化国家拓展了更大的国际市场，也为东亚文化国家的发展做出了积极贡献。

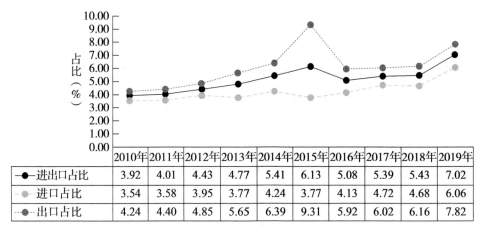

	2010年	2011年	2012年	2013年	2014年	2015年	2016年	2017年	2018年	2019年
—●— 进出口占比	3.92	4.01	4.43	4.77	5.41	6.13	5.08	5.39	5.43	7.02
····○··· 进口占比	3.54	3.58	3.95	3.77	4.24	3.77	4.13	4.72	4.68	6.06
----●---- 出口占比	4.24	4.40	4.85	5.65	6.39	9.31	5.92	6.02	6.16	7.82

图8-7 中国与东亚文化国家贸易额占中国对外贸易总额比重

数据来源:《中国统计年鉴》(2011—2020)整理所得。

2.共建"一带一路"的南亚文化国家中我国的贸易地位

我国一直与南亚文化国家保持着良好的贸易合作。从表8-2中国在南亚文化国家贸易进出口总额比重变动趋势上看,"一带一路"建设推进了我国与南亚文化国家的贸易往来,我国在南亚文化国家的贸易地位不断上升。同时,我国在缅甸、老挝、不丹、尼泊尔等国家的贸易地位相对稳定。从我国与南亚文化国家的贸易总量分析上看,我国与上述国家贸易总量不大,其对我国在南亚文化国家中的贸易地位没有较大影响。

表8-2　　　　中国在南亚文化国家贸易进出口总额比重(%)

年份	2013	2014	2015	2016	2017	2018	2019
尼泊尔	30.26	27.59	11.61	7.11	6.94	7.14	7.33
不丹	1.17	0.73	0.50	1.11	0.68	0.91	1.02
斯里兰卡	12.82	13.16	15.50	15.36	13.41	13.53	14.08
泰国	14.88	15.95	18.10	18.50	17.40	17.47	18.90
老挝	51.13	52.17	34.65	25.19	31.32	31.00	33.77
缅甸	43.80	90.21	53.33	42.66	40.21	43.54	51.09
柬埔寨	21.74	20.08	20.94	21.64	24.34	29.55	25.68

数据来源:各国家统计局及联合国贸易和发展会议(UNCTAD)整理所得。

同样,"一带一路"建设促进了南亚文化国家对我国的贸易合作。2010—2019年,南亚文化国家贸易额占中国对外贸易总额比重基本保持稳定。

3.共建"一带一路"的中东文化国家中我国的贸易地位

"一带一路"倡议涉及20多个中东文化国家,本节主要选取国际贸易体量相对较大且具有典型区位特征的8个国家进行分析,包括东南亚的马来西亚、印度尼西亚,南亚的巴基斯坦、孟加拉国,中亚的哈萨克斯坦,以及西亚的伊朗、伊拉克、阿曼。从表8–3可以看出,我国与中东文化国家的贸易保持着良好互动态势,且贸易比重整体上逐年增加。这说明,"一带一路"建设强化了我国与中东文化国家的经济和贸易联系。2013—2019年,我国与伊拉克贸易额占伊拉克贸易进出口总额的比重从16.50%上升至34.33%,我国已经成为伊拉克较大的贸易伙伴。2019年,我国与马来西亚、印度尼西亚、巴基斯坦、孟加拉国和阿曼等国家的双边贸易额占其本国进出口总额的比重与上一年相比有所增加,对上述国家而言,我国均成为其重要的国际贸易伙伴。需要指出的是,尽管我国与中东文化国家中的伊朗

表8–3　　　中国在中东文化国家贸易进出口总额比重(％)

年份	2013	2014	2015	2016	2017	2018	2019
马来西亚	24.43	23.04	25.92	24.24	23.27	23.34	27.99
印度尼西亚	18.52	17.93	18.50	19.11	19.51	21.01	23.64
巴基斯坦	20.38	22.18	28.71	24.33	21.95	19.23	24.35
孟加拉国	15.57	17.26	20.48	17.24	17.16	20.82	23.44
哈萨克斯坦	21.42	18.59	18.67	27.08	29.76	26.73	22.90
伊朗	29.94	37.08	32.25	24.04	23.21	21.90	21.27
伊拉克	16.50	19.85	20.32	18.21	22.15	30.40	34.33
阿曼	24.93	31.34	26.87	22.31	21.10	25.97	26.39

数据来源:各国家统计局及联合国贸易和发展会议(UNCTAD)整理所得。

国际贸易比重上升幅度不大，但是我国却是伊朗重要的国际贸易伙伴，国际贸易额在伊朗进出口贸易中占比较大。

在中东文化国家不断与我国加强贸易和投资的同时，我国对中东文化国家的进口需求也在不断增加。从图8-8可以看出，我国与中东文化国家贸易额占中国对外贸易总额比重相对稳定。我国与中东文化国家一直保持着良好的贸易关系，经贸合作稳定。尤其是随着我国经济的不断发展，中东文化国家成为我国主要的能源合作伙伴。需要说明的是，我国与中东文化国家的贸易结构较为单一，主要合作领域集中在能源、矿产及轻工业产品，因此，我国与中东文化国家的相互贸易地位变化不大。这表明，我国与中东文化国家合作潜力巨大，应该在更广泛的领域深化合作。

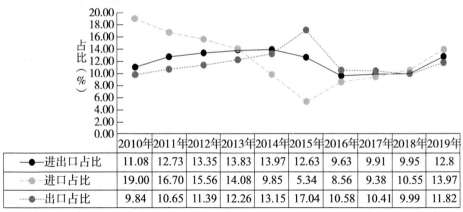

	2010年	2011年	2012年	2013年	2014年	2015年	2016年	2017年	2018年	2019年
——进出口占比	11.08	12.73	13.35	13.83	13.97	12.63	9.63	9.91	9.95	12.8
----进口占比	19.00	16.70	15.56	14.08	9.85	5.34	8.56	9.38	10.55	13.97
……出口占比	9.84	10.65	11.39	12.26	13.15	17.04	10.58	10.41	9.99	11.82

图8-8　中国与中东文化国家贸易额占中国对外贸易总额比重变动趋势

数据来源：《中国统计年鉴》（2011—2020）整理所得。

4.共建"一带一路"的东欧文化国家中我国的贸易地位

近年来，我国与东欧文化国家的营商环境逐渐改善，国际贸易合作程度逐渐加深，合作领域也不断拓宽，均成为对方重要的贸易伙伴。多元文化交叉下的东欧文化国家中与我国贸易体量和影响力较大的代表性国家有波兰、捷克、斯洛伐克、匈牙利、斯洛文尼亚、罗马尼亚、俄罗斯、乌克兰。从表8-4可以看出，我国与匈牙利、罗马尼亚、斯洛伐克的贸易额在其本国贸易中的占比有所波动，但上升趋势明显，而我国与俄罗斯、波兰、乌克兰、斯洛文尼亚及捷克的贸易占比有上升趋势。其中，我国在俄罗斯、乌克兰两个国家中的贸易地位上升幅度最大，是两国重要的国际贸易伙伴。

表8-4 2013—2019年中国在东欧文化国家贸易进出口总额比重（%）

年份	2013	2014	2015	2016	2017	2018	2019
波兰	3.59	3.87	4.32	4.41	4.60	4.65	5.59
捷克	3.08	3.33	3.68	3.60	3.61	4.23	4.86
斯洛伐克	3.91	3.68	3.38	3.44	3.16	4.13	4.48
匈牙利	4.05	4.19	4.24	4.54	4.58	4.40	4.27
斯洛文尼亚	3.17	3.32	3.85	4.27	4.64	6.06	5.19
罗马尼亚	2.89	3.22	3.42	3.55	3.58	3.76	3.97
俄罗斯	10.34	11.84	12.73	14.87	14.39	15.59	16.61
乌克兰	7.88	7.91	9.53	8.88	7.96	9.28	11.86

数据来源：各国家统计局及联合国贸易和发展会议（UNCTAD）整理所得。

国际金融危机以来，欧洲经济复苏缓慢，因此东欧文化国家逐步与中国展开经济合作，尤其是在贸易方面更希望搭上中国发展的快车。近年来，东欧文化国家对中国的出口额不断增长，既为其自身经济发展带来了重要机遇，也为中国发展提供了动力。尤其是"一带一路"建设以来，双方合作领域进一步扩大，国际经济合作环境也日益改善。从图8-9可以看出，2010年以来东欧文化国家在我国的贸易地位整体处于上升趋势。2013年我国与东欧国家贸易进出口总额占我国对外贸易总额的比重为4.07%，2019年则上升至4.70%。这表明中国的"一带一路"建设为东欧文化国家经济复苏提供了重要机遇，双方贸易也成为东欧文化国家重要的经济增长点。

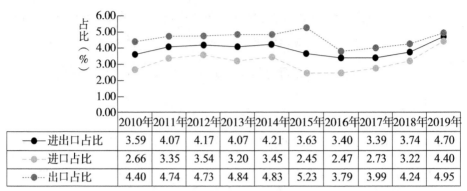

	2010年	2011年	2012年	2013年	2014年	2015年	2016年	2017年	2018年	2019年
●— 进出口占比	3.59	4.07	4.17	4.07	4.21	3.63	3.40	3.39	3.74	4.70
-●- 进口占比	2.66	3.35	3.54	3.20	3.45	2.45	2.47	2.73	3.22	4.40
···●··· 出口占比	4.40	4.74	4.73	4.84	4.83	5.23	3.79	3.99	4.24	4.95

图8-9 中国与东欧文化国家贸易额占中国对外贸易总额比重

数据来源:《中国统计年鉴》(2011—2020)整理所得。

8.4 "一带一路"共建国家与我国的投资规模及其变化趋势

国际投资是推动经济全球化的重要方法和手段,也是世界各国经济联系的重要纽带。随着我国经济实力的不断增强和国际地位的日益提升,中国经济不仅在贸易方面为"一带一路"共建国家带来了机遇,在投资方面也为"一带一路"共建国家的经济发展提供了重要动力,增强了共建国家间的产业联动。

8.4.1 东亚文化国家中我国的投资规模及变化趋势

近年来,中国对共建"一带一路"的东亚文化国家的累计投资不断增加且增幅明显,为东亚文化国家经济发展注入了增长活力。具体来看(见图8-10),中国对东亚文化国家在2013年的直接投资累计净额为209.64亿美元,2019年的直接投资累计净额为638.06亿美元,增幅明显[①]。从图8-10中国对东亚文化国家直接投资累计净额变动趋势上看,我国对东亚文化国家

---

① 需要指出的是,由于我国对东帝汶投资总量相较于东亚文化其他共建国家资金量较小,所以不将东帝汶计入中国对东亚文化国家直接投资存量总额中。

的投资累计总额不断增加，且上升趋势明显。其中，2014年和2015年的投资累计净额增幅较大，这说明"一带一路"倡议促进了中国对东亚文化国家的投资。2019年，中国对东亚文化国家直接投资累计额增幅超过2013年的2倍，明显快于2013年之前我国对东亚文化国家的直接投资累计额变动幅度（具体数据参见附录12）。

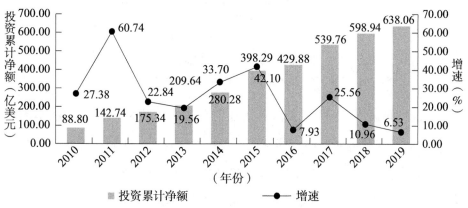

图8-10 中国对东亚文化国家直接投资累计净额变动趋势

数据来源：2010—2019年中国对外投资统计公报。

从年度投资增加净额上看，中国对东亚文化国家在2013年的投资净额为29.56亿美元，2015年的投资净额为109.61亿美元，2015年是"一带一路"倡议提出以来增速最快的年份。2016年受某些因素影响，我国对东亚文化国家的投资净额仅为45.62亿美元，增速为负值；2017年的投资净额为71.65亿美元，增速约为57.06%。2019年的投资净额有小幅度下降。总体而言，我国对东亚文化国家投资净额虽然部分年份有所波动，但整体趋势良好，如图8-11所示。

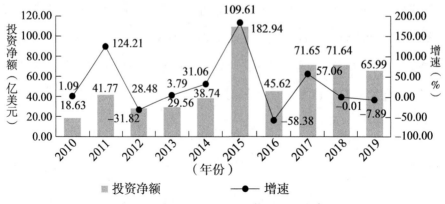

图8-11　中国对东亚文化国家直接投资净额

数据来源：2010—2019年《中国对外直接投资统计公报》。

　　从国别投资额上看，我国对东亚文化国家的投资净额也存在不同。
2013—2019年我国对新加坡的直接投资额增幅较大，2015年首次突破100
亿美元，2019年投资额比2013年投资额增幅达到137.5%。同时，我国对
新加坡的直接投资也是我国对东亚文化国家投资的主要部分，占比达73%。
2013—2019年我国对越南的直接投资增幅较大，2019年投资额比2013年投
资额多11.68亿美元。可以看出，"一带一路"建设有力地推进了我国与越
南的经贸联系和产业合作。自2013年以来，我国对其他东亚文化国家的直
接投资基本保持稳定，个别国家由于结构调整和优化而出现下滑现象。中
国对东亚文化国家的直接投资额如表8-5所示。

表8-5　　　　中国对东亚文化国家的直接投资额（亿美元）

年份	2013	2014	2015	2016	2017	2018	2019
蒙古国	3.89	5.03	−0.23	0.79	−0.28	−4.57	1.28
越南	4.81	3.33	5.60	12.79	7.64	11.51	16.49
新加坡	20.32	28.13	104.52	31.72	63.20	64.11	48.26
菲律宾	0.54	2.25	−0.28	0.32	1.09	0.59	−0.04
总额	29.56	38.74	109.61	45.62	71.65	71.64	65.99

数据来源：《中国对外直接投资统计公报》整理所得。

8.4.2 南亚文化国家中我国的投资规模及变化趋势

共建"一带一路"的南亚文化国家是我国重要的投资和贸易伙伴，我国对其直接投资累计净额逐年增加。近年来，我国对南亚文化国家直接投资累计净额不断增加，但是从投资额增加的幅度上看，我国对南亚文化国家的直接投资累计净额增幅呈现逐年下降趋势，2019年达到最低水平。

南亚文化国家与我国地理邻近，近年来我国逐步增加了南亚文化国家的投资力度。从整体上看，尽管我国对南亚文化国家的投资净额增幅在部分年份有所下降，但我国与南亚文化国家一直处于良性互动状态，投资净额整体呈现上升趋势。

从国别投资净额上看，2010—2019年中国对共建"一带一路"的南亚文化国家的投资净额也存在不同。从表8-6可以看出，我国对南亚文化国家的直接投资净额也存在不同。2016年我国对泰国的直接投资首次突破10亿美元，2019年我国对泰国的直接投资比2013年约增长81.48%，增幅最大。我国对老挝的直接投资是我国对南亚文化国家投资的主要部分，2013—2019年我国对老挝的直接投资增幅也较大，2019年投资额比2013年约增长47.12%。从整体上看，2013年以来的"一带一路"建设促进了我国与南亚文化国家的投资合作。我国对南亚文化国家的直接投资保持基本稳定，个别国家由于结构调整和优化而出现了下滑现象。

8.4.3 中东文化国家中我国的投资规模及变化趋势

共建"一带一路"的中东文化国家众多，大部分为发展中国家。我国对中东文化国家的投资规模较大，并且直接投资存量逐年增加，这为中东文化国家的整体经济发展提供了资金支持。从我国对中东文化国家直接投资累计净额上看，2013年直接投资累计净额为270.39亿美元，2014年直接投资累计净额为345.20亿美元，同比约增长27.67%。从图8-12可以看

表8-6　　　　　中国对南亚文化国家的直接投资净额　（亿美元）

年份	2013	2014	2015	2016	2017	2018	2019
尼泊尔	0.37	0.45	0.79	−0.49	0.08	0.51	2.07
斯里兰卡	0.72	0.85	0.17	−0.60	−0.25	0.08	0.93
泰国	7.56	8.40	4.07	11.22	10.58	7.37	13.72
老挝	7.81	10.27	5.17	3.28	12.20	12.42	11.49
缅甸	4.75	3.43	3.32	2.88	4.28	−1.97	−0.42
柬埔寨	4.99	4.38	4.20	6.26	7.44	7.78	7.46
总额	26.2	27.78	17.72	22.55	34.33	26.19	35.25

数据来源：《中国对外直接投资统计公报》整理所得。

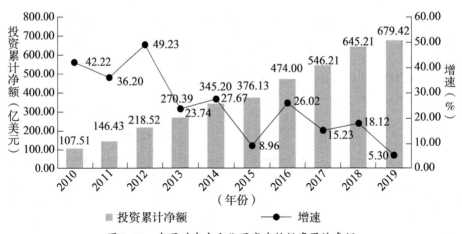

图8-12　中国对中东文化国家直接投资累计净额

数据来源：2010—2019年《中国对外直接投资统计公报》。

出，2016年和2018年直接投资累计净额同比增长最快，分别为26.02%和
18.12%。2019年我国对中东文化国家直接投资累计净额达到679.42亿美元。
在我国对中东文化国家的投资累计净额中，印度尼西亚是我国在中东文化
国家中投资较多的国家，2019年投资额累计为151.33亿美元；阿联酋、马
来西亚、巴基斯坦、以色列也是我国在中东文化国家中投资较多的国家，

至2019年累计投资额分别为76.36亿美元、79.24亿美元、47.98亿美元、37.75亿美元（其他国家投资累计净额见附录13）。

根据图8-13所示的中国对中东文化国家直接投资净额，我国对中东文化国家在2013年的投资净额为56.36亿美元，而在2014年和2015年投资净额出现了下降。2016年投资净额为68.10亿美元，同比约增长204.83%，成为我国对中东文化国家年度投资增速最高的年份。2019年投资净额为76.42亿美元，同比约增长19.61%。总体而言，我国对中东文化国家的投资受国际政治和经济环境影响较大，2014年和2015年以及2018年我国对中东文化国家直接投资净额略有下降，但是我国与中东文化国家合作基础较好，投资规模较大，2019年我国对中东文化国家直接投资净额相较于2013年约增长35.59%。

从国别投资净额上看，2013—2019年我国对共建"一带一路"的中东文化国家的投资净额也存在着不同。其中，阿联酋增幅最大，2019年我国对阿联酋投资额为12.07亿美元，相较于2013年投资额约增长309.15%；我国对马来西亚的直接投资增幅也较大，2019年我国对马来西亚投资额为11.10亿美元，相较于2013年投资额约增长80.19%；2019年我国对印度尼西亚投资额为22.23亿美元，相较于2013年投资额约增长42.23%。从整体上看，"一带一路"建设促进了我国与中东文化国家的投资（详见附录14）。

8.4.4　东欧文化国家中我国的投资规模及变化趋势

东欧文化国家（除俄罗斯外）多数国土面积较小，经济体量不大，我国对东欧文化国家直接投资规模也不大，但"一带一路"建设以来各年份投资额增长幅度明显。具体来看，我国对东欧文化国家在2013年直接投资累计净额为95.27亿美元，2019年直接投资累计净额为169.08亿美元，相对于2013年约增长77.47%。从图8-14可以看出，我国对东欧文化国家直接投资累计净额在2015年之前逐年增加，增速也逐渐加大，投资规模扩大速度较快。2014年突破100亿美元，在2016年出现了小幅回落，之后又稳步增

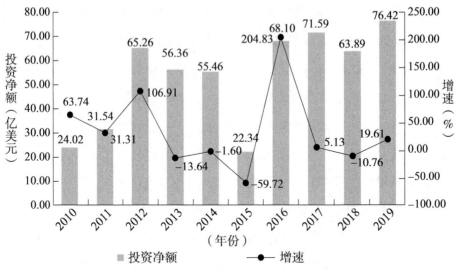

图8-13 中国对中东文化国家直接投资净额

数据来源：2010—2019年《中国对外直接投资统计公报》。

长。而在我国对东欧文化国家的投资累计净额中，俄罗斯是我国在东欧文化国家中投资最多的国家，2019年投资额累计为128.04亿美元，约占我国对东欧文化国家投资总额的75.73%。其次是格鲁吉亚、波兰、匈牙利、白俄罗斯，2019年我国对上述国家的直接投资累计净额分别为6.71亿美元、5.56亿美元、4.27亿美元、6.52亿美元（其他国家投资累计净额见附录15）。

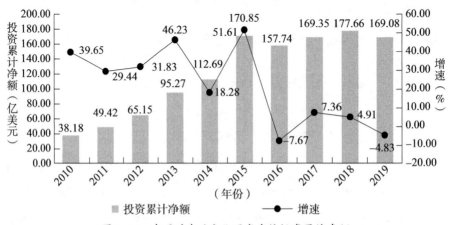

图8-14 中国对东欧文化国家直接投资累计净额

数据来源：2010—2019年《中国对外直接投资统计公报》。

由于共建"一带一路"的东欧文化国家在人口、面积、经济等方面存在较大差距，发展中国家众多，因此我国对东欧文化国家直接投资净额与其他区域相比较少。从年度数据上看①，2013年的投资净额为12.72亿美元，而2019年的投资净额为4.08亿美元。整体上看，我国对东欧文化国家的投资受国际政治和经济环境影响较大，年度投资增加额呈下降趋势，如图8-15所示。

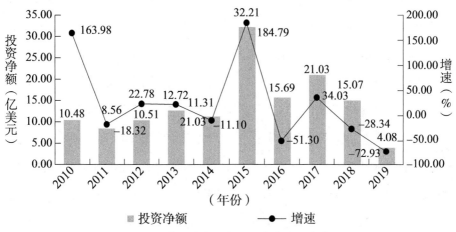

图8-15 中国对东欧文化国家直接投资净额

数据来源：2010—2019年《中国对外直接投资统计公报》。

由于东欧文化国家（除俄罗斯外）多数国土面积较小，经济体量不大，因此从国别投资净额上看，我国对东欧文化国家直接投资规模主要集中在俄罗斯。2010—2019年我国对东欧文化国家直接投资总额变化趋势可详见附录16。

8.5 本章小结

对我国与"一带一路"共建国家文化和经贸交流现状进行系统、翔实、有效的分析，是本课题探寻提升不同地域文化类型共建国家"一带一路"

---

① 因亚美尼亚、斯洛文尼亚、黑山、爱沙尼亚、摩尔多瓦经济体量小，投资额也较小，所以不做研究。

文化认同的差异性影响因素,是正确测度共建国家对"一带一路"倡议的文化认同程度与水平的前提条件和重要基础。因此,本章分别分析了我国与不同文化类型国家在国际文化旅游交流、国际教育合作以及国际经贸合作等方面的现状、趋势及其特征,为课题后续研究奠定了基础。课题分析结果如下。

我国与"一带一路"共建国家通过多层次、多方位、多角度的文化和旅游合作交流,加强了了解,深化了各国在政治、经济等领域的全方位合作。尤其是,我国与不同文化类型国家在友好城市建设方面取得了积极进展,增强了国与国之间的政治互信,促进了各国之间的文化交流。友好城市已经成为我国与"一带一路"共建国家文化交流的重要合作平台。

"一带一路"建设的顺利实施和建设需要大量既有深厚专业知识技能,又充分了解和认知共建"一带一路"国家不同民族文化与地域特征的国际型人才。作为"一带一路"倡议的发起者,我国日益重视与不同文化类型共建国家的国际教育合作,在不同层次上展开了多种形式的国际教育合作,做了大量基础性工作。尤其是中国与"一带一路"共建国家建立的孔子学院、制订的双边教育计划以及越来越多的相关国际教育合作项目,为"一带一路"的顺利开展奠定了坚实的基础,培养了大批国际型人才。这些人才在"一带一路"建设中不仅成为经济建设的直接动力,也成为不同国家间文化交流的纽带和桥梁。

随着"一带一路"建设的深入展开,我国与"一带一路"共建国家的经贸合作取得了巨大进展。从贸易合作方面来看,我国与"一带一路"共建国家的贸易规模在逐年增加。虽然从数据来看,我国与共建国家贸易额的增加幅度在不同年份有升有降,但是整体上仍然呈明显的上升趋势。这进一步反映了"一带一路"倡议切实实现了我国与共建国家在经济合作上的共同发展、共同繁荣。尤其是,多数共建国家与我国贸易额在其本国进出口贸易总额中所占比例呈逐年上升趋势,这也在一定程度上说明"一带一路"倡议使我国与共建国家的贸易关联性大幅度增加。从国际直接投资方面来看，"一带一路"建设的开展为我国与共建国家的直接投资创造了良好的平台和支撑。从数据分析结果来看，我国对共建国家的直接投资逐年递增，我国与共建国家的多边经贸合作也日益紧密。需要指出的是，我国对共建国家直接投资仍然存在两大差异。一是不同文化背景下的区域性直接投资差异。从近年来我国海外直接投资区域选择来看，我国对中东文化国家投资累计总额为679亿美元、对东亚文化国家投资累计总额为638亿美元、对南亚文化国家的投资累计总额为307亿美元、对东欧文化国家投资累计总额仅169亿美元。二是我国对相同文化背景下的不同国家，也存在着累计投资总额差异现象。这在一定程度上表明，我国与不同文化类型的国家仍存在产业与贸易的关联性差异，"一带一路"建设也必然会为我国与共建国家的全方面合作提供巨大发展空间。

第九章 共建国家对"一带一路"倡议文化认同的测度与分析

科学、有效地对共建国家"一带一路"文化认同水平进行测度，是准确揭示和分析共建国家对"一带一路"文化认同程度及其差异性影响因素根源的必然需求。因此，本章运用数据包络分析（DEA）方法构建了"一带一路"国际文化认同测度模型，准确测度了不同地域文化类型国家对"一带一路"倡议的文化认同水平。其研究结论不仅准确揭示了不同地域文化类型共建国家对"一带一路"文化认同的程度和水平，也为推进不同文化类型国家"一带一路"文化认同提供了理论支撑。

9.1 文化认同测度的技术路线

课题对文化要素参与生产活动的理论分析表明，文化要素不仅自身作为生产对象直接参与生产活动，并创造直接生产价值，还以无形的状态投入生产过程创造间接生产价值。在以无形状态参与生产活动时，文化要素不是以其自身形态在生产过程中直接提取、转移和消耗为形式表征，而是基于其与生产活动所进行的各种无形的、非形态性的价值提取和转换来实现间接生产价值。直接价值与间接价值的双重价值实现，是文化要素显著区别于其他生产要素的重要特性，也是本课题理论分析所揭示的文化要素参与经济活动的重要内在机制。如何真正测度出文化要素在生产过程中的间接价值形成，是经济学文化向度复归所面临的重要挑战，也是本课题对文化认同进行实践测度的重点和难点所在。期望构建一种特定的文化经济生产函数，并且能够准确厘清有形变量与无形变量之间的内在关联且做出明确的参数估计，这事实上是不可能的。在特定条件下通过统计回归所确定的生产函数，其本身已经脱离了现实的生产关系，并不适合文化要素问题研究。因此，本课题在构建经济与文化协同发展的模型时，规避了无法有效设定生产函数所带来的不确定性，建立了以多个输入与输出的变量来反映经济内在运行规律的模型。

9.2　文化认同测度模型的理论基础

在满足文化经济模型构建的技术路线要求下，本章选择线性规划、对偶理论及数据包络分析构建"一带一路"国际文化认同测度模型。因此，为了更好地说明本章文化认同测度模型的基本原理，本节对上述相关理论进行必要阐释。

9.2.1　线性规划与对偶理论

1.线性规划模型

一般而言，线性规划模型的构建应该具备三个变量。

首先，是决策变量。决策变量是解决特定问题的某种可行方案，其由固定参数表示，决策变量是经济模型构建的重要前提，也是模型构建的基本要素。在经济学研究领域中决策变量往往是非负的，因为在经济问题研究中负变量没有实际意义。

其次，是约束条件。约束条件是模型构建时对目标方程的限制性条件。这些约束反映了现实经济活动中对目标函数的各种要求，其限制了目标函数可行解的值域范围。

最后，是目标函数。目标函数是满足特定问题分析的特定经济关系。一般而言，符合目标函数的最优解即为经济模型所求的目的，是在约束条件下的某种极值，既可以是最大值，也可以是最小值。

为了更好地满足本章构建文化认同测度模型的需要，本书将线性规划模型的标准形式确定为如下形式：

$$\min f = \sum_{j=1}^{q} k_j x_j$$

$$s.t. \quad \sum_{j=1}^{q} \alpha_{ij} x_j = \beta_i \quad i = 1, 2, \cdots, q \quad x_j \geqslant 0 \quad\quad j = 1, 2, \cdots, q$$

此外，考虑到本书国际文化认同测度模型中所选择的指标是多元性的指标体系，因此本书标准的线性规划形式也可用矩阵形式来表述，如：

$$K = \begin{pmatrix} k_1 \\ k_2 \\ \vdots \\ k_q \end{pmatrix} \quad \phi = \begin{pmatrix} \beta_1 \\ \beta_2 \\ \vdots \\ \beta_q \end{pmatrix} \quad X = \begin{pmatrix} x_1 \\ x_2 \\ \vdots \\ x_q \end{pmatrix} \quad \phi = \begin{pmatrix} \alpha_{11} & \cdots & \alpha_{1q} \\ \vdots & & \vdots \\ \alpha_{q1} & \cdots & \alpha_{qq} \end{pmatrix}$$

进而，本书所采用的线性规划形式最终表述为

$$\min f = K^T X$$
$$s.t. \quad \phi X = \phi$$
$$X \geqslant 0$$

上式中，向量组 X 为文化认同测度模型的决策向量；向量组 ϕ 为支撑文化认同根基的各种文旅交流活动；向量组 K 为经济与文化协同发展过程中的经济合作程度与水平。

2. 对偶理论

如果 $X' = (x_1', \cdots, x_i', \cdots, x_q')^T$ 和 $U' = (u_1', \cdots, u_i', \cdots, u_p')^T$ 分别是特定问题（P）与其对偶问题（D）的两组最优解，那么依据线性规划方程，两组最优解的充分必要条件应为

$$x_j'(c_j - \sum_{i=1}^{p} a_{ij} u_i') = 0 \quad j = 1, 2, \cdots, q$$
$$(\sum_{j=1}^{q} a_{ij} x_j' - b_i) u_i' = 0 \quad i = 1, 2, \cdots, p$$

根据松弛互补条件，在最优解存在的条件下特定问题（P）中的约束条件与其对偶问题（D）的约束条件必然存在如下关系：

（1）若特定问题（P）中的变量为约束条件$\sum_{i=1}^{p} a_{ij} u_i' < c_j$，则其对偶问题（D）中对应变量必然有$x_j' = 0$。

（2）若最优解U'的约束条件$U_i' > 0$，则其对偶问题（D）的相应约束变量$\sum_{j=1}^{q} a_{ij} x_j' \geqslant b$将转换为等式约束，即$\sum_{j=1}^{q} a_{ij} x_j' = b_i$。

（3）若特定问题（P）的约束变量是$\sum_{j=1}^{q} a_{ij} x_j' > b_i$，则其对偶问题（D）的相应约束条件将变为$u_i' = 0$。

（4）若最优解X'的变量$x_j' > 0$，则对偶问题（D）相应的约束变量$\sum_{i=1}^{p} a_{ij} u_i' \leqslant c_j$则转换为等式约束，即$\sum_{i=1}^{p} a_{ij} u_i' = c_j$。

9.2.2 数据包络分析

数据包络分析（DEA）是经济学和计量经济学中通过构建有效生产前沿面进而测度相对效率的一种评价方法。在以往的生产前沿面估计中，经济学者通常使用统计回归来测度生产函数，但是这种生产函数很难真正代表现实经济中的有效生产前沿面。其制约因素是传统的统计回归方法不能完全区分有效目标单元与非有效目标单元，得出的前沿面生产函数也存在非有效问题。数据包络分析方法在有效处理多输入变量和多输出变量方面有独到优势。数据包络分析方法是一种非参数评价方法，在其统计过程中不需要明确区分有效目标单元和非有效目标单元，而是将所有投入变量和输出变量[①]代入统计模型，最终对决策目标进行评价分析。这种统计评价的依据，是通过测量特定决策目标在存在多个输入与输出的决策目标时所构成的生产前沿面的相对有效性。一般而言，决策目标离生产前沿面的距离越大，决策目标的生产有效性越弱；越处于生产前沿面的决策目标生产越相

---

① 在经济问题研究中，输出变量往往采用的是经济产出指标。

对有效。需要特别指出的是，与其他统计方法所不同的是，数据包络分析不需要明确的目标单元区分。这就使数据包络分析有了广泛的应用。

复杂经济问题可利用数据包络分析进行有效性评估，在投入变量较多、产出变量也较多的复杂生产活动中，数据包络分析具有较高的适用性。数据包络分析所构建的生产前沿面即是反映经济内在运行规律的"生产函数"，它比传统的统计回归方法得出的生产函数更具有现实意义。因此，数据包络分析被广泛地应用在宏观经济运行效率等评估领域。

9.3　基于数据包络分析的文化认同测度模型

9.3.1　数据包络分析与文化认同测度模型机理分析

为更好地说明数据包络分析方法构建文化认同测度模型的内在机理，本书假定任何生产活动都需要投入文化要素，并同时将文化要素之外的其他生产要素假定为一种较大范围的特殊要素，统称为非文化要素。如图9-1所示，横坐标反映的是生产过程中的文化要素投入数量，纵坐标反映的是非文化要素的投入数量。两种生产要素的共同配合使用决定了生产的产出水平。不同的要素组合决定着不同的经济效率。不失一般性，我们假定存在五个不同地区，在每个地区中都有其各自的地域文化要素，并且文化要素与非文化要素的共同配合决定了其区域经济增长效率。五个不同地区的各自要素组合形成了不同产出（A、B、C、D、E）并组成了生产前沿面。这个生产前沿面意味着特定地区文化的价值体系和社会规范与该地区经济活动的内容、模式相互适宜，该地区经济表现出较高的生产效率。从图9-1中可以看到，A、B、C、D四个地区的经济效率基本上处于同一条无差异曲线上。这说明四个地区的文化与经济协同发展，且地域文化对地区经济模式的认同性和适应性促进了经济发展。相反，E点所代表的地区，其没有在生产前沿面上。这意味着，E点所代表的地区，地域文化对该地区经济发展内容、模式的认同性较弱，地域文化并没有成为促进其经济活动的重要激励。从图形上看，E点地区可以通过转变发展方式及结构调整以适应地区文化价值观念和行为规范来获得更高的生产效率。而在生产前沿面上，E点地区可以类似D点地区进行要素配置，从而以更少的要素投入来获得相同的产出。在数据包络分析上，E点与生产前沿面的距离代表着E点地区文化对其经济发展模式的认同程度和水平。距离生产前沿面越远，则该地区的文化认同度越低。E点地区的文化对经济的认同程度为OD/OE。而A、B、C、D点所代表的地区，其文化对经济的认同程度为单位1，是有效的。

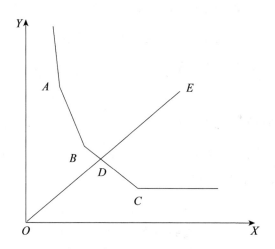

图9-1　数据包络分析与文化认同测度机制的耦合关系

需要指出的是，在对图9-1所做的说明中本书只选用了有限的地区要素组合案例，因此在图形中生产前沿面是折线形状。考虑到现实经济当中存在着较多的（地区）决策单元，当足够多的生产效率组合集聚在一起时，有效生产前沿面将不再是折线，而是趋于圆滑的曲线。如果输入变量不仅是文化要素和非文化要素两种类别，而是多种输入变量，那么生产前沿面将不再是曲线而是更加符合现实的曲面。由于本书后续构建共建国家对

"一带一路"国际文化认同模型，不仅涉及较多国家，还涉及较多文化认同的影响因素分析。因此，本书设计文化对经济活动认同测度模型应为生产前沿曲面。

9.3.2 文化认同测度模型构建

文化认同是特定地区的地域文化对其域内经济发展模式和内容的激励或约束，因此文化认同分析本身即是空间问题，具有空间维度。由于文化认同分析是对特定区域的经济发展活动进行测度，因此本书将特定区域称为目标区域（ AMR ）。文化认同测度的依据是目标区域各种要素投入（包括文化要素和非文化要素）以及各种经济产出，即多元输入变量和多元输出变量。这些输入变量将依据本书前章节分析构建文化认同输入指标体系；输出变量则是特定目标区域在文化要素和非文化要素投入下的该区域产出成效。这些输入变量和输出变量的指标体系将在后续详细介绍。

假定特定的目标区域的要素输入向量 $\alpha = (\alpha_1, \alpha_2, \cdots, \alpha_p)^T$ ，而该目标区域的输出向量 $\beta = (\beta_1, \beta_2, \cdots, \beta_r)^T$ 。为进一步简化书写，本书用 (α, β) 来代表该特定目标区域的整体经济活动投入和产出。

在整个模型中，假定有 q 个目标区域 $AMR_j (1 \leqslant j \leqslant q)$ ，每个当前区域 AMR_j 都有其自身经济活动所需要的输入和输出向量：

$$\alpha_j = (\alpha_{1j}, \alpha_{2j}, \cdots, \alpha_{pj})^T > 0, \quad j = 1, 2, \cdots, q$$
$$\beta_j = (\beta_{1j}, \beta_{2j}, \cdots, \beta_{rj})^T > 0, \quad j = 1, 2, \cdots, q$$

需要说明的是，每个研究的目标区域都有 P 种不同输入要素以及 r 种不同输出变量。 a_{ij} 为第 j 目标区域第 i 种要素的数量； β_{sj} 为第 j 目标区域第 s 种输出变量的数量。 a_{ij} 和 β_{sj} 等输入向量与输出向量的指标体系均可取得实际观测值。

在现实的经济生产活动中，不同输入要素之间必然存在特定的经济联系。这种经济联系往往是通过变量权重来进行设定。考虑到本书构建的是目标区域文化认同测度模型，而文化要素则以无形的状态投入生产过程，其对实际生产活动的影响异常复杂。因此，为避免脱离实际并产生主观臆测，本书模型构建中对输入及输出向量并不做权重处理，而是将权重作为变量纳入模型构建之中。$x = (x_1, x_2, \cdots, x_p)^T$，$y = (y_1, y_2, \cdots, y_s)^T$，$x_i$ 为第 i 种输入要素的权重变量；y_s 为第 s 种输出向量的权重变量。

k_{j_0} 是特定 AMR_j 的相应效率评价指数，并且不失一般性，可设 $k_j \leqslant 1$。

$$k_j = \frac{y^T \beta_j}{x^T \alpha_j} = \frac{\sum\limits_{s=1}^{r} y_s \beta_{sj}}{\sum\limits_{i=1}^{pp} x_i \alpha_{ij}} , j = 1, 2, \cdots, q$$

若对第 j_0 目标区域进行效率评价，则 k_{j_0} 值为目标区域的生产性质，即 k_{j_0} 越大则目标区域 AMR_{j_0} 在实现相同输出向量时用了更少的输入向量，该目标区域生产更有效率。因此，评价目标区域 AMR_{j_0} 在所有 q 个 AMR 中是否为最优状态，即可以通过权重变量的调整对 AMR_{j_0} 中 k_j 值变化范围进行比较。因此，我们以 AMR_{j_0} 的效率指数为目标函数，以所有 AMR 的效率指数为约束条件构造模型：

$$\max k_{j_0} = \frac{\sum\limits_{s=1}^{r} y_s \beta_{sj_0}}{\sum\limits_{i=1}^{pr} x_i \alpha_{ij_0}}$$

$$s.t. \quad \frac{\sum\limits_{s=1}^{r} y_s \beta_{sj}}{\sum\limits_{i=1}^{p} x_i \alpha_{ij}} \leqslant 1, \qquad j = 1, 2, \cdots, q$$

$$x = (x_1, x_2, \cdots, x_p)^T \geqslant 0$$

$$y = (y_1, y_2, \cdots, y_r)^T \geqslant 0$$

事实上，上述公式是分式规划问题，我们可以进一步用 Charnes–Cooper 进行调整，即 $t = \dfrac{1}{x^T \alpha_0}$，$\varepsilon = tx$，$\eta = ty$。

调整之后，新的线性规划模型如下：

$$(P)\begin{cases} \max k_{j_0} = \eta^T \beta_0 \\ s.t. \quad \varepsilon^T \alpha_j - \eta^T \beta_j \geqslant 0, j = 1, 2, \cdots, q \\ \varepsilon^T \alpha_0 = 1 \\ \varepsilon \geqslant 0 \quad \eta \geqslant 0 \end{cases}$$

从新的线性规划模型中可知，目标区域j_0的有效性评价是相对于所有AMR而言的。同时，我们可通过建立对偶模型，对上述线性规划模型做进一步分析：

$$(D')\begin{cases} \min \theta \\ s.t. \quad \sum_{j=1}^{q} \lambda_j \alpha_j \leqslant \theta \alpha_0 \\ \sum_{j=1}^{q} \lambda_j \beta_j \geqslant \theta \beta_0 \\ \lambda_j \geqslant 0, j = 1, 2, \cdots, q \end{cases}$$

针对上述线性规划的对偶问题，我们引入松弛变量r^+和剩余变量r^-，将不等式约束变成等式约束，即

$$(D)\begin{cases} \min \theta \\ s.t. \quad \sum_{j=1}^{q} \lambda_j \alpha_j + r^+ = \theta \alpha_0 \\ \sum_{j=1}^{q} \lambda_j \beta_j - r^- = \theta \beta_0 \\ \lambda_j \geqslant 0, \quad j = 1, 2, \cdots, q \\ r^+ \geqslant 0, \quad r^- \geqslant 0 \end{cases}$$

本模型设计了线性规划并同时对其进行了对偶线性规划的调整。在对目标区域最优解求导过程中，假设线性规划与对偶规划都有最优解，分别为$k_{j_0}^*$与θ^*，且$k_{j_0}^* = \theta^* \leqslant 1$。如果原线性规划的解中存在$\varepsilon^* > 0$、$\eta^* > 0$，同时$k_{j_0}^* = 1$，那么该$AMR_{j_0}$中地域文化对其区域经济发展模式认同程度和水平最

高。此外，AMR_{j_0} 中地域文化对其经济发展模式完全认同的充要条件是对偶规划最优值 $\theta^* = 1$，且有 $r^{*-} = 0$，$r^{*+} = 0$。

需要指出的是，地域文化对区域经济发展模式认同测度模型中的 λ_j 值同样可以对目标区域的规模收益进行有效判断，即

（1）若存在 $\lambda_j^* (j = 1, 2, \cdots, q)$ 使得 $\sum \lambda_j^* = 1$，那么所研究目标区域内的经济活动表现为规模报酬不变的性质和特征。

（2）若不存在 $\lambda_j^* (j = 1, 2, \cdots, q)$ 使得 $\sum \lambda_j^* = 1$，而 $\sum \lambda_j^* < 1$，那么所研究目标区域内的经济活动就表现为规模报酬递增的性质和特征。

（3）若不存在 $\lambda_j^* (j = 1, 2, \cdots, q)$ 使得 $\sum \lambda_j^* = 1$，而 $\sum \lambda_j^* > 1$，那么所研究目标区域内的经济活动就表现为规模报酬递减的性质和特征。

9.3.3　文化认同测度模型有效性与指标特征关联

一般而言，模型选用指标体系对文化认同测度评价的有效性产生重要影响。因此，科学、合理地选择文化认同测度指标体系是关系文化认同测度模型有效性的重要因素。在选择评价指标体系方面，本书将侧重选择现有文化与经济协同发展理论所支撑的可观测指标。但是，关于指标设定数量以及选择指标是否存在非相关性要求，我们将做如下的讨论。

1. 评价指标扩展与文化认同测度模型的有效性

在 λ 个目标区域 AMR 中，指标体系若为 $D = \{u^1, \cdots, u^p \mid v^1, \cdots, v^r\}$。$u^i(v^i)$ 为第 i 个输入变量（输出变量）；$u_\lambda^i (v_\lambda^i)$ 为第 λ 个 AMR 的 $u^i(v^i)$ 指标选值；θ_λ (D) 为第 λ 个 AMR 在上述指标体系下的评价有效性系数。

$D_1 - D_2$ 意味着在指标体系 D_1 中，而不在指标体系 D_2 中的那些指标集合。若 $D_2 \supset D_1$，那么在指标体系 D_1 中，λ_0 有效性评价如下：

$$\max \frac{[\alpha v_{\lambda_0}(D_1)]}{[\beta u_{\lambda_0}(D_1)]} = \theta_{\lambda_0}(D_1)$$

$$s.t. \quad \frac{[\alpha v_\lambda(D_1)]}{[\beta u_\lambda(D_1)]} \leqslant 1 \quad \lambda = 1, \cdots, q \qquad \text{式（9-1）}$$

在上式中，α、β 都是非负向量组，$[\alpha v_\lambda(D_1)]$ 是向量内积，且 $D_2 \supset D_1$。此时，指标体系 D_2 中的文化认同测度模型可调整为

$$\max \frac{[\alpha v_{\lambda_0}(D_1)] + [\alpha_1 v_{\lambda_0}(D_2 - D_1)]}{[\beta u_{\lambda_0}(D_1)] + [\beta_1 + u_{\lambda_0}(D_2 - D_1)]} = \theta_{\lambda_0}(D_2)$$

$$s.t. \quad \frac{[\alpha v_\lambda(D_1)] + [\alpha_1 v_\lambda(D_2 - D_1)]}{[\beta u_\lambda(D_1)] + [\beta_1 + u_\lambda(D_2 - D_1)]} \leqslant 1 \quad \lambda = 1, \cdots, q \qquad \text{式（9-2）}$$

若式（9-1）存在 $\alpha = \alpha^0, \beta = \beta^0$ 解，且目标值 $\theta_{\lambda_0}(D_1)$，则进一步调整后的 $\alpha = \alpha^0, \beta = \beta^0, \alpha_1 = 0, \beta_1 = 0$，也是式（9-2）的可行解。从这个角度上说，式（9-2）的最优解的目标值 $\theta_{\lambda_0}(D_2)$ 必然存在 $\theta_{\lambda_0}(D_2) > \theta_{\lambda_0}(D_1)$ 的关系。

这就表明，在本书构建文化认同测度模型时若所选择的评价指标体系不断扩大，特定目标区域地域文化对其经济发展模式认同程度和水平的评价有效性系数也会越大。这种情况的出现并不利于从有效性系数中准确提炼和发现各地区地域文化对其经济发展模式认同性的差异信息。从这个角度上说，在本书文化认同测度模型中，测度指标体系必然是以选择那些起绝对性作用且简练的指标为主。

2.评价指标非独立与文化认同测度模型的有效性

同样，记 $u(i) = (u_1^i, \cdots, u_q^i)$，$v(i) = (v_1^i, \cdots, v_r^i)$，$D = \{u^1, \cdots, u^{i_0}, u^{i_0+1} \mid v^1, \cdots, v^r\}$，若 $u(i_0 + 1) = \sum_{i=1}^{i_0} l_i u(i)$，$l_{i \geqslant 0}$，则令 $D_2 = D$。将上式 $u(i_0 + 1) = \sum_{i=1}^{i_0} l_i u(i)$ 代入式（9-2）中可进一步得到：

$$\max \frac{[\alpha v_{\lambda_0}(D_1)]}{[(\beta + \beta_{i_0+1}\rho) u_\lambda(D_1)]} \leqslant 1 \quad \lambda = 1, \cdots, q$$

$$s.t. \quad \frac{[\alpha v_\lambda(D_1)]}{[(\beta + \beta_{i_0+1}\rho) u_\lambda(D_1)]} \leqslant 1 \quad \lambda = 1, \cdots, q \qquad \text{式（9-3）}$$

若 α^0、β^0、$\beta_{i_0+1}^0$ 是式（9-2）的解，且式（9-3）正是 D_1 的评价模型，而 α^0、β^0、$\beta_{i_0+1}^0 l$ 是式（9-3）的可行解，那么 $\theta_{\lambda_0}(D) = \theta_{\lambda_0}(D_2) \leqslant \theta_{\lambda_0}(D_1)$，即 $\theta_{\lambda_0}(D) \geqslant \theta_{\lambda_0}(D_1)$。

故 $\theta_{\lambda_0}(D) = \theta_{\lambda_0}(D_1)$。

上式结果意味着，文化认同测度指标体系之间如果存在线性关系，这种线性相关的指标并不会对文化认同的测度形成影响。这就表明，如果文化认同测度模型指标包含正线性关系，那么可以舍弃相关正线性指标。这样可在不影响模型有效性的基础上，减少指标观测值的收集工作。

3.输入输出之间正相关与文化认同测度模型的有效性

如果文化认同测度模型所选择的指标集 D 中某特定输出变量与输入变量间存在线性关系，即 $v(i_0) = \kappa u(j_0)$，那么文化认同测度评价水平会出现过高现象，即 $\theta_\lambda(D) = 1$，$\lambda = 1, \cdots, q$。我们很容易证明这种结论。假定 $i_0 = j_0 = 1$，令 $D_1 = \{u^1 \mid v^1\}$，那么当 $v(i_0) = \kappa u(j_0)$ 时，必然会有结果：$\theta_\lambda(D_1) = 1 (\lambda = 1, \cdots, q)$。同时，因为 $D \supset D_1$，以及上节结论，我们可得出 $\theta_\lambda(D) \geqslant \theta_\lambda(D_1) = 1$，即 $\theta_\lambda(D) = 1$。

这种结论表明：如果输入变量与输出变量之间存在线性关系，则必然引致文化认同测度评价有效性过高的现象。因此，当构建文化认同测度指标体系时，要特别重视输入和输出变量的选择，防止输入变量和输出变量间存在线性关系。这对于准确进行文化认同测度具有重要意义。

9.3.4 "一带一路"文化认同测度输入指标体系

文化认同测度输入指标体系是否全面，层次结构是否清晰合理，直接决定了文化认同测度模型评价结果的有效性。因此，基于我国与"一带一路"共建国家文化和经贸的交流合作现状分析，并结合文化认同测度模型有效性对指标体系的选择要求，本节将进一步构建"一带一路"文化认同的测度指标体系。需要指出的是，由于本章前节对指标体系与文化认同测度评价有效性进行了分析，其结论显示随着评价指标体系的增加，文化认同测度的终值也会虚增而偏离真实水平，这在很大程度上会模糊各目标区域间文化认同的差异信息。同时，"一带一路"倡议跨越亚洲、欧洲和非洲，连接150多个国家，如果测度共建国家对"一带一路"倡议国际文化认同的指标体系过于庞杂，则必然在数据收集和整理中存在较大难度。因此，鉴于上述两方面考虑，本书在文化认同测度指标体系的构建上，将重点选择那些能够真实、有效反映系统实质特性的重点指标，而不拘泥于烦琐冗长的指标体系构建。这既有利于规避过度的数据收集、整理与处理工作，也能进一步提高文化认同测度的有效性和准确性。

正确测度共建国家对"一带一路"倡议的国际文化认同水平，其核心是判断"一带一路"建设是否促进了共建国家的国际文化交流，强化了国际经济合作，进而实现了共建国家经济与文化的协同发展。根据上述对文化认同的理论分析，本书对近年来有关经济合作与文化交流的设计指标进行频度分析，并根据使用频率来建立文化认同输入指标体系。需要指出的是，文化要素通过影响经济主体的价值取向、行为规范，从而决定经济活动的特定模式和绩效，因此在确定频率较高的指标后，课题组进一步邀请相关领域专家对指标进行抽象概括和总结，进而得到一个较为科学、全面的文化认同测度指标体系。概括来说，根据对文化认同的理论分析以及文化认同对经济活动的影响研究，将初始指标体系逐级压缩，系统综合，最后逐一筛选并由专家论证，最终确定了由两大类20个单项指标构成的三层级文化认同测度模型输入指标体系（见表9-1）。其中 X_{111} 变量作为本书测度模型中输出变量。

表9-1　　　　　　　　文化认同测度模型输入指标体系

约束层	准则层	指标层
X_1：经济	X_{11}：经济总量	X_{111}：目标国家人均GDP增长率
		X_{112}：目标国家净出口增长率
		X_{113}：目标国家社会固定资产投资增长率
	X_{12}：经济结构	X_{121}：目标国家第三产业比重
	X_{13}：经济效益	X_{131}：目标国家人均可支配收入增长率
		X_{132}：目标国家城市恩格尔系数

续表

约束层	准则层	指标层
X_1：经济	X_{14}：国际经济合作	X_{141}：中国对目标国家投资额在目标国家占比
		X_{142}：中国对目标国家贸易规模在目标国家占比
		X_{143}：中国对目标国家贸易规模增长率
		X_{144}：中国对目标国家投资额增长率
X_2：文化	X_{21}：国际文化交流	X_{211}：目标国家文化产业产值增长率
		X_{212}：目标国家文化产品进出口总额增长率
		X_{213}：中国与目标国家文化交流项目增长率
		X_{214}：中国与目标国家友好城市数量增长率
	X_{22}：国际旅游合作	X_{221}：目标国家旅游产业产值增长率
		X_{222}：目标国家到中国国际旅游人数增长率
		X_{223}：中国到目标国家国际旅游人数增长率
	X_{23}：国际教育合作	X_{231}：目标国家国际留学生增长率
		X_{232}：中国到目标国家留学生人数增长率
		X_{233}：目标国家到中国留学生人数增长率

此外，由于"一带一路"涉及的国家较多，完全测度每个共建国家对"一带一路"倡议的文化认同水平，是一项极其烦琐和复杂的工作。因此，为了有效测度共建国家对"一带一路"倡议的文化认同水平，并准确分析在不同地域文化类型下共建国家对"一带一路"倡议的文化认同差异，本书首先在测度模型的目标区域选择中按东亚文化国家、南亚文化国家、中东文化国家以及东欧文化国家四大文化类型分别进行测度；其次对各文化类型下的代表性国家进行细分测度，从而更准确地分析共建国家对"一带一路"倡议的文化认同差异。数据源于选定的"一带一路"共建国家政府官方网站，部分关键数据在附录列表中。模型统计分析过程所使用的参数分析软件为Eviews6.0，非参数分析软件为数据包络分析软件EMS1.3。

9.4 共建国家对"一带一路"倡议文化认同的整体评价

依据本章前节文化认同测度模型,本节将共建"一带一路"的东亚文化国家、南亚文化国家、中东文化国家以及东欧文化国家等国家指标数据依年份分别代入文化认同测度模型,得到四种文化类型共建国家2014—2019年对"一带一路"倡议的文化认同测度值,如表9-2所示。

表9-2 四种文化类型共建国家2014—2019年对"一带一路"倡议的文化认同测度值

年份	2014	2015	2016	2017	2018	2019
东亚文化国家	0.65	0.71	0.68	0.69	0.73	0.77
南亚文化国家	0.52	0.53	0.57	0.55	0.59	0.61
中东文化国家	0.55	0.58	0.61	0.59	0.61	0.63
东欧文化国家	0.61	0.63	0.67	0.75	0.73	0.76

注:表中数据由笔者利用非参数分析软件EMS1.3运算所得。

从表9-2中可以看出,2014—2019年共建国家对"一带一路"倡议的文化认同程度和水平整体上呈现上升趋势。相对于南亚文化国家、东欧文化国家以及中东文化国家,东亚文化国家对"一带一路"倡议的文化认同的初始值水平起点最高,2014年即为0.65。这很大程度上取决于东亚文化国家与中国文化的高度相近性;从历史上看,传统的丝绸之路为东亚文化国家带去了较大的经济利益和文化融合,因此东亚文化国家对"一带一路"倡议本身就具有较高的认同性。虽然东亚文化国家对"一带一路"倡议的文化认同水平在2016年和2017年出现小幅下降,但是从整体上来看,东亚文化国家对"一带一路"倡议的文化认同水平是不断上升的,并且在2019年达到最高值0.77,五年间的增长幅度达到18.46%。这表明,随着"一带一路"建设的不断深入开展,东亚文化国家积极融入"一带一路"建设,初步形成了政治互信、经济融合、文化包容的利益共同体、命运共同体和责任共同体。因此,东亚文化国家对倡议的文化认同程度不断加深,认同水平不断提升。

东欧文化国家对"一带一路"倡议的文化认同程度初始起点也较高,2014年东欧文化国家对"一带一路"倡议的文化认同水平为0.61,仅次于东亚文化国家对倡议的文化认同程度。事实上,共建"一带一路"的东欧文化国家与中国一直保持着较好的文化与经贸沟通和交流。早在古丝绸之路时期,作为丝绸之路的起点与终点,中国与东欧文化国家通过丝绸之路形成了紧密的经济贸易以及文化的联系。古丝绸之路建设为中国与东欧文化国家的发展提供了重要的支撑,也促进了当时中国与东欧文化国家社会、经济与文化的全面发展。从这个角度上说,虽然中国与东欧文化国家文化差异较为显著,但是东欧文化共建国家对"一带一路"倡议的文化认同程度较高。从数据上看,东欧文化共建国家对"一带一路"倡议的文化认同程度和水平是不断上升的,仅在2018年出现微降,其他年份的文化认同水平都是上升的。2014—2019年,东欧文化国家对"一带一路"倡议的文化认同程度从0.61上升至0.76,增长率约为24.59%,是所有共建国家中对"一带一路"倡议文化认同程度上升幅度较大的地区。这种情况也可以从中国与东欧文化国家的经贸数据上得到进一步验证。2014年中国与东欧文化国家的进出口总额为1673.14亿美元,而到2019年中国与东欧文化国家的进出口总额突破2000亿美元大关,达到2149.72亿美元,五年间中国与东欧文化国家进出口总额实现了约28.48%的增长,其中,2018年增长率为24.56%。这在一定程度上说明,中国与东欧文化国家成为经济融合、文化包容的发展共同体。

从数据上看,中东文化国家对"一带一路"倡议的文化认同水平整体上呈现上升趋势。2014年中东文化国家对倡议的文化认同水平是0.55,而到2019年则提升至0.63,增长率约为14.55%。从具体年份上看,中东文化国家对"一带一路"倡议的文化认同程度仅在2017年有小幅度下滑,其余年份都是上涨趋势。中国一直重视和中东文化国家的经济与文化交流和合作。尤其是自"一带一路"倡议提出以来,中国与中东文化国家的文化交流与经贸合作都有了较大幅度的增长。在文化交流合作方面,中国与中东文化国家展开了积极的多边交流与合作,不仅充分展示了中国的文化底蕴,还让更多的中东文化国家人民认知了中国文化,对"一带一路"倡议的本质有了较深的理解。在经贸合作方面,中国与中东文化国家也有着巨大的成就。2014年,中国与中东文化国家进出口贸易总额就高达4635.59亿美元,而2018年和2019年中国与中东文化国家进出口贸易总额年增长率分别为16.73%和5.42%,实现了较快增长。需要指出的是,随着"一带一路"倡议的不断深化,中国与中东文化国家的经贸合作日益紧密,集中表现在中国对中东文化国家直接投资的显著增长上。2010年,中国对中东文化国家的对外直接投资总额为24.02亿美元,而在2016年中国对中东文化国家的对外直接投资总额突破68亿美元,2019年中国对中东文化国家的对外直接投资总额再次突破76亿美元,相较于2013年增长幅度高达35.60%。中国对中东文化国家的对外直接投资的大幅度增长,进一步促进了中东文化国家对"一带一路"倡议的文化认同性和参与性。

从整体上看,南亚文化国家对"一带一路"倡议的文化认同性整体上呈上升趋势。2014年,南亚文化国家对"一带一路"倡议的文化认同水平是0.52,2019年文化认同水平上升至0.61,增长幅度为17.31%。南亚文化国家多与中国邻近或接壤。从历史发展进程上看,中国与南亚文化国家有着悠久的历史渊源,文化沟通与交流也较为频繁。自"一带一路"倡议实施以来,多数南亚文化国家积极参与"一带一路"建设,与中国展开了积极的多边合作。在文化合作领域,中国与南亚文化国家在国际教育合作、国际旅游等方面取得了较大发展,极大地推进了南亚文化国家对"一带一路"倡议的文化认同性和参与性。在经贸合作领域,2010年中国与南亚文化国家的进出口贸易总额仅为1245.08亿美元，2014年中国与南亚文化国家的进出口贸易总额达到1819.24亿美元，2019年中国与南亚文化国家进出口贸易总额则达到了2226.17亿美元。在对外直接投资领域，中国对南亚文化国家的对外直接投资从2010年的24.34亿美元，增加到2019年的37.23亿美元，约增长52.96%。这说明"一带一路"建设实现了中国与南亚文化国家经贸的共同发展。需要注意的是，尽管中国与南亚文化国家在"一带一路"建设中取得了较好的经贸合作成果，但是相对于东亚文化国家、东欧文化国家以及中东文化国家，南亚文化国家对"一带一路"倡议的文化认同度水平相对较低。这种文化认同的差异性主要源于大国地缘政治的博弈和冲突。

需要指出的是，限于篇幅原因，本节重点从东亚文化国家、南亚文化国家、东欧文化国家以及中东文化国家对"一带一路"倡议的文化认同进行整体评价和分析。根据不同国家的具体文化与经济指标，对其"一带一路"倡议的文化认同进行国别测度，对比分析各个国家对倡议的文化认同差异，有助于进一步准确把握代表性共建国家对"一带一路"倡议的文化认同差异性。因此，本节虽然不展开具体国别的文化认同评价和分析，但是仍然对部分代表性共建国家的"一带一路"倡议文化认同水平进行了测度，相关数据如表9-3所示。

表9-3　　代表性共建国家对"一带一路"倡议文化认同测度值

年份	2014	2015	2016	2017	2018	2019
尼泊尔*	0.52	0.51	0.53	0.52	0.53	0.52
斯里兰卡*	0.51	0.57	0.58	0.61	0.64	0.69
泰国*	0.61	0.63	0.65	0.68	0.66	0.67
老挝*	0.62	0.65	0.67	0.66	0.68	0.71
缅甸*	0.63	0.65	0.65	0.64	0.66	0.65

续表

年份	2014	2015	2016	2017	2018	2019
柬埔寨*	0.62	0.67	0.68	0.68	0.71	0.71
蒙古国**	0.68	0.68	0.71	0.72	0.71	0.73
越南**	0.62	0.62	0.64	0.62	0.64	0.65
新加坡**	0.65	0.66	0.67	0.66	0.67	0.69
菲律宾**	0.57	0.56	0.58	0.57	0.56	0.59
波兰***	0.65	0.66	0.69	0.71	0.73	0.72
捷克***	0.66	0.67	0.65	0.68	0.69	0.71
斯洛伐克***	0.67	0.68	0.71	0.71	0.72	0.72
匈牙利***	0.66	0.65	0.68	0.69	0.71	0.72
罗马尼亚***	0.62	0.63	0.62	0.64	0.68	0.68
阿尔巴尼亚***	0.61	0.61	0.64	0.63	0.68	0.68
俄罗斯***	0.62	0.65	0.69	0.71	0.74	0.76
白俄罗斯***	0.66	0.68	0.71	0.72	0.76	0.75
乌克兰***	0.68	0.71	0.73	0.71	0.76	0.75
马来西亚****	0.61	0.62	0.59	0.62	0.63	0.65
印度尼西亚****	0.62	0.62	0.64	0.65	0.64	0.65
阿富汗****	0.63	0.64	0.66	0.67	0.71	0.72
巴基斯坦****	0.77	0.75	0.78	0.77	0.72	0.76
孟加拉国****	0.65	0.64	0.66	0.68	0.67	0.69
伊朗****	0.67	0.68	0.71	0.72	0.75	0.77
伊拉克****	0.55	0.57	0.59	0.57	0.59	0.58
沙特阿拉伯****	0.54	0.52	0.54	0.56	0.51	0.61

年份	2014	2015	2016	2017	2018	2019
科威特****	0.50	0.52	0.53	0.55	0.61	0.59
约旦****	0.49	0.51	0.50	0.53	0.57	0.56
以色列****	0.55	0.56	0.58	0.57	0.55	0.58
埃及****	0.50	0.52	0.53	0.54	0.54	0.55

注：*代表南亚文化国家，**代表东亚文化国家，***代表东欧文化国家，****代表中东文化国家。

9.5 本章小结

本章运用数据包络分析方法构建了"一带一路"国际文化认同测度模型，不仅规避了因无法有效设定生产函数带来的不确定性，还成功测度了不同地域文化类型共建国家对"一带一路"倡议的文化认同水平。其测度结果显示：自"一带一路"建设以来，无论是东亚文化国家、南亚文化国家，还是中东文化国家和东欧文化国家，对"一带一路"倡议的文化认同水平都呈现上升趋势。其中，东亚文化国家对"一带一路"倡议的文化认同程度和水平最高，并且随着"一带一路"建设的不断深入表现为较快提升。这一方面是因为我国与东亚文化国家山水相连，具有紧密的政治、经济和文化联系，在人文精神、行为规范等方面存在着相似性。因此，相较于南亚文化国家和中东文化国家，东亚文化国家对"一带一路"倡议的文化认同水平相对最高。另一方面，我国历史上的古丝绸之路对东亚文化国家的政治、经济和文化的发展也做出了积极贡献，因此东亚文化国家对"一带一路"建设也有着较强的认同性。需要指出的是，东欧文化国家与中东文化国家也对"一带一路"倡议表现出相对较高的认同程度和水平。虽然我国文化与东欧文化、中东文化在文化内容与特征上存在显著的差异，但是这些文化之间的核心价值体系具有较强的包容性。尤其是"一带一路"建设以来，我国与东欧、中东国家经济和贸易合作有较大提升，使东欧文化国家、中东文化国家进一步认知了"一带一路"倡议的合作共赢本质，这是东欧文化国家、中东文化国家对"一带一路"倡议表现为相对较高认同程度和水平的重要因素。因此，加强与东欧文化国家、中东文化国家的国际经济合作可以有效提升共建国家对"一带一路"倡议的国际文化认同程度和水平。"一带一路"倡议实施以来，多数南亚文化国家积极参与"一带一路"建设，与中国展开了积极的多边合作。在文化合作领域，中国与南亚文化国家在国际教育合作、国际旅游等方面取得了较大发展，极大地推进了南亚文化国家对"一带一路"倡议的文化认同性和参与性。从本节共建国家"一带一路"倡议文化认同水平的测度结果上看，由于部分南亚文化国家源于大国地缘政治的博弈和冲突，其对"一带一路"倡议的认同值显著低于其他南亚文化国家的认同值，并从整体上降低了南亚文化国家对"一带一路"倡议的认同程度和水平。因此，充分考虑"一带一路"不同共建国家的政治、经济和文化环境特征，准确揭示和分析共建国家对"一带一路"认同程度和水平差异性的根源，最终分区域、分类别选择不同的共建国家"一带一路"倡议文化认同的提升路径和措施，是促进共建国家积极参与"一带一路"建设的必然要求。

第十章 "一带一路"倡议文化认同影响因素的区域性差异分析

共建"一带一路"的东亚文化国家、南亚文化国家、中东文化国家以及东欧文化国家具有不同的政治、经济和文化特征，其参与"一带一路"建设的范围和程度也明显不同，因此这些共建国家对"一带一路"倡议文化认同的程度具有显著差异性。从这个角度上说，进一步准确揭示和分析共建国家对"一带一路"倡议文化认同程度和水平差异性的根源，是准确提出共建国家"一带一路"倡议文化认同提升路径和保障体系的重要依据。因此，本章进一步构建文化认同测度的修正模型，并运用弹性理论来评价各约束层变量对文化认同测度值的影响程度和水平，进而完成不同文化类型共建国家的"一带一路"文化认同影响因素分析。

10.1 "一带一路"倡议文化认同影响因素的敏感弹性

弹性分析在经济问题研究中有着广泛应用。运用弹性分析可以有效测度因果变量的应变反应，即有效测度自变量微小变动所引起的因变量变动，其变动相对比重可以明确反映因变量对自变量的变动敏感性。因此，本章进一步构建文化认同测度的修正模型，运用弹性分析来评价共建国家经济与文化两大类别约束层变量对"一带一路"倡议文化认同测度值的影响程度和水平，即通过测算约束变量的边际变动所引起的文化认同水平测值的边际变化，揭示影响共建国家"一带一路"倡议文化认同的敏感性因素，为推进共建国家"一带一路"倡议文化认同提供指导性依据。

我们对文化认同的测度模型进行修正得到文化认同的约束变量弹性分析模型，进一步假设文化认同约束变量的输入指标为 $X = (x_1, x_2, \cdots, x_m)^T$，其中，$X$ 既可以是全部输入指标向量，也可以是依据分析需要选定的特定输入指标向量，Y 为文化认同的测度值，ε 为文化认同的约束变量弹性系数。修正公式如下所示：

$$\varepsilon = \frac{\Delta Y / Y}{\Delta X / X} = \frac{\Delta Y}{\Delta X} \frac{X}{Y}$$

考虑到数据处理的连续性，若输入指标向量的边际变化趋于无穷小，则文化认同的约束变量弹性分析公式可变为

$$\varepsilon = \lim_{\Delta X \to 0} \frac{\Delta Y / Y}{\Delta X / X} = \lim_{\Delta X \to 0} \frac{\Delta Y}{\Delta X} \frac{X}{Y} = \frac{dY}{dX} \frac{X}{Y}$$

需要指出的是，在"一带一路"倡议文化认同的测度模型中，本章依据文化认同机理分析，构建了经济与文化两大类型的七个约束变量，共计20个单项输入指标。由于本书后续章节将进一步侧重于共建国家"一带一路"倡议文化认同的提升路径及其保障体系问题研究，因此为更好地将测度评价与后续章节研究有效结合，本节重点基于经济与文化的三个约束层变量（国际经济合作、国际旅游合作、国际教育合作）对共建国家的"一带一路"倡议文化认同测度值进行关联弹性分析。具体测度方法为：针对特定约束层变量进行弹性分析，首先维持其他约束层输入变量保持不变，其次根据文化认同测度模型的约束变量弹性分析修正模型，对选定约束层变量下的单项指标进行边际调节[①]，最后得到相应的选定约束层变量对文化认同测度值的关联弹性系数。

---

① 为更好地反映约束变量对文化认同测度值的弹性影响，本节中关于约束变量的边际调节幅度均设置为1%。

10.2 南亚文化国家"一带一路"倡议文化认同的敏感性影响因素分析

（1）国际经济合作约束层变量对南亚文化国家"一带一路"倡议文化认同的影响。通过"一带一路"倡议文化认同测度的约束变量弹性修正模型，本节首先对南亚文化国家的国际合作约束变量进行边际调节，进而测度该约束层变量对文化认同测值的关联弹性系数，其结果如表10-1所示。从表10-1中南亚文化国家对"一带一路"倡议文化认同的国际经济合作约束层关联弹性系数来看，南亚文化国家对"一带一路"倡议的文化认同对国际经济合作约束层变量有着敏感的弹性，相应约束层弹性系数皆大于单位系数1。在其他条件保持不变的情况下，随着国际经济合作约束层变量边际值放松，文化认同水平将获得较大的边际变化。这意味着，国际经济合作是南亚文化国家对"一带一路"倡议文化认同的重要决定变量。强化我国与南亚文化国家的国际经济合作可以有效提升南亚文化国家对"一带一路"倡议的文化认同程度和水平。

表10-1　南亚文化国家对"一带一路"倡议文化认同的国际经济合作约束层敏感性

年　份	2014	2015	2016	2017	2018	2019
国际经济合作约束层弹性系数	2.1	2.2	2.1	2.3	2.5	2.5
调整前的文化认同水平	0.52	0.53	0.57	0.55	0.59	0.61
调整后的文化认同水平	0.53	0.54	0.58	0.56	0.61	0.63

注：表中数据由笔者利用非参数分析软件EMS1.3运算所得。

从南亚文化国家"一带一路"倡议文化认同的国际经济合作约束层关联弹性系数的变动趋势上看，弹性系数呈提升趋势。这意味着，随着"一带一路"建设的不断深入，国际经济合作对南亚文化国家的"一带一路"倡议文化认同影响程度整体上是不断提升的，国际经济合作在南亚文化国家参与"一带一路"建设中的重要性不断提升。从趋势上看，仅2016年国际经济合作约束层关联弹性系数略有下降，随后国际经济合作约束层的关联弹性系数逐渐提升，在2018年和2019年关联弹性系数达到最大值为2.5，这说明加强与南亚文化国家的国际经济合作将有力提升共建国家对"一带一路"倡议的文化认同水平，这种结论与我国和南亚文化国家的国际经济合作现状是相互吻合的。从我国与南亚文化国家贸易与投资规模上看，2018年我国对南亚文化国家的投资大幅度下降，投资净额为28.25亿美元，同比下降约24.12%。在出口方面，虽然中国对南亚文化国家贸易出口趋势一直保持良好态势，但在2016年之后中国对南亚文化国家的出口表现为小幅度下降。这进一步说明，加大国际经济合作对南亚文化国家的"一带一路"文化认同水平会有较大的敏感性影响。

（2）国际教育合作约束层变量对南亚文化国家"一带一路"倡议文化认同的影响。通过"一带一路"倡议文化认同测度的约束层变量弹性修正模型，南亚文化国家国际教育合作约束层变量对文化认同测值的关联弹性系数如表10-2所示。从表10-2中南亚文化国家对"一带一路"文化认同的国际教育合作约束层关联弹性系数看，南亚文化国家对"一带一路"倡议的文化认同水平对国际教育合作约束层变量有着敏感的弹性，相应约束层弹性系数皆大于单位系数1。在其他条件不变时，随着国际教育合作约束层变量边际取值放松，南亚文化国家对"一带一路"倡议文化认同水平将获得较大边际变化。这意味着，国际教育合作是南亚文化国家对"一带一路"倡议文化认同的重要决定变量，强化南亚文化国家之间国际教育合作可以有效提升南亚文化国家对"一带一路"倡议的文化认同程度和水平。

表10-2　南亚文化国家对"一带一路"倡议文化认同的国际教育合作约束层敏感性

年 份	2014	2015	2016	2017	2018	2019
国际教育合作约束层弹性系数	2.3	2.2	2.1	2.4	2.5	2.4
调整前的文化认同水平	0.52	0.53	0.57	0.55	0.59	0.61
调整后的文化认同水平	0.53	0.54	0.58	0.56	0.60	0.62

注：表中数据由笔者利用非参数分析软件EMS1.3运算所得。

从南亚文化国家对"一带一路"倡议文化认同的国际教育合作约束层关联弹性系数的变动趋势上看，弹性系数整体上趋于提升，但上升幅度不大。这意味着，随着"一带一路"建设的不断深入，国际教育合作对南亚文化国家的"一带一路"倡议文化认同影响程度整体上保持不变。从具体年份上看，2015年和2016年国际教育合作约束层关联弹性系数虽然仍大于1，但是增幅呈下降趋势。这表明，在此期间国际教育合作约束层变量对南亚文化国家的"一带一路"倡议文化认同影响程度在下降。2017年，南亚文化国家的国际教育合作约束层敏感弹性系数上升幅度较大，2018年敏感系数达到2.5。此时，加强南亚文化国家的国际教育合作将有力提升这些国家对"一带一路"倡议的文化认同水平。从我国与南亚文化国家的国际教育合作趋势上看，中国与南亚文化国家有着良好的国际教育交流历史。自"一带一路"建设推进以来，中国与南亚文化国家在国际教育合作上成果丰硕。国际教育合作既是南亚文化国家与中国进行文化交流的重要方式，也是南亚文化国家人民认识和了解中国的重要平台。这在很大程度上解释了2014—2019年南亚文化国家"一带一路"倡议文化认同的国际教育合作约束层敏感系数普遍较高，并趋于上升的原因。

（3）国际旅游合作约束层变量对南亚文化国家"一带一路"倡议文化认同的影响。通过"一带一路"倡议文化认同测度的约束变量弹性修正模型，南亚文化国家国际旅游合作约束层变量对文化认同测值的关联弹性系数如表10-3所示。从表10-3中的国际旅游合作约束层关联弹性系数看，南亚文化国家对"一带一路"倡议的文化认同水平对国际旅游合作约束层变量有着敏感的弹性，相应约束层弹性系数皆大于单位系数1。在其他条件不变时，国际旅游合作约束层变量边际取值放松，南亚文化国家对"一带一路"倡议文化认同水平将获得正向的边际变化。这意味着，国际旅游合作也是南亚文化国家对"一带一路"倡议文化认同的重要决定变量，强化南亚文化国家之间国际旅游合作同样可以有效提升南亚文化国家对"一带一路"倡议文化认同的程度和水平。

表10-3　南亚文化国家对"一带一路"倡议文化认同的国际旅游合作约束层敏感性

年 份	2014	2015	2016	2017	2018	2019
国际旅游合作约束层弹性系数	2.5	2.5	2.4	2.6	2.7	2.6
调整前的文化认同水平	0.52	0.53	0.57	0.55	0.59	0.61
调整后的文化认同水平	0.53	0.54	0.58	0.56	0.61	0.63

注：表中数据由笔者利用非参数分析软件EMS1.3运算所得。

从国际旅游合作约束层关联弹性系数的变动趋势上看，弹性系数整体上趋于提升，但增幅不大。从具体年份上看，2016年国际旅游合作约束层弹性系数虽然仍大于1，但是增幅表现为下降趋势。2017年国际旅游合作约束层关联弹性系数有小幅度上升，2018年国际旅游合作约束层的关联弹性系数达到最大值为2.7。

综合比较南亚文化国家在国际经济合作、国际教育合作与国际旅游合作三个约束层变量对"一带一路"倡议文化认同测值的关联弹性系数，其结果显示2014—2019年国际旅游合作对南亚文化国家的"一带一路"倡议文化认同关联弹性系数最高。这意味着，相对于国际教育合作与国际经济合作而言，加强我国与南亚文化国家的国际旅游合作将更有利于提升南亚文化国家对"一带一路"倡议的文化认同程度和水平。

10.3　东欧文化国家"一带一路"倡议文化认同的敏感性影响因素分析

（1）国际经济合作约束层变量对东欧文化国家"一带一路"倡议文化认同的影响。通过"一带一路"倡议文化认同测度的约束变量弹性修正模型，本节对东欧文化国家的国际合作约束层变量进行边际调节，进而测度该约束层变量对文化认同测值的关联弹性系数，测度结果如表10-4所示。从表10-4中东欧文化国家对"一带一路"倡议文化认同的国际经济合作约束层关联弹性系数看，东欧文化国家对"一带一路"倡议的文化认同对国际经济合作约束层变量有着较强的敏感弹性，相应约束层弹性系数大于同年度南亚文化国家的弹性系数。在其他条件不变时，随着国际经济合作约束层变量边际取值放松，东欧文化国家对"一带一路"倡议文化认同水平获得较大的边际变化。这意味着，国际经济合作是东欧文化国家对"一带一路"倡议文化认同的重要决定变量。强化东欧文化国家的经济合作可以有效提升东欧文化国家对"一带一路"倡议的国际文化认同程度和水平。

表10–4　东欧文化国家对"一带一路"倡议文化认同的国际经济合作约束层敏感性

年　份	2014	2015	2016	2017	2018	2019
国际经济合作约束层弹性系数	3.4	3.2	3.1	3.3	3.4	3.5
调整前的文化认同水平	0.61	0.63	0.67	0.75	0.73	0.76
调整后的文化认同水平	0.63	0.65	0.69	0.77	0.75	0.79

注：表中数据由笔者利用非参数分析软件EMS1.3运算所得。

从东欧文化国家对"一带一路"倡议文化认同的国际经济合作约束层关联弹性系数的变动趋势上看，弹性系数整体上趋于提升。尽管弹性系数上升幅度不大，但是整体取值都高于同期南亚文化国家相关弹性系数取值。这意味着，随着"一带一路"建设的不断深入，国际经济合作对东欧文化国家的"一带一路"倡议文化认同影响程度要高于南亚文化国家。尤其是在2017年之后，国际经济合作约束层关联弹性系数逐渐提升，2019年弹性系数达到最大值3.5。这意味着加强我国与东欧文化国家的国际经济合作将有力提升共建国家对"一带一路"倡议的文化认同水平，这种判断结论与"一带一路"建设的实践是相符合的。本书第六章已经论述，我国文化与东欧文化虽然存在着很强的包容性，但是两种文化类型之间无论是在文化核心价值上，还是在行为规范等方面都存在巨大差异。因此，加强东欧文化国家对"一带一路"倡议文化认同的重要途径和有效手段是强化我国与东欧文化国家的国际经济合作。

（2）国际教育合作约束层变量对东欧文化国家"一带一路"倡议文化认同的影响。通过"一带一路"倡议文化认同测度的约束变量弹性修正模型，东欧文化国家对"一带一路"倡议文化认同的国际教育合作约束层敏感性如表10-5所示。从表10-5中东欧文化国家"一带一路"倡议文化认同的国际教育合作约束层关联弹性系数看，东欧文化国家对"一带一路"倡议的文化认同水平对国际教育合作约束层变量有着敏感的弹性。在其他条件保持不变的情况下，随着国际教育合作约束层变量边际取值放松，东欧文化国家对"一带一路"倡议文化认同水平将获得正向的边际变化。这意味着，国际教育合作是东欧文化国家对"一带一路"倡议文化认同的显著性决定变量，强化与东欧文化国家的国际教育合作可以有效提升东欧文化国家对"一带一路"的文化认同程度和水平。

表10-5　东欧文化国家对"一带一路"倡议文化认同的国际教育合作约束层敏感性

年　份	2014	2015	2016	2017	2018	2019
国际教育合作约束层弹性系数	2.2	2.3	2.1	2.2	2.5	2.5
调整前的文化认同水平	0.61	0.63	0.67	0.75	0.73	0.76
调整后的文化认同水平	0.62	0.64	0.68	0.77	0.75	0.78

注：表中数据由笔者利用非参数分析软件EMS1.3运算所得。

从东欧文化国家"一带一路"倡议文化认同的国际教育合作约束层关联弹性系数的变动趋势上看，弹性系数整体上趋于提升。这意味着，随着"一带一路"建设的不断深入，国际教育合作对东欧文化国家的"一带一路"倡议文化认同影响程度整体上是不断提升的。2018年国际教育合作约束层关联弹性系数具有较大的上升幅度，2018年和2019年国际教育合作约束层的弹性系数都达到最大值2.5。此时，加强东欧文化国家的国际教育合作将有力提升东欧文化国家对"一带一路"倡议的文化认同水平。需要指出的是，东欧文化国家虽然在2014年和2017年国际教育合作约束层的弹性系数低于南亚文化国家。但是，弹性系数调整后的东欧文化国家的"一带一路"倡议文化认同水平值普遍高于南亚文化国家。这意味着，一方面强化我国与东欧文化国家的国际经济合作是有效提升东欧文化国家对"一带一路"倡议认同的有效手段；另一方面加强我国与东欧文化国家的国际教育合作也是提升东欧文化国家对"一带一路"倡议文化认同的重要途径。在这两个方面的调整中，其效果都高于同期南亚文化国家的调整效果。

（3）国际旅游合作约束层变量对东欧文化国家"一带一路"倡议文化认同的影响。通过约束变量弹性修正模型，东欧文化国家对"一带一路"倡议文化认同的国际旅游合作约束层敏感性如表10-6所示。从表10-6中东欧文化国家"一带一路"倡议文化认同的国际旅游合作约束层的弹性系数看，东欧文化国家的"一带一路"倡议文化认同水平对国际旅游合作约束层变量有着敏感的弹性。在其他条件不变时，国际旅游合作约束层变量边际取值放松，东欧文化国家对"一带一路"文化认同水平将获得正向边际变化。这意味着，国际旅游合作是东欧文化国家对"一带一路"倡议文化认同的重要决定变量，强化与东欧文化国家的国际旅游合作同样可以有效提升东欧文化国家对"一带一路"倡议的文化认同程度和水平。

表10-6　东欧文化国家对"一带一路"倡议文化认同的国际旅游合作约束层敏感性

年 份	2014	2015	2016	2017	2018	2019
国际旅游合作约束层弹性系数	2.0	1.9	2.1	2.3	2.1	2.2
调整前的文化认同水平	0.61	0.63	0.67	0.75	0.73	0.76
调整后的文化认同水平	0.62	0.64	0.68	0.77	0.75	0.78

注：表中数据由笔者利用非参数分析软件EMS1.3运算所得。

从东欧文化国家对"一带一路"倡议文化认同的国际旅游合作约束层关联弹性系数的变动趋势上看，弹性系数整体上是提升的。这意味着，"一带一路"建设所带来的国际旅游合作对东欧文化国家的"一带一路"倡议文化认同的影响程度整体上是提升的。但从具体年份上看,尽管各年份东欧文化国家的国际旅游合作约束层弹性系数均大于1,但是增幅却表现为有升有降。2015年弹性系数上升幅度最小,2017年弹性系数达到最大值为2.3。

综合东欧文化国家的国际经济合作、国际教育合作与国际旅游合作三个约束层变量对"一带一路"倡议文化认同测值的关联弹性系数分析,其结果显示:国际经济合作对东欧文化国家的"一带一路"倡议文化认同的影响程度最高。这意味着,相对于国际教育合作与国际旅游合作而言,加强我国与东欧文化国家的国际经济合作将更有利于提升东欧文化国家对"一带一路"倡议的文化认同程度和水平。

10.4 中东文化国家"一带一路"倡议文化认同的敏感性影响因素分析

(1)国际经济合作约束层变量对中东文化国家"一带一路"倡议文化认同的影响。通过约束变量弹性修正模型,本节对中东文化国家的国际经济合作约束层变量进行边际调节,从表10-7中可查看测度该约束层变量对文化认同测值的关联弹性系数。从表10-7中东文化国家"一带一路"倡议文化认同的国际经济合作约束层关联弹性系数看,中东文化国家对"一带一路"倡议的文化认同对国际经济合作约束层变量有着较强敏感弹性,相应约束层关联弹性系数也均大于同年度南亚文化国家的相关弹性系数。在其他条件不变时,国际经济合作约束层变量边际取值放松,中东文化国家对"一带一路"倡议文化认同水平将获得较大的边际变化。这意味着,国际经济合作是中东文化国家对"一带一路"倡议文化认同的重要决定变量。强化国际经济合作可以有效提升中东文化国家的"一带一路"倡议文化认同程度和水平。

从中东文化国家"一带一路"倡议文化认同的国际经济合作约束层关

表10-7 中东文化国家对"一带一路"倡议文化认同的国际经济合作约束层敏感性

年 份	2014	2015	2016	2017	2018	2019
国际经济合作约束层弹性系数	3.2	3.5	3.4	3.4	3.6	3.7
调整前的文化认同水平	0.55	0.58	0.61	0.59	0.61	0.63
调整后的文化认同水平	0.57	0.60	0.63	0.61	0.63	0.65

注：表中数据由笔者利用非参数分析软件EMS1.3运算所得。

联弹性系数的变动趋势上看，弹性系数整体上趋于不断提升趋势。这意味着，随着"一带一路"建设的不断深入，国际经济合作对中东文化国家的"一带一路"倡议文化认同影响程度整体上是提升的。尤其是在2018年之后，国际经济合作约束层关联弹性系数逐渐提升，在2019年弹性系数达到最大值3.7。这意味着加强我国与中东文化国家的国际经济合作将有力提升共建国家对"一带一路"倡议的文化认同水平。事实上，以我国文化为核心的东亚文化与中东文化存在着显著性差异，因此强化我国与中东文化国家的国际经济合作是有效提升中东文化国家对"一带一路"倡议文化认同的重要途径和有效手段。

（2）国际教育合作约束层变量对中东文化国家"一带一路"倡议文化认同的影响。通过"一带一路"倡议文化认同测度的约束变量弹性修正模型，国际教育合作层约束变量对文化认同测值的关联弹性系数可查看表10-8。从表10-8中东文化国家对"一带一路"倡议文化认同的国际教育合作约束层弹性系数看，中东文化国家对"一带一路"倡议的文化认同水平对国际教育合作约束层变量有着敏感弹性，相应约束层关联弹性系数皆大于单位系数1。其他条件不变时，随着国际教育合作约束层变量边际取值放松，中东文化国家对"一带一路"倡议文化认同水平将获得正向的边际变化。这意味着，国际教育合作是中东文化国家对"一带一路"倡议文化认同的重要决定变量，强化与中东文化国家的国际教育合作可以有效提升中东文化国家对"一带一路"倡议的国际文化认同程度和水平。

表10-8 中东文化国家对"一带一路"倡议文化认同的国际教育合作约束层敏感性

年 份	2014	2015	2016	2017	2018	2019
国际教育合作约束层弹性系数	2.0	2.1	2.3	2.4	2.3	2.2
调整前的文化认同水平	0.55	0.58	0.61	0.59	0.61	0.63
调整后的文化认同水平	0.56	0.59	0.62	0.60	0.62	0.64

注：表中数据由笔者利用非参数分析软件EMS1.3运算所得。

从中东文化国家对"一带一路"倡议文化认同的国际教育合作约束层关联弹性系数的变动趋势上看，尽管弹性系数上涨幅度不大，但是弹性系数整体仍处于提升状态。这意味着，随着"一带一路"建设的不断深入，国际教育合作对中东文化国家的"一带一路"倡议文化认同影响程度整体上是提升的。然而相对于东欧文化国家与南亚文化国家，中东文化国家的国际教育合作约束层关联弹性系数整体较低，2018年和2019年国际教育合作约束层的关联弹性系数分别为2.3和2.2。这意味着，虽然加强中东文化国家的国际教育合作可以提升中东文化国家对"一带一路"倡议的文化认同水平，但是我国文化与中东文化无论是在文化核心价值体系及特征上，还是在行为规范等方面都存在巨大差异，因此，强化我国与中东文化国家的国际经济合作是提升中东文化国家对"一带一路"倡议文化认同的有效手段，而国际教育合作对提升中东文化国家对"一带一路"倡议文化认同的提升作用相对不足。

（3）国际旅游合作约束层变量对中东文化国家"一带一路"倡议文化认同的影响。通过文化认同测度约束变量弹性修正模型，中东文化国家国际旅游合作约束层变量对文化认同测值的关联弹性系数可查看表10-9。从表10-9中中东文化国家对"一带一路"倡议文化认同的国际旅游合作约束层弹性系数看，中东文化国家对"一带一路"倡议的文化认同水平对国际旅游合作约束层变量有着敏感弹性。其他条件不变时，随着国际旅游合作约束层变量边际取值放松，中东文化国家对"一带一路"倡议文化认同水平将获得正向的边际变化。这意味着，国际旅游合作是中东文化国家对

"一带一路"倡议文化认同的重要决定变量。

表10-9 中东文化国家对"一带一路"倡议文化认同的国际旅游合作约束层敏感性

年 份	2014	2015	2016	2017	2018	2019
国际旅游合作约束层弹性系数	2.1	2.2	2.1	2.4	2.5	2.4
调整前的文化认同水平	0.55	0.58	0.61	0.59	0.61	0.63
调整后的文化认同水平	0.56	0.59	0.62	0.60	0.63	0.65

注：表中数据由笔者利用非参数分析软件EMS1.3运算所得。

从中东文化国家对"一带一路"倡议文化认同的国际旅游合作约束层关联弹性系数的变动趋势上看，弹性系数整体上趋于提升。这意味着，"一带一路"建设所带来的国际旅游合作对中东文化国家的"一带一路"倡议文化认同影响程度整体上是提升的。但从具体年份上看，尽管各年份中东文化国家国际旅游合作约束层弹性系数均大于1，但是增幅却表现为有升有降。2016年国际旅游约束层关联弹性系数上升幅度最小，2018年国际旅游合作约束层的弹性系数达到最大值2.5。

综合比较国际经济合作、国际教育合作与国际旅游合作三个约束层变量对中东文化国家"一带一路"倡议文化认同测值的关联弹性分析，其结果显示：国际经济合作对中东文化国家的"一带一路"倡议文化认同弹性系数最高。这意味着，相对于国际教育合作与国际旅游合作而言，加强我国与中东文化国家的国际经济合作将更有利于提升中东文化国家对"一带一路"倡议的文化认同程度和水平。

10.5 东亚文化国家"一带一路"倡议文化认同的敏感性影响因素分析

（1）国际经济合作约束层变量对东亚文化国家"一带一路"倡议文化认同的影响。通过"一带一路"倡议文化认同测度的约束变量弹性修正模型，东亚文化国家国际经济合作约束层变量边际调节后测度的关联弹性系数可查看表10-10。从表10-10中东亚文化国家"一带一路"文化认同的国际经济合作约束层弹性系数看，东亚文化国家"一带一路"倡议的文化认同对国际经济合作约束层变量有着较强敏感弹性。其他条件不变的情况下，随着国际经济合作约束层变量边际取值放松，东亚文化国家"一带一路"文化认同水平将获得正向的边际变化。这意味着，国际经济合作是东亚文化国家"一带一路"倡议文化认同的重要决定变量。强化国际经济合作可以有效提升东亚文化国家对"一带一路"倡议的国际文化认同程度和水平。

表10-10　东亚文化国家对"一带一路"倡议文化认同的国际经济合作约束层敏感性

年 份	2014	2015	2016	2017	2018	2019
国际经济合作约束层弹性系数	2.7	2.5	2.6	2.7	2.9	2.8
调整前的文化认同水平	0.65	0.71	0.68	0.69	0.73	0.77
调整后的文化认同水平	0.67	0.73	0.70	0.71	0.75	0.79

注：表中数据由笔者利用非参数分析软件EMS1.3运算所得。

从东亚文化国家对"一带一路"倡议文化认同的国际经济合作约束层关联弹性系数的变动趋势上看，弹性系数整体上趋于提升。这意味着，随着"一带一路"建设的不断深入，国际经济合作对东亚文化国家的"一带一路"倡议文化认同影响程度整体上是提升的，2018年国际经济合作约束层弹性系数达到最大值2.9，2019年稳定在2.8。因此加强我国与东亚文化国家的国际经济合作将有力提升东亚文化国家对"一带一路"倡议的文化认同水平。我国与东亚文化国家山水相连，具有紧密的政治、经济联系，尤其是在文化核心价值体系特征上高度同源，无论是在道德伦理、人文精神还是行为规范等方面都存在相似性。相比较于南亚文化国家、中东文化国家，东亚文化国家对"一带一路"倡议的文化认同水平最高。在关联弹性调整之前，东亚文化国家的"一带一路"倡议文化认同水平都在0.6以上，因此尽管东亚文化国家各年度国际经济合作约束层的弹性系数相对于其他文化类型共建国家并不是最高，但是强化我国与东亚文化国家的国际经济合作，对提升东亚文化国家的"一带一路"倡议文化认同水平却是最为显著的。

（2）国际教育合作约束层变量对东亚文化国家"一带一路"倡议文化认同的影响。通过约束变量弹性修正模型，东亚文化国家国际教育合作约束层变量对文化认同测值的关联弹性系数可查看表10-11。从表10-11中东亚文化国家对"一带一路"倡议文化认同的国际教育合作约束层弹性系数看，东亚文化国家对"一带一路"倡议的文化认同水平对国际教育合作约束层变量有着敏感的弹性，相应约束层弹性系数皆大于单位系数1。这意味着，其他条件不变的情况下，随着国际教育合作约束层变量边际取值放松，东亚文化国家对"一带一路"倡议的文化认同水平将获得较大的边际变化。因此，国际教育合作是东亚文化国家对"一带一路"倡议文化认同的重要决定变量，强化与东亚文化国家的国际教育合作可以有效提升东亚文化国家对"一带一路"倡议的国际文化认同程度和水平。

表10-11　东亚文化国家对"一带一路"倡议文化认同的国际教育合作约束层敏感性

年　份	2014	2015	2016	2017	2018	2019
国际教育合作约束层弹性系数	1.9	1.8	1.5	1.9	2.0	1.9
调整前的文化认同水平	0.65	0.71	0.68	0.69	0.73	0.77
调整后的文化认同水平	0.66	0.72	0.69	0.70	0.74	0.78

注：表中数据由笔者利用非参数分析软件EMS1.3运算所得。

从东亚文化国家对"一带一路"倡议文化认同的国际教育合作约束层关联弹性系数的变动趋势上看，弹性系数整体上保持稳定。同时，相对于东欧文化国家、南亚文化国家以及中东文化国家，东亚文化国家的国际教育合作约束层关联弹性系数较低，仅在2018年达到2.0，其他年份系数均小于2.0。需要指出的是，相较于南亚文化国家、中东文化国家以及东欧文化国家,东亚文化国家对"一带一路"倡议文化认同水平相对最高。在关联弹性调整之前,东亚文化国家的"一带一路"文化认同水平都在0.6以上,因此尽管东亚文化国家各年度国际教育合作约束层的弹性系数并不是最高,但是强化我国与东亚文化国家的国际教育合作,可以显著提升东亚文化国家对"一带一路"倡议的文化认同水平。

(3)国际旅游合作约束层变量对东亚文化国家"一带一路"文化认同的影响。通过"一带一路"文化认同测度的约束变量弹性修正模型,东亚文化国家国际旅游合作约束层变量对文化认同测值的关联弹性系数可查看表10-12。从表10-12中东亚文化国家对"一带一路"倡议文化认同的国际旅游合作约束层弹性系数看,东亚文化国家对"一带一路"倡议的文化认同水平对国际旅游合作约束层变量有着敏感的弹性。随着国际旅游合作约束层变量边际取值放松,东亚文化国家对"一带一路"倡议文化认同水平将获得较大的边际变化。这意味着,国际旅游合作是东亚文化国家对"一带一路"倡议文化认同的重要决定变量,强化我国与东亚文化国家的国际旅游合作可以有效提升东亚文化国家对"一带一路"倡议的国际文化认同程度和水平。

表10-12 东亚文化国家对"一带一路"倡议文化认同的国际旅游合作约束层敏感性

年 份	2014	2015	2016	2017	2018	2019
国际旅游合作约束层弹性系数	1.8	1.9	1.8	2.0	2.1	2.0
调整前的文化认同水平	0.65	0.71	0.68	0.69	0.73	0.77
调整后的文化认同水平	0.66	0.72	0.69	0.70	0.75	0.79

注:表中数据由笔者利用非参数分析软件EMS1.3运算所得。

从国际旅游合作约束层关联弹性系数的变动趋势上看,弹性系数整体上趋于提升。这意味着,"一带一路"建设所带来的国际旅游合作对东亚文化国家的"一带一路"文化认同影响程度是上升的。从具体年份上看,尽管各年份东亚文化国家国际旅游合作约束层弹性系数均大于1,但是增幅却表现为有升有降，2016年国际旅游约束层弹性系数上升幅度最小，为1.8。

综合比较东亚文化国家在国际经济合作、国际教育合作与国际旅游合作三个约束层变量对"一带一路"倡议文化认同测值的关联弹性分析，其结果显示，国际经济合作对东亚文化国家的"一带一路"倡议文化认同作用最强。这是因为，我国与东亚文化国家无论是在"一带一路"的历史渊源方面，还是在"一带一路"当前对政治、经济和文化的影响方面，东亚文化国家对"一带一路"倡议都有着较高的认同性。相比较于南亚文化国家、中东文化国家及东欧文化国家，"一带一路"建设对东亚文化国家的影响范围和幅度最大，东亚文化国家对"一带一路"倡议的文化认同水平也最高。因此，相对于国际教育合作与国际旅游合作而言，加强我国与东亚文化国家的国际经济合作将更有利于提升东亚文化国家对"一带一路"倡议的文化认同程度和水平。

10.6　本章小结

共建"一带一路"的东亚文化国家、南亚文化国家、中东文化国家及东欧文化国家在政治、经济和文化环境方面具有较大差异，同时"一带一路"建设的影响范围和程度也明显不同。因此，共建国家对"一带一路"倡议的文化认同程度有所差异，决定了这些共建国家对"一带一路"倡议文化认同的影响因素也不相同。通过进一步构建文化认同测度的修正模型，运用弹性分析评价各约束层变量对文化认同测值的影响程度和水平，本章分析了东亚文化国家、南亚文化国家、中东文化国家以及东欧文化国家对"一带一路"倡议文化认同差异性的影响因素。研究结果显示，加强国际经济合作可以有效提升中东文化国家、东欧文化国家及东亚文化国家对"一带一路"倡议的文化认同程度和水平；加强国际旅游合作可以有效提升南亚文化国家对"一带一路"倡议的文化认同程度和水平。

第十一章 文化认同对我国与共建国家经济发展影响的动态检验

笔者通过构建"一带一路"文化认同测度模型，测度了不同文化类型国家对"一带一路"倡议的文化认同水平，分析了共建国家对"一带一路"倡议文化认同的影响因素。文化认同对我国与"一带一路"共建国家的经济发展关系，是否存在长期稳定的影响？文化认同在多大程度上促进了我国与"一带一路"共建国家的经济发展？又以何种路径促进了经济发展？本章在共建国家对"一带一路"倡议文化认同水平的测度基础上，进一步运用协整分析、格兰杰因果关系检验、VAR动态计量等模型，就文化认同对我国与共建国家经济发展的影响关系进行动态检验。

11.1 指标选取与数据说明

文化要素在生产过程中不仅具有直接价值，也具有间接价值。文化以物质形态（文化产业、文化产品等）直接参与生产活动，在生产过程中表现为自身形态的直接提取、消耗和转移，是文化要素直接价值的表现形式；文化要素以无形状态投入生产过程，并与生产活动进行各种无形的、非形态性的价值提取和转换，是文化要素间接价值的表现形式。本书第四章所构建的跨期动态均衡模型也进一步揭示了，文化要素的直接价值和间接价值在区域经济增长的长期稳态中起着重要作用，决定了特定地区长期均衡时的经济增长率。因此，本章在文化认同对我国与共建国家经济发展影响的动态检验分析中，选用我国与共建国家双向旅游人数（*TOUR*）和我国与共建国家进出口贸易总额（*IMEX*）两个指标来表示我国与共建国家的经济发展程度。其中，双向旅游人数用以反映文化认同水平在经济活动中的直接价值，是"一带一路"倡议文化认同程度和水平对经济发展的直接影响；进出口贸易总额用以反映文化认同水平在经济活动中的间接价值，是"一带一路"倡议文化认同程度和水平对经济发展的间接影响。文化认同变量（*CULT*）则采用数据包络分析（DEA）模型测度所得的共建"一带一路"的不同文化类型国家对"一带一路"倡议的文化认同水平数值。本节选择2013—2019年的相关数据，对各年份中文化认同水平对我国与共建国家经济发展的影响进行动态检验分析。其中，2013年的数据作为基期数据进行部分指标的平减处理。数据来源于相应年份的《中国统计年鉴》《中国对外直接投资统计公报》以及相关网站，并可参见本书部分附录。同时，为消除数据中存在的异方差问题，模型对相关变量均进行自然对数形式处理，分别为Ln*TOUR*、Ln*IMEX*、Ln*CULT*，相应的差分序列为ΔLn*TOUR*、ΔLn*IMEX*、ΔLn*CULT*。需要指出的是，本节首先选择印度尼西亚为典型性代表，构建模型并进行数据处理和分析。由于相关研究方法、模型以及数据处理程序均适用于其他共建国家相关分析，限于篇幅原因，本节不对所有共建国家文化认同与"一带一路"倡议的影响进行评价和分析，只对各文化类型的部分代表性国家文化认同对其与我国经济合作的影响进行检验并列表展示。

11.2　文化认同与"一带一路"合作的协整检验

11.2.1　模型构建的理论与方法

（1）单位根检验。本节使用时间序列展开文化认同对我国与共建国家经济发展影响的动态检验。一般而言，对时间序列进行差分处理可以有效实现序列的平稳化，但是这种对时间序列差分处理的方法会导致原有时间序列中重要的信息和变量关系被过滤和忽略。因此，本节在单位根检验的基础上构建非平稳时间序列的回归模型，并运用协整分析方法进行文化认同与"一带一路"合作的动态检验。

对特定随机序列 $(Y_t, t = 1, \cdots)$，$Y_t = \delta Y_{t-1} + \varepsilon_t$（$\varepsilon_t$ 是稳定序列），若 $E(\varepsilon_t) = 0, Cov(\varepsilon_t, \varepsilon_{t-s}) = \mu_t < \infty, s = 0, \cdots$，那么这一随机序列即为单位根序列。单位根序列经过一阶差分处理后表现为平稳状态，该随机序列为一阶单整序列，标记为 $I(1)$；特定随机序列经过 d 次差分后实现了平稳状态，该随机序列即为 d 阶单整序列，标记为 $I(d)$。d 次差分实现平稳的时间序列存在着 d 个单位根，本模型将采用 ADF 法进行单位根检验；回归的最优滞后期 ρ 采用最小信息准则（AIC）方法来决定，方程为 $AIC=(2L+2k)/n$。其中，L 为对数似然值，n 为观测值数，k 为估计参数的数量。根据最小信息准则，$AIC=(2L+2k)/n$ 取值最小时确定的滞后期即是最佳滞后期数。同时，本节模型采用普通最小二乘法（OLS）确认 t 统计量，公式为 $ADF_t = \hat{\delta} / se(\hat{\delta})$。其中，$se(\hat{\delta})$ 是相应的标准差估计。标准差估计的检验假设为原假设 $H_0 : \delta = 0$。随后，根据相关统计分析结果，本节用 MacKinnon 的临界分析进行 ADF 统计量的原假设分析：如果检验统计值大于临界值即接受原假设，原时间序列是非平稳序列，存在着单位根。此时，需要对原时间序列进行差分处理。

（2）协整检验。在时间序列分析和研究中存在一种特殊情况，即时间序列本身是非平稳的，但是对时间序列进行线性组合后表现为平稳特征。如果出现这种情况，则表明时间序列的各项变量之间存在稳定的比例关系，即协整关系。这种协整关系反映的是时间序列在空间维度与时间维度的动态结合，相对于传统的最小二乘法而言，更具有回归分析上的科学逻辑性。在协整关系的处理中，若序列 $Y_{1t}, Y_{2t}, \cdots, Y_{nt}$ 都是 d 阶单整，同时向量 $\alpha(\alpha_1, \cdots, \alpha_n)$ 满足 $\alpha Y_t - I(d-b)$，其中 $d \geq b \geq 0$，且 $Y_t = (Y_{1t}, \cdots, Y_{nt})$，

那么序列 Y_{nt} 为 $(d-b)$ 阶协整时间序列关系。为检验时间序列协整关系，本模型设定协整回归方程为 $Y_t = \alpha + \beta X_t + \varepsilon_t$。其中，用 $\hat{\alpha}$ 和 $\hat{\beta}$ 表示回归系数估计值，而残差估计值 $\hat{\varepsilon} = Y_t - \hat{\alpha} - \hat{\beta} X_t$。在本模型研究中，首先对 $Y_t = \alpha + \beta X_t + \varepsilon_t$ 的残差项进行 ADF 单位根检验。若统计结果显示 $\hat{\varepsilon}_t - I(0)$，说明 ε_t 是平稳时间序列，即 Y_t 和 X_t 是 $CULT(d,b)$ 阶协整的，其协整向量为 $(1, -\hat{\beta})$。

11.2.2　检验结果与实证分析

基于上节分析，本节对时间序列 $\mathrm{Ln}TOUR$、$\mathrm{Ln}IMEX$、$\mathrm{Ln}CULT$、$\Delta \mathrm{Ln}TOUR$、$\Delta \mathrm{Ln}IMEX$、$\Delta \mathrm{Ln}CULT$ 进行 ADF 单位根检验，相关结果如表 11-1 所示。

表 11-1　　　　　　　　　　时间序列的单位根检验结果

变量	检验类型	检验值	1%	5%	10%	检验结果
$\mathrm{Ln}TOUR$	$(m, n, 1)$	−3.43	−4.83	−3.86	−3.43	不平稳
$\mathrm{Ln}IMEX$	$(m, 0, 3)$	−0.50	−0.40	−3.19	−2.79	不平稳
$\mathrm{Ln}CULT$	$(m, n, 3)$	−2.26	−4.77	−3.84	−3.42	不平稳
$\Delta \mathrm{Ln}TOUR$	$(m, n, 3)$	−4.56***	−4.50	−3.98	−3.49	平 稳
$\Delta \mathrm{Ln}IMEX$	$(m, n, 2)$	−4.71***	−4.16	−3.84	−2.81	平 稳
$\Delta \mathrm{Ln}CULT$	$(m, n, 2)$	−5.43***	−4.90	−3.93	−3.47	平 稳

注：(m, n, h) 代表检验方程中的常数项、趋势项和滞后阶数；*** 表示在 1% 的水平上显著。

从 ADF 的检验结果上看，时间序列 $\mathrm{Ln}TOUR$、$\mathrm{Ln}IMEX$、$\mathrm{Ln}CURT$ 的检验值均处于 1%~10% 区间，显著低于水平临界值。这意味着，上述时间序列都是非平稳序列，存在着单位根。对上述时间变量进行一阶差分处理，使其变成平稳序列。此时，时间序列 $\Delta \mathrm{Ln}TOUR$、$\Delta \mathrm{Ln}IMEX$、$\Delta \mathrm{Ln}CULT$ 的检验统计值低于 5% 时的临界值。这表明，$\Delta \mathrm{Ln}TOUR$、$\Delta \mathrm{Ln}IMEX$、$\Delta \mathrm{Ln}CULT$

等时间序列是平稳序列，可以进行协整检验。

在经过单位根检验之后，Ln$TOUR$、Ln$IMEX$、Ln$CURT$均为一阶单整序列，满足协整检验的前提要求。进一步对上述时间序列的均衡关系进行协整分析，重点考察"一带一路"倡议的文化认同水平对我国与印度尼西亚经济发展的直接效应和间接效应。

其中，设定Ln$TOUR_t$对Ln$CULT_t$的回归为方程式（11-1），Ln$IMEX_t$对Ln$CULT_t$的协整回归为方程式（11-2）：

$$\text{Ln}TOUR=\alpha+\beta\text{Ln}CULT_t+\varepsilon_t \qquad\qquad 式（11-1）$$

$$\text{Ln}IMEX_t=\gamma+\lambda\text{Ln}CULT_t+\zeta_t \qquad\qquad 式（11-2）$$

将数据代入上述回归方程进行OLS估计后，得到如下结果：

$$\text{Ln}TOUR=4.095+0.533\text{Ln}CULT_t+\varepsilon_t$$

$$27.74328.072$$

其中，$R^2=0.981$，$\textit{Adjusted } R^2=0.980$，$F=788.092$，$DW=0.654$

$$\text{Ln}IMEX_t=-2.598+0.235\text{Ln}CULT_t+\zeta_t$$

$$-18.12812.786$$

其中，$R^2=0.915$，$\textit{Adjusted } R^2=0.910$，$F=163.492$，$DW=0.292$

进一步对残差项进行估计，结果如下所示：

$$ECM_t=\text{Ln}TOUR_t-4.095-0.533\text{Ln}CULT_t \qquad\qquad 式（11-3）$$

$$ECM_t=\text{Ln}IMEX_t+2.598-0.235\text{Ln}CULT_t \qquad\qquad 式（11-4）$$

本节利用包含常数项和线性时间趋势项的检验方程式对式（11-3）和式（11-4）的残差项进行ADF平稳性检验。检验方程式为

$$\Delta Y_t=\delta Y_{t-1}+\zeta_1\Delta Y_{t-1}+\cdots+\zeta_{\rho-1}\Delta Y_{t-\rho+1}+\varepsilon_t$$

从表11-2所示的残差项ADF平稳性检验结果看，式（11-1）和式（11-2）的残差项ADF检验值都明显小于5%显著水平时的临界值。因此，相应残差序列为平稳序列，均是$I(0)$单整序列。检验结果显示，Ln$TOUR_t$与Ln$CULT_t$之间以及Ln$IMEX_t$与Ln$CULT_t$之间存在着长期稳定的协整关系。上述变量之间的协整向量分别为（1，-0.533）、（1，-0.235）。

表 11-2　　　　　　　　　残差项 ADF 平稳性检验结果

变量	检验类型	ADF 检验值	显著性水平	临界值	AIC	DW	检验结果
ε_t	（0,0,3）	−2.433**	5%	−1.964	−3.470	1.597	I（0）
ζ_t	（0,0,1）	−2.851***	1%	−2.717	−4.433	1.879	I（0）

注：***表示变量在1%的水平显著；**表示变量在5%的水平显著。

从协整检验结果看，文化认同对我国与印度尼西亚的经济发展有着明显的直接效应和间接效应。在直接效应方面，文化认同可以有效推进我国与印度尼西亚的国际旅游交流，文化认同水平每提高1%，我国与印度尼西亚的国际双边旅游总量将提升0.533%；在间接效应方面，文化认同对我国与印度尼西亚的国际贸易也有着积极的正向影响，可以有效促进我国与共建国家的国际贸易总量，文化认同水平每提高1%，我国与印度尼西亚进出口贸易总量将提升0.235%。

11.3　文化认同与"一带一路"合作的格兰杰因果分析

通过上节协整分析可知，Ln*TOUR*、Ln*IMEX*、Ln*CULT*具有稳定的均衡关系，但这种稳定的均衡关系不能完全反映出各变量之间的因果关系。因此，本节通过格兰杰检验来确认上述变量在长期稳定均衡时是否存在因果关系及其因果关系的方向。一般而言，如果两个变量之间存在因果关系，那么选择某一变量的过去值和另一个变量的过去值对该变量进行自回归时，将会明显增强回归的解释水平。因此，本节提出检验零假设 H_0: X 不是引起 Y 变化的原因。对比检验模型如下：

$$Y_t = \sum_{i=1}^{p} \alpha_i Y_{t-i} + \sum_{i=1}^{p} \beta_i X_{t-i} + \mu_i \qquad \text{式（11-5）}$$

$$Y_t = \sum_{i=1}^{p} \alpha_i Y_{t-i} + \mu_i \qquad \text{式（11-6）}$$

其中，式（11-5）是无限制条件回归，式（11-6）是有条件限制回归，

ρ 是滞后期。对上述检验模型,利用如下公式测度检验统计量 F 值:

$$F = (RSS_0 - RSS_1)P^{-1} / RSS_1(t - 2p - 1)^{-1} \qquad 式(11-7)$$

其中, RSS_0 为式(11-5)的回归平方和; RSS_1 为式(11-6)的回归平方和。如果 F 值大于检测结果,则拒绝检验零假设,否则接受检验零假设。随后,继续运用相同检验方法再次检验零假设: Y 不是引起 X 变化的原因。最终完成对比分析。

在利用上述检验方法对 $LnTOUR$ 、 $LnIMEX$ 、 $LnCULT$ 间因果关系进行验证时,设定因果模型中的滞后期数为 $1{\sim}3$,相关数据检验结果如表 $11-3$ 所示。

表 11-3   格兰杰因果关系检验

滞后期	零假设	F 值	P 值	结果	因果关系
1	$LnTOUR \neq> LnCULT$	1.14	0.43	接受	$LnTOUR \neq> LnCULT$
	$LnCULT \neq> LnTOUR$	23.79	0.01	拒绝	$LnCULT => LnTOUR$
2	$LnTOUR \neq> LnCULT$	0.74	0.65	接受	$LnTOUR \neq> LnCULT$
	$LnCULT \neq> LnTOUR$	8.43	0.01	拒绝	$LnCULT => LnTOUR$
3	$LnTOUR \neq> LnCULT$	0.92	0.49	接受	$LnTOUR \neq> LnCULT$
	$LnCULT \neq> LnTOUR$	4.33	0.64	拒绝	$LnCULT => LnTOUR$
1	$LnIMEX \neq> LnCULT$	0.54	0.63	接受	$LnIMEX \neq> LnCULT$
	$LnCULT \neq> LnIMEX$	35.18	0.01	拒绝	$LnCULT => LnIMEX$
2	$LnIMEX \neq> LnCULT$	0.77	0.64	接受	$LnIMEX \neq> LnCULT$
	$LnCULT \neq> LnIMEX$	7.88	0.01	拒绝	$LnCULT => LnIMEX$
3	$LnIMEX \neq> LnCULT$	0.81	0.68	接受	$LnIMEX \neq> LnCULT$
	$LnCULT \neq> LnIMEX$	2.41	0.27	接受	$LnCULT => LnIMEX$

注:符号 $\neq>$ 表示非格兰杰因果关系, $=>$ 表示格兰杰因果关系。

表11-3检验结果显示，在1~3滞后期检验中，文化认同是国际旅游的格兰杰原因；然而国际旅游增加并非文化认同的格兰杰原因，这表明，文化认同是国际旅游的单向因果关系；在1~2滞后期检验中，文化认同是我国与印度尼西亚双边国际贸易的格兰杰原因，然而在3个滞后期检测中，文化认同却并不再是国际贸易变量的格兰杰原因；在1~3滞后期检验中，我国与印度尼西亚两国双边国际贸易均不是文化认同的格兰杰原因。整体而言，格兰杰检验结果进一步证实了，"一带一路"倡议的文化认同对我国与印度尼西亚两国之间的经济发展有着重要的直接影响和间接影响，是推进我国与印度尼西亚双边经济发展的重要决定变量。

11.4 文化认同与"一带一路"合作的向量自回归分析

通过协整分析可知，"一带一路"倡议的文化认同（Ln*CULT*）与国际旅游（Ln*TOUR*）和国际贸易（Ln*IMEX*）具有稳定的长期均衡关系，并且在格兰杰检验中文化认同表现为国际旅游和国际贸易的格兰杰原因。然而，Ln*CULT*对Ln*TOUR*、Ln*IMEX*是否具有即期影响？如果不是，其影响路径怎样体现？这是本节要解决的核心问题。为更好揭示ΔLn*TOUR*和ΔLn*IMEX*对ΔLn*CULT*扰动的动态因应反馈并进行系统性预测，本节基于向量自回归（VAR）模型用所有当期变量对其他变量的滞后变量进行回归。而在向量自回归VAR检验模型中，其各变量都被视为内生变量，避免了刻意为变量之间的内在关联关系进行明确和严格的定义，从而更有利于分析文化认同与经济发展间的直接效应和间接效应研究。本节采用VAR模型如下：

$$Y_t = A_1 y_{t-1} + A_2 y_{t-2} + \cdots + A_\rho y_{t-\rho} + B_1 x_1 + \cdots + B_r x_{t-r} + \varepsilon_t \qquad 式（11-8）$$

在式（11-8）中，y_t为内生变量向量，x_t为外生变量向量；ρ和r为相应变量的滞后期。此外，在自回归检测结果上，本节将继续采用脉冲响应函数和方差分解对 VAR 模型进行分析。其中，脉冲响应函数是考察随机扰动项的一个标准差对内生变量当期和未来的值域的影响。在本节的脉冲响应模型中，我们将分别对每一个变量进行脉冲分析，考虑其自身滞后值及其他变量的一个标准差扰动所带来的影响。一般而言，检测方程的数量与 VAR 模型的变量相同，以两个变量为例，检测方程如下所示：

$$Y_t = \sum_{i=1}^{p} a_{1i} Y_{t-i} + \sum_{j=1}^{r} \beta_{1j} X_{t-j} + \varepsilon_{1,t} \qquad \text{式（11-9）}$$

$$X_t = \sum_{i=1}^{p} a_{2i} Y_{t-i} + \sum_{j=1}^{r} \beta_{2j} X_{t-j} + \varepsilon_{2,t} \qquad \text{式（11-10）}$$

在式（11-9）和式（11-10）中，随机扰动项 $\varepsilon_{1,t}$ 和 $\varepsilon_{2,t}$ 的变化将分别使变量 X 和 Y 的当期值和未来值发生变化。脉冲响应图可以详细反映一个内生变量的冲击效果，并描述其变化轨迹。本节向量自回归变量包括 $\Delta \mathrm{Ln}TOUR$ 和 $\Delta \mathrm{Ln}IMEX$ 分别对 $\Delta \mathrm{Ln}CULT$，因此构建如下 VAR 模型：

$$Y_t = a + \sum_{j=1}^{P} \beta_i Y_{i-t} + U_t \qquad \text{式（11-11）}$$

其中，

$$Y_t = \begin{bmatrix} \Delta \mathrm{Ln}TOUR \\ \Delta \mathrm{Ln}IMEX \\ \Delta \mathrm{Ln}CULT \end{bmatrix}, \quad \alpha = \begin{bmatrix} \alpha_1 \\ \alpha_2 \\ \alpha_3 \end{bmatrix}, \quad \beta = \begin{bmatrix} \beta_{11,i} & \beta_{12,i} & \beta_{13,i} \\ \beta_{21,i} & \beta_{22,i} & \beta_{23,i} \\ \beta_{31,i} & \beta_{32,i} & \beta_{33,i} \end{bmatrix}, \quad U = \begin{bmatrix} U_{1t} \\ U_{2t} \\ U_{3t} \end{bmatrix}$$

在 VAR 模型测算时选择滞后阶数越大，其动态反映变量影响的特征就越清晰，但是滞后期数越大，模型估计参数越呈指数级增长。因此，本节模型测算中选择滞后阶数为 2 阶。将 2014—2019 年文化认同测度值及相应年份我国与印度尼西亚经济发展的直接效应和间接效应代入上述模型检测，$\Delta \mathrm{Ln}TOUR$ 对 $\Delta \mathrm{Ln}CULT$ 的直接效应脉冲响应如图 11-1 所示，$\Delta \mathrm{Ln}IMEX$ 对 $\Delta \mathrm{Ln}CULT$ 的间接效应脉冲响应如图 11-2 所示。

图 11-1 显示的是文化认同的直接效应脉冲响应，实线反映的是 $\Delta \mathrm{Ln}TOUR$ 对 $\Delta \mathrm{Ln}CULT$ 的一个标准差扰动冲击的响应，虚线代表响应

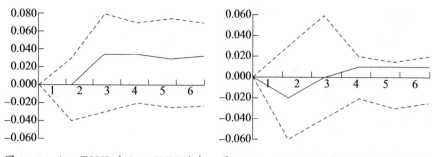

图 11-1 $\Delta \mathrm{Ln}TOUR$ 对 $\Delta \mathrm{Ln}CULT$ 的直 接效应脉冲响应

图 11-2 $\Delta \mathrm{Ln}IMEX$ 对 $\Delta \mathrm{Ln}CULT$ 的间接 效应脉冲响应

变化。当第一个标准差扰动冲击发生时，$\Delta \mathrm{Ln}TOUR$ 并没有明显的响应，第 2 滞后期开始变化，在第 3 滞后期和第 4 滞后期表现出较高的响应。$\Delta \mathrm{Ln}TOUR$ 对 $\Delta \mathrm{Ln}CULT$ 的一个标准差扰动冲击的响应在第 5 滞后期开始收敛，在第 6 滞后期趋于平稳状态。脉冲响应函数说明，文化认同对我国与印度尼西亚的直接影响效应（国际旅游）具有正向冲击，但是其影响效应生成存在一个滞后期，在滞后 2 期后表现为较高的影响效果。从长达 6 期响应的效果上看，文化认同对我国与印度尼西亚的直接影响效应是长期的并且表现出平稳状态。

图 11-2 显示的是文化认同的间接效应脉冲响应，实线反映的是 $\Delta \mathrm{Ln}IMEX$ 对 $\Delta \mathrm{Ln}CULT$ 的一个标准差扰动变量冲击的响应。当 $\Delta \mathrm{Ln}CULT$ 第一个标准差扰动冲击发生时，$\Delta \mathrm{Ln}IMEX$ 出现了负向反应，但是这个负向响应的周期较短，在第 3 滞后期出现中和。$\Delta \mathrm{Ln}IMEX$ 对 $\Delta \mathrm{Ln}CULT$ 的扰动冲击的响应在第 4 滞后期中达到正向峰值，随后在第 5 滞后期收敛并趋于平稳。脉冲响应函数说明，虽然在当期中文化认同的间接影响效应是负向冲击，但从长期来看，文化认同对我国与印度尼西亚的间接影响效应（国际贸易）具有正向冲击，其影响作用是平稳的。相对比文化认同的直接效应和间接效应脉冲响应，文化认同直接效应的脉冲响应更为迅速，也更为积极，而文化认同间接效应的脉冲响应则相对迟滞，并且在一定程度上要低于直接效应的脉冲响应。

脉冲响应函数可以有效反映目标变量被内生变量冲击后，在纵向时间维度上的响应过程，但是内生变量冲击究竟对目标变量带来多大影响，脉冲响应函数尚不能做出准确揭示。因此，在详细分析脉冲响应函数的动态影响过程后，本节将利用方差分解方法对系统中各变量变化所形成的贡献度进行分析。其方法是，将模型中各个内生变量的波动按其成因分解为与各个方程扰动变量相关联的组成部分，从而揭示各扰动变量对内生变量的贡献在总贡献中的比重。在本节的具体测算中，将用不同时期某个特定扰动所引起的方差占总方差的比重，来测算该冲击对被解释变量的作用程度。$\Delta \text{Ln}TOUR$ 和 $\Delta \text{Ln}IMEX$ 的方差分解结果如表11-4所示。

表11-4 　　　　　　　$\Delta \text{Ln}TOUR$ 和 $\Delta \text{Ln}IMEX$ 方差分解结果

时期	$\Delta \text{Ln}TOUR$ 方差分解			$\Delta \text{Ln}IMEX$ 方差分解		
	S.E.	$\Delta \text{Ln}TOUR$	$\Delta \text{Ln}CULT$	S.E.	$\Delta \text{Ln}IMEX$	$\Delta \text{Ln}CULT$
1	0.0073	100.0000	0.00000	0.0074	100.00000	0.00000
2	0.0212	99.94093	0.05907	0.0077	100.00000	0.00000
3	0.0239	84.70921	15.29079	0.0081	98.32584	1.67416
4	0.0254	85.25214	14.74786	0.0083	94.45984	5.54016
5	0.0267	83.24571	16.75429	0.0087	94.38245	5.61755
6	0.0269	83.14251	16.85749	0.0088	94.37581	5.62419

注：S.E. 是 $\Delta \text{Ln}TOUR$ 和 $\Delta \text{Ln}IMEX$ 各期预测标准误差。

从表11-4的方差分解系数可以看出，从第2期开始，$\Delta \text{Ln}CULT$ 对 $\Delta \text{Ln}TOUR$ 的变化形成了影响作用，其贡献度为5.9%，在第3期中贡献度达到15.29%，第4期中贡献度微调至14.75%，在第5期开始相对稳定。这意味着文化认同对我国与印度尼西亚的国际旅游有着重要影响，这种影响存在着较短的时滞性。从长期来看，文化认同对我国与印度尼西亚的国际旅游增长贡献保持在16%左右。从表11-4的方差分解系数上也可以看出，

$\Delta \text{Ln}CULT$对$\Delta \text{Ln}IMEX$的作用有着一定的迟滞性，其作用从第3期开始，贡献度为1.67%，在第4期达到5.54%，在第5期和第6期相对稳定。这意味着文化认同对我国与印度尼西亚两国间的国际贸易也有着一定程度的影响作用。长期来看，文化认同对两国国际贸易增长的贡献是稳定、均衡的，其贡献率保持在5.6%左右。需要指出的是，与$\Delta \text{Ln}CULT$对$\Delta \text{Ln}TOUR$的贡献相比，$\Delta \text{Ln}CULT$对$\Delta \text{Ln}IMEX$的作用存在着更长的滞后期，并且贡献程度也较小。从整体上看，各时期中$\Delta \text{Ln}CULT$对$\Delta \text{Ln}IMEX$的贡献度均低于$\Delta \text{Ln}CULT$对$\Delta \text{Ln}TOUR$的贡献度。

需要指出的是，虽然限于篇幅原因，本节虽然重点选择印度尼西亚作为"一带一路"代表性共建国家，分析了其"一带一路"文化认同水平对两国经济发展的直接影响效应和间接影响效应。但是对各文化类型的部分代表性共建国家对"一带一路"倡议文化认同的经济影响效应也进行了分析和检验，部分代表性共建国家对"一带一路"倡议文化认同的经济影响效应方差分解如表11-5所示。

表11-5 部分代表性共建国家对"一带一路"倡议文化认同的经济影响效应方差分解

国　家	$\Delta \text{Ln}TOUR$方差分解				$\Delta \text{Ln}IMEX$方差分解			
	时期	S.E.	$\Delta \text{Ln}TOUR$	$\Delta \text{Ln}CULT$	时期	S.E.	$\Delta \text{Ln}IMEX$	$\Delta \text{Ln}CULT$
泰国*	3	0.0257	89.56434	10.43566	4	0.0085	94.25484	5.74516
老挝*	2	0.0262	90.27511	9.72489	3	0.0086	94.02468	9.97532
缅甸*	3	0.0269	89.98151	10.01849	3	0.0088	96.25469	4.74531
蒙古国**	2	0.0254	86.70921	13.29079	4	0.0083	94.45984	5.54016
越南**	3	0.0267	87.25214	12.74786	3	0.0087	94.38245	5.61755
新加坡**	3	0.0269	90.24571	9.75429	4	0.0088	94.37581	5.62419
菲律宾**	2	0.0277	89.14251	11.85749	3	0.0082	91.25481	8.74519

续表

国家	ΔLnTOUR方差分解				ΔLnIMEX方差分解			
	时期	S.E.	ΔLnTOUR	ΔLnCULT	时期	S.E.	ΔLnIMEX	ΔLnCULT
阿尔巴尼亚***	3	0.0224	90.62971	9.37029	4	0.0083	92.35681	7.64319
俄罗斯***	3	0.0246	90.66435	9.33565	4	0.0083	95.25363	4.74637
白俄罗斯***	2	0.0251	90.35471	9.64529	3	0.0085	92.02145	7.97855
乌克兰***	3	0.0256	91.68157	9.31843	3	0.0086	94.25478	5.74522
巴基斯坦****	2	0.0246	87.84934	12.15066	4	0.0088	95.46521	4.53479
以色列****	3	0.0268	89.36874	10.63126	3	0.0086	92.32545	7.67455
沙特阿拉伯****	3	0.0266	91.24879	9.75121	4	0.0084	95.37241	4.62759
伊朗****	2	0.0259	90.14367	9.85633	3	0.0085	90.25521	9.74479

注：表内时期是ΔLnCULT取峰值时期；*南亚文化国家，**东亚文化国家，***东欧文化国家，****中东文化国家。

从代表性共建国家对"一带一路"倡议文化认同的经济影响效应检测结果看，在多数国家中ΔLnTOUR、ΔLnIMEX、ΔLnCULT具有稳定的长期均衡关系。这表明，"一带一路"倡议文化认同对我国与共建国家在国际旅游和双边贸易领域有着重要影响。文化认同可以有效推进我国与共建国家间的国际旅游交流，对我国与共建国家间的国际贸易有着积极的正向影响，能够促进我国与共建国家的国际贸易总量。从部分代表性共建国家对"一带一路"倡议文化认同的经济影响效应方差分解上看，文化认同对我国与共建国家的国际旅游影响，存在着较短的时滞性。从16个代表性共建国家的方差分解上看，ΔLnCULT对ΔLnTOUR的贡献度平均在2.6个时滞期取得最大值为10.39059，即文化认同对我国与上述共建国家国际旅游增长的贡献度平均为10.39%；而ΔLnCULT对ΔLnIMEX的贡献度平均在3.5个时滞期取得最大值为6.21442，即文化认同对我国与上述共建国家进出口国际贸易增长的贡献度平均为6.21%。

11.5　模型结论

（1）本节的协整分析检验结果显示，在长周期中 $\Delta \mathrm{Ln}TOUR$、$\Delta \mathrm{Ln}IMEX$、$\Delta \mathrm{Ln}CULT$ 具有稳定的均衡关系。这表明，"一带一路"倡议文化认同对我国与印度尼西亚的国际旅游和双边贸易存在着稳定的均衡关系。从协整检验结果看，文化认同对我国与印度尼西亚之间的经济发展有着明显的直接效应和间接效应。在直接效应方面，文化认同可以有效推进我国与印度尼西亚的国际旅游交流，文化认同水平每提高1%，我国与印度尼西亚的国际双边旅游总量将提升0.533个百分点；在间接效应方面，文化认同对我国与印度尼西亚的国际贸易也有着积极的正向影响，文化认同水平每提高1%，我国与印度尼西亚的进出口贸易总量将提升0.235%。

（2）本节通过格兰杰检验进一步确认了 $\Delta \mathrm{Ln}TOUR$、$\Delta \mathrm{Ln}IMEX$、$\Delta \mathrm{Ln}CULT$ 在长期稳定均衡时的因果关系及其影响方向。从格兰杰检验结果来看，在1~3滞后期检验中，文化认同是我国与印度尼西亚国际旅游的格兰杰原因；而国际旅游增加不是文化认同的格兰杰原因，这表明，文化认同是国际旅游的单向因果关系。在1~2滞后期检验中，文化认同是我国与印度尼西亚双边国际贸易的格兰杰原因，而在1~3滞后期检验中我国与印度尼西亚两国双边国际贸易均不是文化认同的格兰杰原因。因此，格兰杰检验结果表明，"一带一路"倡议的文化认同对我国与印度尼西亚两国之间的经济发展有着重要的直接影响和间接影响，是推进我国与印度尼西亚双边经济发展的重要决定变量。

（3）本节以脉冲响应函数考察随机扰动项的一个标准差对内生变量当期和未来的值域的影响。脉冲响应函数结果显示，文化认同对我国与印度尼西亚的直接影响效应（国际旅游）具有正向冲击，但是其影响效应存在一个滞后期，在滞后2期后表现为较高的影响效果。从长期响应效果看，文化认同对我国与印度尼西亚的直接影响效应是长期的并且表现出平稳状态；在间接效应的影响方面，当期中文化认同的间接影响效应是负向冲击，从长期来看，文化认同对我国与印度尼西亚的间接影响效应（国际贸易）具有正向冲击，其影响作用也是平稳的。文化认同直接效应的脉冲响应更为迅速，也更为积极，而文化认同间接效应的脉冲响应则相对迟滞，并且低于其直接效应的脉冲响应。

（4）在详细分析脉冲响应函数的动态影响过程后，本节利用方差分解方法对系统中各变量变化所形成的贡献度进行分析。从方差分解系数可以看出，文化认同对我国与印度尼西亚的国际旅游存在重要影响，这种影响存在较短的时滞性，从长期来看，文化认同对我国与印度尼西亚的国际旅游增长贡献保持在16%左右；文化认同对我国与印度尼西亚国际贸易的影响作用迟滞了2个周期，从长期来看，文化认同对两国国际贸易增长的贡献是稳定、均衡的，贡献率保持在5.6%左右。

（5）本节选择了印度尼西亚之外的16个国家进行了"一带一路"倡议文化认同的经济影响效应检测。从检测结果看，多数国家中 $\Delta \mathrm{Ln}TOUR$、$\Delta \mathrm{Ln}IMEX$、$\Delta \mathrm{Ln}CULT$ 具有稳定的长期均衡关系。这表明，"一带一路"倡议文化认同对我国与印度尼西亚之外的其他共建国家在国际旅游和双边贸易领域也存在重要影响。文化认同可以有效推进我国与共建国家的国际旅游交流，并对我国与共建国家的国际贸易存在积极的正向影响，能够促进我国与共建国家的国际贸易总量增长。从方差分解上看，16个代表性"一带一路"共建国家 $\Delta \mathrm{Ln}CULT$ 对 $\Delta \mathrm{Ln}TOUR$ 的贡献度平均在2.6个时滞期取得最大值，文化认同对国际旅游增长的贡献度平均为10.39%；而 $\Delta \mathrm{Ln}CULT$ 对 $\Delta \mathrm{Ln}IMEX$ 的贡献度平均在3.5个时滞期取得最大值，文化认同对我国与上述共建国家进出口国际贸易增长的贡献度平均为6.21%。

第十二章 促进共建国家对"一带一路"倡议文化认同的路径与保障体系

"一带一路"建设涉及东亚文化、南亚文化、中东文化以及东欧文化四种文化类型的国家,跨越 150 多个国家。这些国家不仅在政治、经济和文化特征方面存在明显差异,其参与"一带一路"建设的程度和范围及对"一带一路"倡议的文化认同程度也存在明显差异。因此,如何使共建国家超越文明隔阂、文明冲突和文明优越,进而更加准确地认同"一带一路"倡议的多元、自主、平衡与可持续发展本质,取决于积极探索利于"一带一路"倡议文化认同的合理路径并构建科学、有效、符合"一带一路"建设需求的文化认同保障体系。因此,本章从宏观的视角提出了促进共建国家对"一带一路"倡议文化认同的路径并对保障体系做出了制度性设计和安排。

12.1 提升共建国家对"一带一路"倡议文化认同的路径

12.1.1 尊重各民族优秀文化,推动民族文化聚合力

文化认同是将外部多样性的文化转变为其内在价值体系的一种过程,在多元文化相互融合、相互交流的过程中必然会产生文化的对立和冲突。因此树立各民族文化自信,弘扬各民族优秀传统文化是"一带一路"共建

国家实现文化认同的重要基础。

首先，要对各民族优秀传统文化充分自信。优秀文化不仅是人们精神的归宿，更是人们行为规范的标准，其凝结的文明成果影响着特定国家行为主体的思维方式和思维习惯，也是特定民族独特性的重要体现。以中华优秀的传统文化为例，儒家思想贯穿中国历代文化，并派生出璀璨的文化内核。中华民族自古以来秉持"仁者爱人"思想，并将关心、仁心、慈悲善行、求同存异的思想不断延续拓展，形成了中华民族独特的和平交往理念。在多元文化的融合和交流过程中，中华文化共融共通的核心价值理念，无论是对于中华民族，还是对于世界各国人民来说，都是人类文明的瑰宝。同样，"一带一路"建设涉及的南亚文化、中东文化与东欧文化都有其璀璨的文化内核和宝贵的精神理念，在"一带一路"建设过程中，这些优秀的传统文化都应该得到平等、独立和公平的尊重和维护。其次，弘扬民族的优秀传统文化，要正确处理创新与守正的关系。坚持全面、科学、客观地识别传统文化的精髓，继承和发扬其蕴含的文化哲理，结合新时代发展环境，克服经济不同发展阶段及不同社会制度的局限性，是传统文化与现实世界多元文化不断融合创新的必然要求。也只有这样，文化交流和融合才能更好地服务社会经济发展。最后，正确处理外来文化与民族传统文化的关系。"一带一路"涉及东亚文化、南亚文化、中东文化以及东欧文化四种文化类型，跨越150多个国家。这些国家的民族文化具有显著差异，因此正确处理外来文化与民族传统文化的关系，不仅是"一带一路"建设面临的重要挑战，也是经济全球化对人类集体智慧和决策的重大考验。"独学而无友，则孤陋而寡闻。"在国际交往日益频繁的今天，面对外来文化的不断涌入，我们既不能盲目崇拜也不能全盘摒弃，应在坚守本国优秀文化自信的前提下，借助"一带一路"倡议的推进，广泛借鉴吸收各国优秀文化和优秀思想，为本国传统文化的创新发展注入新的活力。

12.1.2　强化文化认同根基，提升国际文化认同向心力

实现共建国家多元、自主、平衡的可持续发展，是"一带一路"倡议文化认同的根基。这就要求"一带一路"共建国家充分了解和认知彼此的文化差异，并顺应经济全球化历史趋势，将本国优秀传统文化与世界多元文化相融合，将多元文化融合的强大内生动力融入"一带一路"建设，最终促进共建国家实现共同发展、共同繁荣。从这个角度上说，全球经济治理体系改革、构建新型国际经济关系、推进世界经济可持续增长，正是在"一带一路"共建国家超越文明隔阂、超越文明冲突进而形成文化认同向心力的真正体现。因此，在"一带一路"倡议推进过程中，既要认识到经济建设对文化发展的先导性作用，又要明确经济与文化的协同性是"一带一路"可持续发展的重要向心力。既不能片面强调共建国家经济发展的单一目标，也不能过于强调共建国家对"一带一路"倡议文化认同的单一激励。尤其是，"一带一路"倡议是我国21世纪首次提出的重大国际经济合作倡议，也是构建新型国际经济关系、改革全球经济治理秩序的全新尝试，其合作规范和运行机制也仍然处于探索阶段，因此"一带一路"建设需要共建国家的共同努力。同时尽管究其本质，"一带一路"倡议的文化认同属于市场机制问题，但是由于"一带一路"是跨越文化类别最大、涉及不同民族最多的国际经济、政治和文化合作倡议，因此目前共建国家"一带一路"的国际文化认同及其对经济的协同作用发挥，仍然缺乏足够的、内在的市场推动机制。这就要求共建国家要充分重视文化认同所蕴藏的巨大能量，积极发挥共建国家文化认同建设主体的作用，通过增加政府的投入及宏观引领，积极完善和创新国际文化交流与合作的方式和途径，最终形成政府主导、组织机构支持、民众参与的文化、经济协同发展机制，提升文化认同的影响力和向心力。

12.1.3 创新文化传播渠道，增进文化认同辐射功能

"一带一路"建设以来，共建国家注重彼此之间的文化交流与合作，尤其是在传统媒体渠道方面进行了积极宣传与交流，形成了丰富和多样的文化交流形式。各种民间团体和地区机构的广泛合作，如艺术展演、文化交流周、文化交流研讨会等形式的文化交流，加速和扩大了各国优秀文化在"一带一路"共建国家中的传播和影响。然而，随着经济全球化的深度发展以及互联网、大数据及人工智能的迅速发展，文化传播的形式与方法也在不断地发展和改进，不断创新文化传播方式，不断拓展文化交流渠道，是提升共建国家"一带一路"倡议文化认同的内在、迫切需求。因此，如何充分利用现代网络技术以及新兴媒介，从而搭建更加立体、更加多层次的文化交流与传播平台，这是"一带一路"顺利实施并取得预期绩效的重要决定变量。应该说，在创新文化传播方式、拓展文化交流的渠道方面，我国和部分"一带一路"共建国家已经做出了有益尝试，如我国与东盟国家正在建立与完善"网络孔子学院""线上博物馆"。"网络孔子学院"是与传统孔子学院相结合的学习平台。在"网络孔子学院"平台上，"一带一路"共建国家的汉文化爱好者可以自主获取中华文化资源并能够形成较好的互动氛围，同时大幅度降低了认知和学习中华文化的成本。而相对于传统的线下博物馆，"线上博物馆"更能跨越时空限制，从而更好地实现异域文化间的沟通与交流。相对于传统的博物馆，"线上博物馆"具有更强大的文化辐射功能。

总之，如何不断创新文化传播方式、拓宽文化交流渠道，真正形成求同存异、包容互鉴的文化交流和沟通机制，仍是未来"一带一路"研究所不可规避的重要命题。

12.1.4 强化国际教育合作，促进多元文化融合发展

教育是传承文化的重要形式，也是文化沟通和交流的主要平台和载体。

由于"一带一路"是共建国家在政治、经济与社会领域共同发展、共同繁荣的重大倡议，其顺利实施和建设必然需要大量既有深厚专业知识技能，又充分了解和认知"一带一路"共建国家不同民族文化与地域特征的跨国型人才。这些人才在"一带一路"建设中不仅是经济建设的重要动力，同时必然也是不同国家间文化交流的纽带和桥梁。加强共建国家间的国际教育合作，打造专业人才跨国学习与文化交流的高层次平台，这在很大程度上会决定"一带一路"建设的成效，也是推进"一带一路"建设的重要前提和保障。正如前文所述，"一带一路"共建国家政治体制、经济发展水平、意识形态和文化习俗都存在较大差异，因此加快国际教育交流与合作尤其需要共建国家政府的投入和引导。首先，"一带一路"共建国家应积极、主动推进其教育体制、教育系统的国际化进程，将世界多元的优秀文化纳入其教育体系的改革和创新。通过消除对外来文化的歧视和偏见，培养共建国家民众对多元文化的主动审视、理解、接受和自主构建的能力，尊重、包容多元文化的合理性，逐渐实现多元文化融合发展。其次，"一带一路"建设对共建国家经济的提升，也必然形成国际型专业人才的巨大市场需求。因此，共建国家应该主动对接"一带一路"建设所带来的国际教育变革机遇，为本国学生创造更多的访问交流、留学进修等培养机会，从而为"一带一路"建设提供多元国际文化背景的人力资源。需要指出的是，作为"一带一路"倡议的发起者，我国应更加重视文化先行理念，在"一带一路"共建国家间的国际教育合作方面做出更多基础性工作。尤其是对共建"一带一路"的发展中国家，应加大国际教育投资和科技研发投入，支持这些国家建立和完善现代化的国际教育体系，从而利于其更宽领域、更深层次地参与"一带一路"建设。

12.1.5　推进国际产业联动发展，促进多元文化融合发展

共建"一带一路"的国家中既有发达国家，也有发展中国家。相对于发达国家而言，发展中国家具有后发优势，完全可以借鉴发达国家经验从

而避免进入发展误区；而相较于发展中国家，发达国家则具有先发优势，可以对其他发展中国家起到引领作用。共建国家可以通过"一带一路"建设所带来的国际产业合作机遇，重塑国际竞争合作的新格局。这不仅有利于实现共建国家的产业联动发展，同时也有利于共建国家实现产业转型升级。在以国际产业合作为核心的"一带一路"建设过程中，要积极将"一带一路"倡议的"共商、共建、共享"的原则贯彻到国际产业合作中。需要注意的是，我国是"一带一路"倡议的提出者，也是世界上最大的发展中国家。我国在与共建国家产业合作中，尤其要秉承"共商、共建、共享"的原则。要让共建国家的民众了解真实的中国，了解真正的中华文化；要让共建国家正确理解中华民族的伟大复兴并不仅是中国的复兴，也是世界各族人民的复兴。需要指出的是，"一带一路"共建国家间的国际产业合作，其根本动力应该是市场在资源配置中的决定性作用，但是由于部分"一带一路"共建国家仍处于经济发展的初级阶段，市场机制不成熟、不完善。因此，正确和积极发挥共建国家政府在国际产业合作上的科学性、前瞻性引导作用，则能够更好地提高资源的综合利用效益，更加有序地推进国际产业合作。因此，"一带一路"共建国家间的国际产业合作既需要立足市场机制的自发调节，也要做好政府宏观调控的顶层设计和制度安排。

12.2 构建共建国家"一带一路"倡议文化认同的提升保障体系

12.2.1 构建命运共同体理念，促进多元文化融合发展

在百年未有之大变局的时代背景下，政治多极化、风险多元化以及信息革命、产业革命的冲击都对国际经济秩序和人类生存产生了严峻挑战。在这样的背景下，"一带一路"倡议进一步将共建国家紧密地联结在一起，

形成同生共存的命运共同体。"一带一路"既是人类命运共同体理念的实践结晶，也是实现人类命运共同体的重要路径。应该指出的是，人类命运共同体是新型的国际政治、经济和文化关系的总和，是人类首次运用集体智慧、协作能力来正面博弈全球性的共同风险和挑战。然而，命运共同体内部的个体之间却存在显著差异。不同国家、民族之间的个体利益彼此交织，既有矛盾又有融合，又在经济发展阶段、发展特征方面存在不同，尤其是不同国家、民族之间在社会制度、文化习俗等方面存在显著差异。这对命运共同体建设带来巨大的挑战。构建命运共同体必将进一步促进全球多元文化的融合发展，而"一带一路"建设也将成为推动命运共同体建设的积极力量，在相互信任、密切合作中推动命运共同体朝着更加开放、包容、可持续的方向不断发展。

12.2.2 加强共建国家政治互信，为文化交流创造良好的外部环境

"一带一路"共建国家应建立高级别多边会晤机制。虽然自2014年以来，"一带一路"共建国家已经达成了共识，在交流和合作方面取得了积极进展，尤其是部分共建国家之间建立了长期沟通机制，很大程度上深化了国家之间的政治、经济与文化的交往，但是需要指出的是，并不是全部"一带一路"共建国家间都达到了高度的政治互信。部分共建国家对"一带一路"建设的政治干预在一定程度上仍然存在。应该说，政治互信是文化交流的前提，也是"一带一路"共建国家经济合作的基础。强化"一带一路"共建国家间的文化交流与认同，其关键环节和首要任务则是进一步加强"一带一路"共建国家间的政治互信。"一带一路"共建国家政治制度不同，历史文化、意识形态和价值观念也存在显著差异，实现共建国家间的文化交流与认同困难重重。这就要求，共建国家应以年度领导人会晤为战略引领，以高级别文化交流对话为形式，以重大文化合作项目为依托，通过定期会晤在文化领域广泛接触，最终使共建国

家能够真正树立合作共赢理念，并打造多元文化共存、彼此信任的政治互信平台。

12.2.3 注重顶层设计，加强整体规划，有序推进共建国家的文化交流

共建国家间的文化认同与交流不仅是"一带一路"建设的重要内容，也关系到"一带一路"建设的成功与否。要实现共建国家对"一带一路"倡议文化认同，必须在战略实施上做好顶层设计和整体规划，从而能够有序推进"一带一路"共建国家间的文化交流与合作。在"一带一路"共建国家的国际合作层面上，应逐步加强共建国家政府间的高级会晤和顶层交流，建立完善的、常态化的联合工作机制。同时，共建国家应树立共同建设、合作共赢的理念，在彼此认同、相互包容的多元文化共存理念下统筹规划，研究各项文化合作和交流的实施方案，共同推进文化项目的合作。尤其是要在制度安排和政策措施上，支持一些具有重大影响和辐射效应的文化产业和文化项目，通过大型项目带动共建国家间的文化交流与合作。同时，尽快构建成立"一带一路"共建国家文化交流合作组织架构，搭建共建国家文化合作交流的专门平台，从而加强共建国家文化交流，协调共建国家文化产业与合作项目的实施，最终推进共建国家实现更高层次和水平的文化交流。

12.2.4 构建共建国家文化产业合作开放平台，推进文化产业投资自由化

国际文化产业合作不仅是"一带一路"经济合作的重要内容，也是共建国家文化交流与合作的重要载体。推进国际文化产业合作是推进"一带一路"文化认同的重要手段，也是实现"一带一路"共建国家经济和文化协同发展的重要途径。国际文化产业合作既是价值观念、意识形态的"软合作"，也是共建国家产业联动发展的"硬合作"。国际文化交流与合作，究其本质是以国际文化产业合作为其现实的表现形式。然而，"一带一路"

共建国家间的国际文化产业合作仍面临很多问题。尤其是在共建国家内仍在一定程度、一定范围内存在文化产业贸易摩擦、投资限制以及贸易壁垒，这些问题对于进一步加强共建国家国际文化产业合作形成了严重阻碍。一般而言，国际产业合作中存在限制与壁垒，甚至是摩擦和争论，其本质是国际产业合作的两国出于维护其自身政治和经济安全的考虑。然而，相对于其他产业而言，文化产业具有其自身特征。无论是经济总量上，还是产业关联性方面，文化产业与其他产业都具有显著的区别。因此，"一带一路"共建国家完全可以在风险可控范围内将文化产业的国际合作与其他产业合作相区别对待。在政治互信的基础上，率先在国际文化产业合作领域实现统一市场，构建有利于文化产业发展的国际开放平台。例如，在共建国家深化文化产业投资合作，倡导文化产业国际投资自由化、便利化，减少文化投资壁垒；在共建国家营造公正透明的文化投资环境，给予外资在本国文化产业投资中的国民待遇和相同的市场准入机会；加强多边文化投资保护协定磋商，保护文化产业海外投资者的合法权益，最终促进"一带一路"共建国家的文化产业合作与文化产品贸易的畅通。

参考文献

[1] ARROW K J, DEBREU G. Existence of an Equilibrium for a Competitive Economy[J]. Econometrica, 1954, 22(3): 265–290.

[2] CASTELLS M. An Introduction to the Information Age[J]. City, 1997(7): 6–16.

[3] COASE R H. The Institutional Structure of Production[J]. The American economic review, 1992, 82(4): 713–719.

[4] FREUD S, RIVIERE J, STRACHEY J. On the History of the Psycho-analytic Movement[J]. The American Journal of the Medical Sciences,1918(155): 450–451.

[5] HOOVER E M. Book Review: Union Policies in the Leather Industry[J]. Industrial and Labor Relations Review, 1948,1(2): 322–324.

[6] HOOVER E M. Location Theory and the Shoe and Leather Industries(Harvard Economic Studies) [M]. Cambridge: Harvard University Press. 1937.

[7] HYEONHYO A. Speculation in the Financial System as a "Dissipative Structure" [J]. Seoul Journal of Economics, 1998, 11(3): 295–320.

[8] ISARD, W. The General Theory of Location and Space–Economy. The Quarterly Journal of Economics, 1949,63(4): 476–506.

[9] KOOPMANS T C, BECKMANN M. Assignment Problems and the Location

of Economic Activities[J]. Econometrica, 1957,25(1): 53–76.

[10] FUJITA M, KRUGMAN P, VENABLES A J. The Spatial Economy: Cities, Regions and International Trade[M]. Cambridge Massachusetts: MIT Press, 1999.

[11] KRUGMAN P. A Model of Innovation, Technology Transfer, and the World Distribution of Income[J]. Journal of Political Economy, 1979, 87(2): 253–266.

[12] MILLS E S. Studies in the Structure of the Urban Economy [M]. Baltimore: The Johns Hopkins University Press, 1972.

[13] MITCHELL M L, MULHERIN J H. The Impact of Industry Shocks on Takeover and Restructuring Activity[J]. Journal of Financial Economics,1996, 41 (2):193–229.

[14] NORTH D C, THOMAS R P. The First Economic Revolution[J]. The Economic History Review, 1977, 2(30): 229–241.

[15] NORTH D C. Economic Performance Through Time[J]. The American Economic Review, 1994, 84(3): 359–368.

[16] NORTH D C. Location Theory and Regional Economic Growth[J]. Journal of Political Economy, 1955, 63(3): 243–258.

[17] PERRINGS C. Conservation of Mass and Instability in a Dynamic Economy- Environment System[J]. Journal of Environmental Economics and Management, 1986, 13(3):199–211.

[18] PORTER M E.The Competitive Advantage of Nations[J]. Harvard Business Review, 1990(1): 73–91.

[19] SRAFFA P. The Laws of Returns under Competitive Conditions [J]. The Economic Journal, 1926,144 (36): 535–550.

[20] STARRETT D. Market Allocations of Location Choice in a Model with Free Mobility [J]. Journal of Economic Theory, 1978,17(1): 21–37.

[21] 阿玛蒂亚·森. 身份与暴力：命运的幻象[M].北京：中国人民大学

出版社，2013.

[22] 柏拉图. 理想国：权威全译本[M]. 郭斌和，张竹明，译. 北京：商务印书馆，1986.

[23] 庇古. 福利经济学[M]. 金镝，译. 北京：华夏出版社，2007.

[24] 蔡旺春. 文化产业对经济增长的影响——基于产业结构优化的视角[J]. 中国经济问题，2010（5）：49–55.

[25] 陈青文. 语言、媒介与文化认同：汉语的全球传播研究[M]. 上海：上海交通大学出版社，2013.

[26] 陈文玲. 以长效机制推进"一带一路"建设[N]. 光明日报，2015–4–15.

[27] 陈晓，张倩，李莎. 地域文化与区域经济发展的关系探讨——以山东省为例[J]. 经济研究导刊，2009（19）：122–123.

[28] 陈耀. "一带一路"战略的核心内涵与推进思路[J]. 中国发展观察，2015（1）：53–55.

[29] 崔新建. 文化认同及其根源[J]. 北京师范大学学报（社会科学版），2004（4）：102–104，107.

[30] 丹增. 文化生产力及其发展问题[J]. 求是，2007（9）：52–54.

[31] 杜能. 孤立国同农业和国民经济的关系[M]. 吴衡康，译. 北京：商务印书馆，1986.

[32] 福山. 历史的终结及最后之人[M]. 黄胜强，许铭原，译. 北京：中国社会科学出版社，2003.

[33] 龚新蜀，马骏. "丝绸之路"经济带交通基础设施建设对区域贸易的影响[J]. 企业经济，2014（3）：156–159.

[34] 郭楠. "一带一路"战略对区域经济新格局的影响[J]. 改革与战略，2016，32（11）：78–81.

[35] 郭晓川. 文化认同视域下的跨文化交际研究——以美国、欧盟为例

[D].上海：上海外国语大学，2013.

[36] 哈肯.协同学：引论 物理学、化学和生物学中的非平衡相变和自组织[M].徐易申，陈式刚，陈雅深，等译.北京：原子能出版社，1984.

[37] 哈耶克.哈耶克论文集[M].邓正来，译.北京：首都经济贸易大学出版社，2001.

[38] 郝瑞军."一带一路"战略下我国区域经济发展受到的影响与格局重塑[J].现代商业，2016（16）：77-78.

[39] 何洪涛.世界近代史教材的参考文献刍议——以"新贵族"概念为个案[J].历史教学（下半月刊），2014（5）：68-72.

[40] 何茂春，张冀兵，张雅芃，等."一带一路"战略面临的障碍与对策[J].新疆师范大学学报（哲学社会科学版），2015，36（3）：2，36-45.

[41] 何中.践行亲诚惠容理念 打造周边命运共同体：亲之篇[N].人民日报，2014-10-25（8）.

[42] 亨廷顿.文明的冲突与世界秩序的重建[M].周琪，刘绯，张立平，等译.北京：新华出版社，2010.

[43] 侯东，杨妮，李宝怀.文化自信在"一带一路"战略中的作用及彰显途径探析[J].辽宁教育行政学院学报，2015，32（5）：18-21.

[44] 胡键."一带一路"：战略内涵与城市布局[J].社会观察，2015（6）：9-12.

[45] 胡文涛，林煜浩.发挥文化外交作用力促"一带一路"民心相通[J].战略决策研究，2016，7（2）：87-98，102.

[46] 黄红山."一带一路"倡议：驱动力、战略内涵及建设路径辨析[J].贵州社会科学，2015（9）：26-30.

[47] 惠宁，杨世迪.丝绸之路经济带的内涵界定、合作内容及实现路径[J].延安大学学报（社会科学版），2014，36（4）：60-66.

[48]《简明不列颠百科全书》编辑部.简明不列颠百科全书（1-10卷）

7[M].北京：中国大百科全书出版社，1986.

[49] 姜彩良，华光，孙东泉.经济带战略下交通物流一体化发展的策略[J].综合运输，2014（7）：20–23.

[50] 剧锦文."一带一路"战略的意义、机遇与挑战[N].经济日报，2015–04–02.

[51] 卡赞斯坦.国家安全的文化：世界政治中的规范与认同[M].宋伟，刘铁娃，译.北京：北京大学出版社，2009.

[52] 坎蒂隆.商业性质概论[M].余永定，徐寿冠，译.北京：商务印书馆，1986.

[53] 克鲁格曼.克鲁格曼国际贸易新理论[M].黄胜强，译.北京：中国社会科学出版社，2001.

[54] 赖美琴.文化认同与中华民族凝聚力[J].燕山大学学报（哲学社会科学版），2006（3）：43–47.

[55] 勒施.经济空间秩序：经济财货与地理间的关系[M].王守礼，译.北京：商务印书馆，1995.

[56] 雷蒙德·威廉斯，王尔勃.什么是文学？[J].马克思主义美学研究，2000（1）：495–507.

[57] 李彬，刘怡彬.关联并购的税收协同效应：基于异质性战略与内部资本市场视角的实证分析[J].财务研究，2017（6）：27–38.

[58] 李长久.重建丝绸之路经济带[N].经济参考报，2013–10–17.

[59] 李琪.中国与中亚创新合作模式、共建"丝绸之路经济带"的地缘战略意涵和实践[J].陕西师范大学学报（哲学社会科学版），2014，43（4）：5–15.

[60] 李曙霞."21世纪海上丝绸之路"：文化认同助推区域共赢[J].长春大学学报，2015，25（11）：1–5.

[61] 李特尔.福利经济学评述[M].陈彪如，译.北京：商务印书馆，

1965.

[62] 李文，蔡建红.“一带一路”对中国外交新理念的实践意义[J].东南亚研究，2015（3）：4-9.

[63] 李向阳.论海上丝绸之路的多元化合作机制[J].世界经济与政治，2014（11）：4-17，155.

[64] 连雪君.传统的再发明：“新丝绸之路经济带”观念与实践——社会学新制度主义在地区国际合作研究中的探索[J].俄罗斯研究，2014（2）：91-114.

[65] 梁晨.“一带一路”战略背景分析[J].学理论，2015（7）：44-45.

[66] 林跃勤.“一带一路”构想：挑战与应对[J].湖南财政经济学院学报，2015，31（2）：5-17

[67] 刘华芹.积极实施“走出去”战略 助推“一带一路”建设[J].国际商务财会，2015（2）：8-12.

[68] 刘卫东.“一带一路”战略的科学内涵与科学问题[J].地理科学进展，2015，34（5）：538-544.

[69] 刘易斯.经济增长理论[M].周师铭，沈丙杰，沈伯根，译.北京：商务印书馆，1996.

[70] 刘易斯.文化的冲突与共融[M].关世杰，主译.北京：新华出版社，2002.

[71] 柳斌杰.文化产业是中国经济的新增长点[J].中国报业，2006（5）：7-8.

[72] 罗迪.文化认同视角下的大学生社会主义核心价值观教育[J].思想教育研究，2014（2）：106-109.

[73] 罗雪尔.历史方法的国民经济学讲义大纲[M].朱绍文，译.北京：商务印书馆，1981.

[74] 马克思，恩格斯.马克思恩格斯全集.第42卷[M].北京：人民出版

社，1979.

[75] 马歇尔.经济学原理：上卷[M].朱志泰，译.北京：商务印书馆出版，1964.

[76] 毛艳华.“一带一路”对全球经济治理的价值与贡献[J].人民论坛，2015（9）：31-33.

[77] 米勒.文明的共存：对塞缪尔·亨廷顿“文明冲突论”的批判[M].郦红，那滨，译.北京：新华出版社，2002.

[78] 穆勒.政治经济学原理及其在社会哲学上的若干应用：上卷 [M]. 赵荣潜，桑炳彦，朱泱，等译.北京：商务印书馆，1991.

[79] 奈.美国霸权的困惑：为什么美国不能独断专行[M].郑志国，等译.北京：世界知识出版社，2002.

[80] 配第.赋税论[M].邱霞，原磊，译.北京：华夏出版社，2006.

[81] 平野健一郎.国际文化理论[J].国外社会科学，1997（2）：43-49.

[82] 普里戈金.确定性的终结：时间、混沌与新自然法则[M].湛敏，译.上海：上海科技教育出版社，2018.

[83] 乔尔·科特金，张达文.新地理学——数字革命如何改变美国全貌[J].国外社会科学文摘，2002（3）：78-80.

[84] 石泽.“一带一路”与理念和实践创新[J].中国投资，2014（10）：42-45.

[85] 舒马赫.小的是美好的[M].虞鸿钧，郑关林，译.北京：商务印书馆，1984.

[86] 斯密.道德情操论[M].蒋自强，钦北愚，朱钟棣，等译.北京：商务印书馆，1997.

[87] 斯密.国富论[M].谢宗林，李华夏，译.北京：中央编译局出版社，2023.

[88] 隋琳.地域文化建设与地方经济发展[J].中国石油大学学报（社会

科学版），2006（3）：37-40.

[89] 孙壮志."丝绸之路经济带"：打造区域合作新模式[J].新疆师范大学学报（哲学社会科学版），2014，35（3）：36-41.

[90] 泰勒.自我的根源：现代认同的形成[M].韩震，王成兵，乔春霞，等译.上海：译林出版社，2008.

[91] 陶坚."一带一路"对中国及世界经济的影响[J].社会观察，2015（12）：23-25.

[92] 汪晓莺.试论知识经济时代经济的文化化[J].江西社会科学，2003（12）：164-165.

[93] 王成.论"一带一路"战略的深远意义[J].中国市场，2015（39）：16，18.

[94] 王海燕."一带一路"视域下中亚国家经济社会发展形势探究[J].新疆师范大学学报（哲学社会科学版），2015，36（5）：78-86.

[95] 王睿，陈德敏.西部地区向西开放总体战略构想研究[J].中国软科学，2013（4）：69-78.

[96] 王少鹏."一带一路"战略与跨文化交流[J].陕西行政学院学报，2016，30（2）：115-118.

[97] 王晓梅，葛欣."一带一路"战略再认识[J].山东农业工程学院学报，2015，32（5）：63-67.

[98] 王义桅."一带一路"：重塑经济全球化话语权[J].红旗文稿，2016（21）：33-36.

[99] 王永中."一带一路"建设与中国开放型经济的转型发展[J].学海，2016（1）：118-124.

[100] 韦伯.工业区位论[M].李刚剑，陈志人，张英保，译.北京：商务印书馆，1997.

[101] 维克.资本实证论[M].陈端，译.北京：商务印书馆，1964.

[102] 魏鉴，刘建刚."一带一路"战略实施对我国的经济影响分析[J].全国商情（经济理论研究），2016（6）：17-18.

[103] 西尼尔.政治经济学大纲[M].蔡受百，译.北京：商务印书馆，1977.

[104] 夏立平.当前亚欧大陆跨区域合作趋势及其影响[J].俄罗斯中亚东欧研究，2005（6）：60-65.

[105] 向江平，黄世英，许东.从文化视角解析国家"一带一路"战略[N].深圳商报，2016-5-16.

[106] 肖金成."一带一路"：开放、合作、发展、和平之路[J].区域经济评论，2015（3）：70-72.

[107] 熊彼特.从马克思到凯恩斯十大经济学家[M].宁嘉风，译.北京：商务印书馆，2013.

[108] 熊彼特.经济发展理论：对于利润、资本、信贷、利息和经济周期的考察[M].何畏，易家详，等译.北京：商务印书馆，1990.

[109] 徐李全.地域文化与区域经济发展[J].江西财经大学学报，2005（2）：5-10.

[110] 徐小杰."丝绸之路"战略构想的特征研究[J].俄罗斯研究，2014（6）：162-180.

[111] 杨格，贾根良.报酬递增与经济进步[J].经济社会体制比较，1996（2）：52-57.

[112] 杨小凯，张永生.新兴古典经济学与超边际分析[M].修订版.北京：社会科学文献出版社，2003.

[113] 叶皓.经济搭台，文化唱戏——兼论文化与经济的关系[J].南京社会科学，2010（9）：1-5.

[114] 殷晓峰，李诚固，王颖.东北地域文化对区域经济发展的影响研究[J].东北师大学报（哲学社会科学版），2010（6）：41-44.

[115] 于波，赫亚红.东北地域文化创新与区域经济发展[J].吉林省教育

学院学报，2016，32（8）：157-159.

[116] 于刃刚，戴宏伟.生产要素论[M].北京：中国物价出版社，1999.

[117] 于晓东，张瞻，尹衍香.论地域文化与区域经济发展的关系[J].山东经济，2000（2）：36-38.

[118] 曾德明，骆建栋，覃荔荔.基于耗散结构理论的高新技术产业集群开放性研究[J].科技进步与对策，2009，26（11）：48-51.

[119] 张岱年，方克立.中国文化概论[M].2版.北京：北京师范大学出版社，2004.

[120] 张洪华.努力发挥文化在加快转变经济发展方式中的支撑作用[J].江南论坛，2011（3）：49-50.

[121] 张卫良，龚珊.思想政治教育的中华优秀传统文化认同机制探究[J].思想理论教育导刊，2016（5）：128-130.

[122] 张希梅.从"三个世界划分"理论看"一带一路"战略的意义[J].赤峰学院学报（汉文哲学社会科学版），2016，37（10）：45-47.

[123] 张兴成.文化认同的美学与政治：文化帝国主义与文化民族主义关系研究[M].北京：人民出版社，2011.

[124] 赵立庆."一带一路"战略下文化交流的实现路径研究[J].学术论坛，2016，39（5）：144-148.

[125] 郑志来."一带一路"战略实施背景、路径与对策研究[J].湖湘论坛，2016，29（1）：98-102.

[126] 钟星星.现代文化认同问题研究[D].北京：中共中央党校，2014.

[127] 佐斌，温芳芳.当代中国人的文化认同[J].中国科学院院刊，2017，32（2）：175-187.

附　录

附录1

中国与东亚文化国家2010—2019年进出口贸易总额及增速　　　　　（亿美元）

年份	2010	2011	2012	2013	2014	2015	2016	2017	2018	2019
进口总额	504.88	609.52	683.55	686.48	768.21	801.74	842.05	1090.33	1246.43	1259.13
增速（%）	40.79	20.73	12.14	0.43	11.91	4.36	5.03	29.48	14.32	1.02
出口总额	684.82	817.18	943.97	1167.83	1383.92	1463.05	1366.12	1500.71	1697.28	1954.01
增速（%）	22.22	19.33	15.52	23.71	18.50	5.72	-6.63	9.85	13.10	15.13
进出口总额	1189.69	1426.70	1627.52	1854.31	2152.13	2264.79	2208.17	2591.03	2943.69	3213.14
增速（%）	29.47	19.92	14.08	13.94	16.06	5.24	-2.50	17.34	13.61	9.15

数据来源:《中国统计年鉴》。

附录2

中国与东亚文化国家进口额国别列表　　　　　（亿美元）

年份	2010	2011	2012	2013	2014	2015	2016	2017	2018	2019
蒙古国	25.52	37.01	39.48	35.1	51.02	37.95	36.23	51.67	63.44	63.34
越南	69.85	111.18	162.31	168.92	199.06	298.32	371.72	503.75	639.56	641.17
新加坡	247.29	281.4	285.31	300.65	308.29	275.81	260.14	342.50	337.28	352.38
菲律宾	162.22	179.92	196.44	181.82	209.84	189.66	173.96	192.39	206.12	201.99
东帝汶	0.0025	0.0174	0.0069	0.0040	0.0010	0.0073	0.0029	0.0157	0.0301	0.2456
总额	504.88	609.52	683.55	686.48	768.21	801.74	842.05	1090.33	1246.43	1259.13
增速（%）	40.79	20.73	12.14	0.43	11.91	4.36	5.03	29.48	14.32	1.02

数据来源:《中国统计年鉴》。

附录3

中国与东亚文化国家出口额国别列表

（亿美元）

年份	2010	2011	2012	2013	2014	2015	2016	2017	2018	2019
蒙古国	14.50	27.32	26.54	24.50	22.16	15.71	9.89	12.36	16.45	18.27
越南	231.02	290.90	342.08	485.86	637.30	660.17	611.04	716.17	838.77	978.69
新加坡	323.47	355.70	407.42	458.32	489.11	519.42	445.12	450.19	490.37	547.98
菲律宾	115.40	142.55	167.31	198.68	234.74	266.71	298.43	320.66	350.37	407.64
东帝汶	0.43	0.70	0.62	0.47	0.60	1.05	1.64	1.33	1.32	1.43
总额	684.82	817.18	943.97	1167.83	1383.92	1463.05	1366.12	1500.71	1697.28	1954.01
增速（%）	22.22	19.33	15.52	23.71	18.50	5.72	-6.63	9.85	13.10	15.13

数据来源：《中国统计年鉴》。

附录4

中国与南亚文化国家进口贸易额国别列表

（亿美元）

年份	2010	2011	2012	2013	2014	2015	2016	2017	2018	2019
尼泊尔	0.11	0.14	0.30	0.43	0.47	0.32	0.22	0.18	0.22	0.34
不丹	0.0001	0.0008	0.0001	0.0001	0.0010	0.0035	0.0013	0.0018	0.0001	0.0005
斯里兰卡	1.02	1.53	1.62	1.83	2.48	2.59	2.73	3.10	3.22	3.97
泰国	331.96	390.39	385.55	385.23	383.32	371.69	385.32	415.96	446.30	461.62

续表

年份	2010	2011	2012	2013	2014	2015	2016	2017	2018	2019
老挝	6.01	8.25	7.87	10.10	17.78	15.47	13.60	16.05	20.18	21.57
缅甸	9.67	16.80	12.98	28.57	156.01	54.49	40.98	45.26	46.84	63.88
柬埔寨	0.94	1.84	2.15	3.64	4.83	6.67	8.31	10.08	13.77	14.44
总额	349.72	418.95	410.46	429.79	564.89	451.22	451.16	490.63	530.53	565.82

数据来源：《中国统计'年鉴》。

附录5　中国与南亚文化国家出口贸易额国别列表

（亿美元）

年份	2010	2011	2012	2013	2014	2015	2016	2017	2018	2019
尼泊尔	7.31	11.81	19.68	22.11	22.84	8.33	8.66	9.67	10.77	14.82
不丹	0.02	0.17	0.16	0.17	0.11	0.08	0.05	0.06	0.13	0.11
斯里兰卡	19.95	29.89	30.01	34.37	37.93	2.59	42.88	40.88	42.55	40.91
泰国	197.41	256.95	311.96	327.18	342.89	371.69	371.95	385.42	428.79	455.85
老挝	4.84	4.76	9.34	17.23	18.39	15.47	9.87	14.19	14.54	17.62
缅甸	34.76	48.22	56.74	73.39	93.68	54.49	81.89	89.48	105.48	123.11
柬埔寨	13.47	23.15	27.08	34.10	32.75	6.67	39.30	47.83	60.08	79.82
总额	277.75	374.95	454.97	508.54	548.59	580.76	554.60	587.53	662.34	732.24

数据来源：《中国统计'年鉴》。

附录6

中国与中东文化国家进出口贸易总额

（亿美元）

年份	2010	2011	2012	2013	2014	2015	2016	2017	2018	2019
进口总额	2709.93	2845.49	2691.06	2566.68	1785.68	1135.03	1746.88	2167.78	2807.20	2904.35
增速（%）	37.45	5.00	-5.43	-4.62	-30.43	-36.44	53.91	24.09	29.50	3.46
出口总额	1588.94	1976.12	2219.36	2532.20	2849.91	2678.21	2440.93	2592.54	2749.53	2953.63
增速（%）	24.59	24.37	12.31	14.10	12.55	-6.02	-9.86	6.21	6.06	7.42
进出口总额	4298.87	4821.61	4910.42	5098.88	4635.59	3813.24	4187.81	4760.32	5556.73	5857.98
增速（%）	32.40	12.16	1.84	3.84	-9.09	-17.74	9.82	13.67	16.73	5.42

数据来源：《中国统计年鉴》。

附录7

中国与中东文化国家进口贸易额国别列表

（亿美元）

年份	2010	2011	2012	2013	2014	2015	2016	2017	2018	2019
文莱	1.90	0.90	3.73	5.67	6.64	2.82	2.22	3.52	2.48	4.53
马来西亚	556.52	601.53	583.07	621.37	504.47	323.36	492.70	544.26	632.05	719.10
印度尼西亚	244.85	314.24	319.51	313.37	207.97	136.68	214.14	285.74	341.50	341.14
阿富汗	0.17	0.10	0.05	0.04	0.04	0.0000014	0.0453	0.0343	0.24	0.29
巴基斯坦	27.54	31.97	31.38	21.19	17.31	12.60	19.13	18.33	21.72	18.06
孟加拉国	7.61	6.02	4.80	4.49	2.69	1.40	8.69	8.75	9.84	10.37

续表

年份	2010	2011	2012	2013	2014	2015	2016	2017	2018	2019
马尔代夫	0.0038	0.0042	0.0019	0.0014	0.0005	0.0013	0.0024	0.0062	0.0103	0.3372
哈萨克斯坦	97.42	160.51	146.81	153.95	111.28	62.96	48.05	63.79	85.27	92.74
土库曼斯坦	95.16	88.93	86.73	46.93	10.45	0.39	55.63	65.75	81.19	86.86
吉尔吉斯斯坦	0.55	0.62	0.89	0.98	0.72	0.49	0.71	0.87	0.54	0.66
乌兹别克斯坦	15.98	19.38	10.92	8.07	13.02	3.51	16.07	14.71	23.24	21.81
塔吉克斯坦	0.48	0.89	1.09	0.72	0.56	1.85	0.31	0.47	0.77	0.85
土耳其	37.05	44.86	35.11	31.24	31.69	17.61	27.85	37.83	37.57	34.97
伊朗	275.04	253.90	248.68	303.41	182.99	133.00	148.27	185.54	211.02	134.46
叙利亚	0.02	0.05	0.11	0.26	0.40	0.10	0.03	0.01	0.01	0.01
伊拉克	207.61	179.85	126.56	104.44	62.75	33.10	106.63	138.14	224.95	239.27
阿联酋	157.63	128.24	108.52	83.06	44.52	25.95	99.94	123.11	162.38	153.37
沙特阿拉伯	485.08	534.51	548.62	494.68	328.29	235.71	236.26	317.62	458.54	541.96
卡塔尔	83.37	84.63	72.78	46.94	24.56	13.82	40.12	64.00	91.46	87.13
巴林	1.84	3.05	3.48	3.26	2.52	2.11	0.64	1.24	1.50	1.95
科威特	100.05	95.87	104.68	91.75	67.08	35.01	63.70	89.35	153.44	134.47

续表

年份	2010	2011	2012	2013	2014	2015	2016	2017	2018	2019
黎巴嫩	0.25	0.46	0.20	0.26	0.27	0.09	0.18	0.23	0.49	0.26
阿曼	237.96	210.41	169.75	148.76	97.79	54.11	120.41	133.83	188.99	196.50
也门	29.33	30.61	36.04	31.36	27.79	12.38	1.66	6.60	7.20	8.67
约旦	2.63	1.70	2.97	2.57	1.65	1.12	2.11	2.80	2.14	4.34
以色列	31.41	31.81	29.22	30.38	26.07	15.26	31.73	42.06	46.41	51.54
巴勒斯坦	0.0009	0.0019	0.0034	0.0104	0.0036	0.0075	0.0031	0.0012	0.0044	0.0014
阿塞拜疆	0.87	1.94	2.14	2.34	2.97	2.23	4.12	5.77	3.82	8.69
埃及	11.60	18.52	13.21	15.18	9.18	7.37	5.53	13.42	18.43	10.01
总额	2709.93	2845.49	2691.06	2566.68	1785.68	1135.03	1746.88	2167.78	2807.20	2904.35
增速(%)	37.45	5.00	−5.43	−4.62	−30.43	−36.44	53.91	24.09	29.50	3.46

数据来源：《中国统计年鉴》。

附录8

中国与中东文化国家出口贸易额国别列表

（亿美元）

年份	2010	2011	2012	2013	2014	2015	2016	2017	2018	2019
文莱	3.68	7.44	12.52	17.04	17.47	14.07	5.11	6.38	15.92	6.50
马来西亚	238.02	278.86	365.25	459.31	463.53	439.80	376.72	417.12	453.76	521.42

续表

年份	2010	2011	2012	2013	2014	2015	2016	2017	2018	2019
印度尼西亚	219.54	292.17	342.83	369.30	390.60	343.42	321.26	347.57	431.91	456.49
阿富汗	1.75	2.30	4.64	3.28	3.94	3.62	4.31	5.41	6.68	6.00
巴基斯坦	69.38	84.40	92.75	110.20	132.44	146.42	172.34	182.51	169.33	161.67
孟加拉国	67.89	78.11	79.70	97.05	117.82	138.95	143.02	151.69	177.53	173.23
马尔代夫	0.63	0.97	0.76	0.97	1.04	1.73	3.21	2.96	3.96	3.48
哈萨克斯坦	93.20	95.67	110.01	125.45	127.10	84.41	82.93	115.64	113.52	127.29
土库曼斯坦	5.25	7.84	16.99	11.38	9.54	8.15	3.38	3.68	3.17	4.31
吉尔吉斯斯坦	41.28	48.78	50.73	50.75	52.43	42.82	56.05	53.37	55.57	62.81
乌兹别克斯坦	11.81	13.59	17.83	26.13	26.78	22.29	20.08	27.49	39.45	50.32
塔吉克斯坦	13.77	19.97	17.48	18.69	24.68	17.95	17.25	13.01	14.29	15.90
土耳其	119.42	156.14	155.85	177.47	193.05	186.08	166.90	181.22	177.89	173.24
伊朗	110.92	147.62	115.97	140.37	243.38	177.70	164.19	185.85	139.40	95.90
叙利亚	24.43	24.20	11.89	6.90	9.84	10.23	9.15	11.03	12.73	13.14
伊拉克	35.90	38.25	49.12	69.94	77.44	79.09	75.48	83.30	79.03	94.61
阿联酋	212.35	268.13	295.68	334.11	390.35	370.20	300.72	287.24	296.51	334.13

年份	2010	2011	2012	2013	2014	2015	2016	2017	2018	2019
沙特阿拉伯	103.66	148.50	184.52	187.40	205.75	216.13	186.55	183.75	174.28	238.77
卡塔尔	8.55	11.99	12.05	17.11	22.54	22.76	15.16	16.82	24.82	24.10
巴林	8.00	8.80	12.03	12.39	12.32	10.12	7.91	9.03	11.36	14.84
科威特	18.49	21.28	20.89	26.76	34.29	37.73	30.02	31.13	33.13	38.36
黎巴嫩	13.19	14.58	16.91	24.91	26.05	22.86	21.01	20.11	19.70	16.80
阿曼	9.45	9.98	18.12	19.01	20.65	21.16	21.48	23.16	28.65	30.21
也门	22.01	22.01	22.01	22.01	22.01	14.30	16.92	16.43	18.75	28.19
约旦	18.89	25.13	29.59	34.35	33.65	34.24	29.55	28.04	29.69	36.78
以色列	50.37	67.41	69.88	76.45	77.39	86.16	81.81	89.18	92.74	96.15
巴勒斯坦	0.26	0.48	0.41	0.91	0.76	0.69	0.59	0.69	0.73	0.82
阿塞拜疆	6.45	8.69	10.70	8.93	8.46	5.53	3.46	3.87	5.16	6.16
埃及	60.41	72.83	82.24	83.63	104.61	119.59	104.37	94.86	119.87	122.01
总额	1588.94	1976.12	2219.36	2532.20	2849.91	2678.21	2440.93	2592.54	2749.53	2953.63
增速(%)	24.59	24.37	12.31	14.10	12.55	-6.02	-9.86	6.21	6.06	7.42

数据来源:《中国统计年鉴》。

附录9

中国与东欧文化国家进出口贸易总额

（亿美元）

年份	2010	2011	2012	2013	2014	2015	2016	2017	2018	2019
进口总额	379.57	570.64	611.91	582.42	625.69	521.70	504.76	631.43	857.88	913.72
增速（%）	26.37	50.34	7.23	-4.82	7.43	-16.62	-3.25	25.10	35.86	6.51
出口总额	710.34	879.13	920.80	999.27	1047.45	821.61	873.61	994.41	1167.27	1236.00
增速（%）	47.91	23.76	4.74	8.52	4.82	-21.56	6.33	13.83	17.38	5.89
进出口总额	1089.91	1449.77	1532.71	1581.69	1673.14	1343.31	1378.36	1625.85	2025.16	2149.72
增速（%）	39.62	33.02	5.72	3.20	5.78	-19.71	2.61	17.96	24.56	6.15

数据来源：《中国统计年鉴》。

附录10

中国与东欧文化国家进口贸易额国别列表

（亿美元）

年份	2010	2011	2012	2013	2014	2015	2016	2017	2018	2019
亚美尼亚	0.47	0.35	0.34	0.73	1.67	2.09	2.81	3.03	3.02	5.31
格鲁吉亚	0.45	0.38	0.34	0.54	0.53	0.44	0.54	0.68	0.54	0.81
波兰	16.97	20.48	19.97	22.32	29.35	27.42	25.38	33.54	36.45	39.41
捷克	17.28	23.18	24.07	26.15	29.87	27.80	29.52	36.96	43.99	46.28
斯洛伐克	17.91	34.57	36.55	34.58	33.76	22.37	24.10	25.85	52.46	59.69
匈牙利	21.98	24.52	23.23	27.15	32.60	28.76	34.64	40.77	43.42	37.45
斯洛文尼亚	1.77	2.02	2.56	3.03	3.31	2.90	4.37	4.95	5.91	5.16

续表

年份	2010	2011	2012	2013	2014	2015	2016	2017	2018	2019
克罗地亚	0.51	0.80	0.75	1.04	1.01	1.12	1.61	1.83	2.12	1.45
罗马尼亚	7.56	9.46	9.80	12.08	15.21	12.95	14.55	18.24	21.68	23.26
保加利亚	3.23	4.59	8.39	9.57	9.85	7.48	5.90	9.69	11.46	11.64
塞尔维亚	0.55	0.78	1.01	1.80	1.13	1.34	1.63	2.12	2.24	3.61
黑山	0.03	0.12	0.22	0.16	0.54	0.24	0.33	0.66	0.42	0.43
北马其顿	0.92	1.54	1.40	1.08	0.91	1.33	0.47	0.87	0.48	1.47
波黑	0.18	0.30	0.23	0.21	0.37	0.54	0.44	0.57	0.77	0.77
阿尔巴尼亚	1.48	1.55	1.43	2.35	1.89	1.28	1.29	1.96	1.08	1.03
爱沙尼亚	1.82	2.05	1.36	2.00	2.26	2.35	2.12	2.60	2.45	2.99
立陶宛	0.42	0.88	0.90	1.25	1.57	1.39	1.64	2.55	3.30	4.37
拉脱维亚	0.39	0.63	0.69	0.99	1.47	1.45	1.32	1.77	2.13	1.96
俄罗斯	259.21	403.70	441.55	396.68	415.94	332.59	322.60	413.90	591.42	611.92
白俄罗斯	4.76	5.98	6.63	5.81	7.38	10.11	4.35	5.15	5.71	9.15
乌克兰	21.63	32.62	30.31	32.73	34.84	35.56	24.91	23.40	26.45	45.09
摩尔多瓦	0.07	0.13	0.19	0.19	0.25	0.21	0.24	0.34	0.38	0.47
总额	379.57	570.64	611.91	582.42	625.69	521.70	504.76	631.43	857.88	913.72
增速（%）	26.37	50.34	7.23	-4.82	7.43	-16.62	-3.25	25.10	35.86	6.51

数据来源：《中国统计年鉴》。

附录11

中国与东欧文化国家出口贸易额国别列表

(亿美元)

年份	2010	2011	2012	2013	2014	2015	2016	2017	2018	2019
亚美尼亚	1.17	1.36	1.13	1.20	1.23	1.12	1.11	1.44	2.13	2.23
格鲁吉亚	2.75	7.61	7.40	8.62	9.09	7.69	7.45	9.13	10.96	14.02
波兰	94.38	109.40	123.86	125.75	142.57	143.45	151.00	178.73	208.76	238.80
捷克	71.22	76.69	63.23	68.38	79.93	82.26	80.62	87.93	119.10	129.73
斯洛伐克	19.58	25.13	24.23	30.84	28.29	27.94	28.62	27.29	25.36	29.24
匈牙利	65.18	68.06	57.38	56.92	57.64	51.97	54.25	60.49	65.40	64.73
斯洛文尼亚	13.86	16.75	15.67	18.33	19.92	20.92	22.70	28.87	44.24	34.12
克罗地亚	13.44	15.41	13.00	13.90	10.27	9.86	10.17	11.60	13.27	13.97
罗马尼亚	30.04	34.54	27.97	28.23	32.23	31.62	34.49	37.78	45.07	45.73
保加利亚	6.61	10.06	10.55	11.17	11.78	10.43	10.57	11.69	14.40	15.55
塞尔维亚	3.45	3.96	4.13	4.32	4.25	4.15	4.32	5.46	7.28	10.33
黑山	0.71	0.90	1.46	0.86	1.57	1.34	1.08	1.32	1.78	1.14
北马其顿	0.53	0.92	0.89	0.63	0.77	0.87	0.90	0.78	1.06	1.35
波黑	0.38	0.41	0.47	0.91	2.84	0.60	0.64	0.79	1.10	1.15
阿尔巴尼亚	1.99	2.81	3.44	3.25	3.78	4.30	5.07	4.54	5.40	6.01
爱沙尼亚	6.77	11.31	12.34	11.10	11.46	9.53	9.64	10.06	10.32	9.22
立陶宛	9.82	13.35	16.30	16.86	16.58	12.11	12.92	16.00	17.63	16.98

续表

年份	2010	2011	2012	2013	2014	2015	2016	2017	2018	2019
拉脱维亚	7.94	11.93	13.13	13.74	13.17	10.23	10.63	11.48	11.66	10.94
俄罗斯	296.12	389.04	440.56	495.91	536.77	347.57	373.56	428.31	479.65	497.48
白俄罗斯	7.96	7.05	9.20	8.72	11.11	7.49	10.90	9.33	11.42	17.99
乌克兰	55.64	71.47	73.23	78.49	51.06	35.16	42.20	50.41	70.19	74.00
摩尔多瓦	0.81	0.97	1.24	1.13	1.15	1.00	0.77	0.98	1.09	1.29
总额	710.34	879.13	920.80	999.27	1047.45	821.61	873.61	994.41	1167.27	1236.0
增速（%）	47.91	23.76	4.74	8.52	4.82	-21.56	6.33	13.83	17.38	5.89

数据来源：《中国统计年鉴》。

附录12　2013—2019年中国对东亚文化国家直接投资累计额　　　　（亿美元）

年份	2013	2014	2015	2016	2017	2018	2019
蒙古国	33.54	37.62	37.60	38.39	36.23	33.65	34.31
越南	21.67	28.66	33.74	49.84	49.65	56.05	70.74
新加坡	147.51	206.40	319.84	334.46	445.68	500.94	526.37
菲律宾	6.92	7.60	7.11	7.19	8.20	8.30	6.64
总额	209.64	280.28	398.29	429.88	539.76	598.94	638.06

数据来源：《中国对外直接投资统计公报》。

附录13

2010—2019年中国对中东文化国家直接投资累计净额

（亿美元）

年份	2010	2011	2012	2013	2014	2015	2016	2017	2018	2019
文莱	0.46	0.66	0.66	0.72	0.70	0.74	2.04	2.21	2.20	4.27
马来西亚	7.09	7.98	10.26	16.68	17.86	22.31	36.34	49.15	83.87	79.24
印度尼西亚	11.50	16.88	30.98	46.57	67.94	81.25	95.46	105.39	128.11	151.33
阿富汗	1.69	4.65	4.83	4.87	5.18	4.20	4.41	4.04	4.04	4.19
巴基斯坦	18.28	21.63	22.34	23.43	37.37	40.36	47.59	57.16	42.47	47.98
孟加拉国	0.68	0.77	1.17	1.59	1.60	1.88	2.25	3.29	8.70	12.48
马尔代夫	—	—	—	0.017	0.024	0.024	0.36	0.67	0.75	0.82
哈萨克斯坦	15.91	28.58	62.51	69.57	75.41	50.95	54.32	75.61	73.41	72.54
土库曼斯坦	6.58	2.76	2.88	2.53	4.48	1.33	2.49	3.43	3.12	2.27
吉尔吉斯斯坦	3.94	5.25	6.62	8.86	9.84	10.71	12.38	12.99	13.93	15.50
乌兹别克斯坦	0.83	1.56	1.46	1.98	3.92	8.82	10.58	9.46	36.90	32.46
塔吉克斯坦	1.92	2.17	4.76	5.99	7.29	9.09	11.67	16.16	19.45	19.46
土耳其	4.04	4.06	5.03	6.42	8.82	13.29	10.61	13.01	17.34	18.68
伊朗	7.15	13.52	20.70	28.51	34.84	29.49	33.31	36.24	32.34	30.56
叙利亚	0.17	0.15	0.14	0.06	0.15	0.11	0.10	0.10	0.01	0.14

续表

年份	2010	2011	2012	2013	2014	2015	2016	2017	2018	2019
伊拉克	4.83	6.06	7.54	3.17	3.76	3.88	5.58	4.14	5.99	13.78
阿联酋	7.64	11.75	13.37	15.15	23.33	46.03	48.88	53.73	64.36	76.36
沙特阿拉伯	7.61	8.83	12.06	17.47	19.87	24.34	26.07	20.38	25.95	25.28
卡塔尔	0.77	1.30	2.21	2.54	3.54	4.50	10.26	11.05	4.36	4.59
巴林	0.01	0.01	0.07	0.01	0.04	0.04	0.37	0.74	0.72	0.71
科威特	0.51	0.93	0.83	0.89	3.46	5.44	5.78	9.36	10.92	8.35
黎巴嫩	0.02	0.02	0.03	0.04	0.04	0.04	0.03	0.02	0.02	0.02
阿曼	0.21	0.29	0.33	1.75	1.90	2.01	0.87	0.99	1.51	1.16
也门	1.85	1.91	2.21	5.49	5.55	4.53	0.39	6.13	6.23	5.44
约旦	0.13	0.13	0.23	0.23	0.31	0.33	0.39	0.64	1.42	3.12
以色列	0.22	0.24	0.38	0.34	0.87	3.17	42.30	41.49	46.20	37.75
巴勒斯坦	—	—	0.0002	0.0004	0.0004	0.0004	0.0023	0.0004	0.0004	—
阿塞拜疆	0.12	0.30	0.32	0.38	0.55	0.64	0.28	0.28	0.10	0.08
埃及	3.37	4.03	4.59	5.11	6.57	6.63	8.89	8.35	10.79	10.86
总额	107.51	146.43	218.52	270.39	345.20	376.13	474.00	546.21	645.21	679.42

数据来源：《中国对外直接投资统计公报》。

附录14　2010—2019年中国对中东文化国家直接投资总额

（亿美元）

年份	2010	2011	2012	2013	2014	2015	2016	2017	2018	2019
文莱	0.17	0.20	0.01	0.09	-0.03	0.04	1.42	0.71	-0.15	-0.04
马来西亚	1.64	0.95	1.99	6.16	5.21	4.89	18.30	17.22	16.63	11.10
印度尼西亚	2.01	5.92	13.61	15.63	12.72	14.51	14.61	16.82	18.65	22.23
阿富汗	0.02	2.96	0.18	-0.01	0.28	-0.03	0.02	0.05	0.00	0.24
巴基斯坦	3.31	3.33	0.89	1.64	10.14	3.21	6.33	6.78	-1.99	5.62
孟加拉国	0.07	0.10	0.33	0.41	0.25	0.31	0.41	0.99	5.44	3.75
马尔代夫	—	—	—	0.0155	0.0072	—	0.3341	0.3195	-0.0155	0.0694
哈萨克斯坦	0.36	5.82	29.96	8.11	-0.40	-25.10	4.88	20.70	1.18	7.86
土库曼斯坦	4.51	-3.83	0.12	-0.32	1.95	-3.15	-0.24	0.47	-0.38	-0.93
吉尔吉斯斯坦	0.82	1.45	1.61	2.03	1.08	1.52	1.59	1.24	1.00	2.16
乌兹别克斯坦	-0.05	0.88	-0.27	0.44	1.81	1.28	1.79	-0.76	0.99	-4.46
塔吉克斯坦	0.15	0.22	2.34	0.72	1.07	2.19	2.72	0.95	3.88	0.70
土耳其	0.08	0.14	1.09	1.79	1.05	6.28	-0.96	1.91	3.53	0.29
伊朗	5.11	6.16	7.02	7.45	5.93	-5.50	3.90	-3.68	-5.67	-0.59
叙利亚	0.08	-0.02	-0.06	-0.08	0.10	-0.04	-0.01	0.01	0.00	0.13

续表

年份	2010	2011	2012	2013	2014	2015	2016	2017	2018	2019
伊拉克	0.48	1.22	1.48	0.20	0.83	0.12	-0.53	-0.10	0.10	8.87
阿联酋	3.49	3.15	1.05	2.95	7.05	12.69	-3.91	6.61	10.81	12.07
沙特阿拉伯	0.36	1.23	1.54	4.79	1.84	4.05	0.24	-3.45	3.83	6.54
卡塔尔	0.11	0.39	0.84	0.87	0.36	1.41	0.96	-0.27	-3.68	0.29
巴林	—	—	0.05	-0.05	—	—	0.36	0.37	0.02	0.00
科威特	0.23	0.42	-0.12	-0.01	1.62	1.44	0.51	1.75	1.92	-1.01
黎巴嫩	0.0042	—	—	0.0068	0.0009	—	—	—	—	—
阿曼	0.11	0.10	0.03	-0.01	0.15	0.11	0.05	0.13	0.52	-0.03
也门	0.31	-0.09	0.14	3.31	0.06	-1.02	-4.13	0.27	0.10	-0.79
约旦	0.00	0.00	0.10	0.01	0.07	0.02	0.10	0.15	0.86	0.31
以色列	0.11	0.02	0.12	0.02	0.53	2.30	18.41	1.47	4.11	1.92
巴勒斯坦	—	—	0.0002	0.0002	—	—	0.0020	—	—	—
阿塞拜疆	0.00	0.18	0.00	-0.04	0.17	0.01	-0.25	0.00	-0.01	0.01
埃及	0.52	0.66	1.19	0.23	1.63	0.81	1.20	0.93	2.22	0.11
总额	24.02	31.54	65.26	56.36	55.46	22.34	68.10	71.59	63.89	76.42

数据来源:《中国对外直接投资统计公报》。

附录 15

2010—2019年中国对东欧文化国家直接投资累计净额

(亿美元)

年份	2010	2011	2012	2013	2014	2015	2016	2017	2018	2019
亚美尼亚	0.01	0.01	0.01	0.08	0.08	0.08	0.08	0.30	0.50	0.13
格鲁吉亚	1.30	1.09	1.78	3.31	5.46	5.34	5.50	5.68	6.40	6.71
波兰	1.40	2.01	2.08	2.57	3.29	3.52	3.21	4.06	5.24	5.56
捷克	0.52	0.67	2.02	2.05	2.43	2.24	2.28	1.65	2.79	2.87
斯洛伐克	0.10	0.26	0.86	0.83	1.28	1.28	0.83	0.83	0.99	0.83
匈牙利	4.66	4.75	5.07	5.32	5.56	5.71	3.14	3.28	3.21	4.27
斯洛文尼亚	0.05	0.05	0.05	0.05	0.05	0.05	0.27	0.27	0.40	1.90
克罗地亚	0.08	0.08	0.09	0.08	0.12	0.12	0.12	0.39	0.69	0.98
罗马尼亚	1.25	1.26	1.61	1.45	1.91	3.65	3.91	3.10	3.05	4.28
保加利亚	0.19	0.73	1.27	1.50	1.70	2.36	1.66	2.50	1.71	1.57
塞尔维亚	0.05	0.05	0.06	0.19	0.30	0.50	0.83	1.70	2.71	1.65
黑山	0.0032	0.0032	0.0032	0.0032	0.0032	0.0032	0.0443	0.3945	0.6286	0.8509
北马其顿	0.002	0.002	0.0026	0.0209	0.0211	0.0211	0.0210	0.0203	0.3630	0.2109
波黑	0.06	0.06	0.06	0.06	0.06	0.08	0.09	0.04	0.04	0.17
阿尔巴尼亚	0.04	0.04	0.04	0.07	0.07	0.07	0.07	0.05	0.06	0.07

续表

年份	2010	2011	2012	2013	2014	2015	2016	2017	2018	2019
爱沙尼亚	0.075	0.075	0.035	0.035	0.035	0.035	0.035	0.036	0.568	0.6333
立陶宛	0.04	0.04	0.07	0.12	0.12	0.12	0.15	0.17	0.13	0.10
拉脱维亚	0.0054	0.0054	0.0054	0.0054	0.0054	0.0094	0.0094	0.0102	0.1170	0.1163
俄罗斯	27.88	37.64	48.88	75.82	86.95	140.20	129.80	138.72	142.08	128.04
白俄罗斯	0.24	0.29	0.77	1.16	2.58	4.76	4.98	5.48	5.04	6.52
乌克兰	0.22	0.29	0.33	0.52	0.63	0.69	0.67	0.63	0.90	1.58
总额	38.18	49.41	65.10	95.24	112.65	170.84	157.70	169.31	177.62	169.04

数据来源:《中国对外直接投资统计公报》。

附录16　2010—2019年中国对东欧文化国家直接投资总额

（亿美元）

年份	2010	2011	2012	2013	2014	2015	2016	2017	2018	2019
亚美尼亚	—	—	—	—	—	—	—	0.04	0.20	—
格鲁吉亚	0.41	0.01	0.69	1.10	2.24	0.44	0.21	0.38	0.80	0.57
波兰	0.17	0.49	0.08	0.18	0.44	0.25	-0.24	-0.04	1.18	1.12
捷克	0.02	0.09	0.18	0.18	0.02	-0.17	0.02	0.73	1.13	0.61
斯洛伐克	0.00	0.06	0.02	0.00	0.46	0.00	—	0.01	0.15	-0.01

续表

年份	2010	2011	2012	2013	2014	2015	2016	2017	2018	2019
匈牙利	3.70	0.12	0.41	0.26	0.34	0.23	0.57	0.66	0.95	1.23
斯洛文尼亚	—	—	—	—	—	—	0.22	0.00	0.13	0.27
克罗地亚	0.0003	0.0005	0.0005	—	0.0355	—	0.0022	0.3184	0.2239	0.2869
罗马尼亚	0.11	0.00	0.25	0.02	0.42	0.63	0.16	0.16	0.02	0.84
保加利亚	0.16	0.54	0.54	0.21	0.20	0.59	-0.15	0.89	-0.02	0.02
塞尔维亚	0.021	0.0021	0.021	0.115	0.1169	0.0763	0.3079	0.7912	1.5341	0.3360
黑山	—	—	—	—	—	—	—	0.17	0.13	0.23
北马其顿	—	0.0004	0.0006	—	—	-0.0001	—	—	0.02	-0.1338
波黑	0.0006	—	0.0006	—	—	0.0162	0.0085	—	—	0.1219
阿尔巴尼亚	0.0008	—	—	0.0056	—	—	0.0001	0.0021	0.0172	0.0069
爱沙尼亚	—	—	0.01	0.06	—	—	0.02	0.00	0.53	0.02
立陶宛	—	—	—	—	—	—	—	—	-0.04	—
拉脱维亚	—	—	—	—	—	0.0045	—	0.0008	0.1086	—
俄罗斯	5.68	7.16	7.85	10.22	6.34	29.61	12.93	15.48	7.25	-3.79
白俄罗斯	0.19	0.09	0.44	0.27	0.64	0.54	1.61	1.43	0.68	1.82
乌克兰	0.015	0.0077	0.0207	0.1014	0.0472	-0.0076	0.0192	0.0475	0.2745	0.5332
总额	10.48	8.56	10.51	12.72	11.31	32.21	15.69	21.03	15.07	4.08

数据来源:《中国对外直接投资统计公报》。

附录17

中国与蒙古国2013—2019年双向游客数量变动趋势

（万人次）

年份	2013	2014	2015	2016	2017	2018	2019
蒙赴中数量	97.44	99.42	101.05	105.00	108.27	101.41	104.32
增速（%）	68.96	2.03	1.64	3.91	3.11	-6.34	2.87
中赴蒙数量	22.65	32.55	32.50	23.64	15.76	20.21	21.01
增速（%）	52.32	43.71	-0.15	-27.26	-33.33	28.24	3.96
总数量	120.09	131.97	133.55	128.64	124.03	121.62	125.33
增速（%）	65.55	9.89	1.20	-3.68	-3.58	-1.94	3.05

数据来源：中国国家统计局、蒙古国自然环境和旅游部。

附录18

中国与越南2013—2019年双向游客数量变动趋势

（万人次）

年份	2013	2014	2015	2016	2017	2018	2019
越赴中数量	92.00	100.65	113.72	136.54	170.94	216.08	219.23
增速（%）	11.00	9.40	13.00	20.01	25.19	26.41	1.46
中赴越数量	121.10	114.15	133.99	177.27	170.53	178.34	184.20
增速（%）	-9.90	-5.70	17.40	32.30	-3.80	4.58	3.29
总数量	213.10	214.80	247.71	313.81	341.47	394.42	403.43
增速（%）	-1.89	0.80	15.32	26.68	8.81	15.51	2.29

数据来源：中国国家统计局、越南国家统计局。

附录19　中国与新加坡2013—2019年双向游客数量变动趋势

（万人次）

年份	2013	2014	2015	2016	2017	2018	2019
新赴中数量	100.37	106.3	102.77	96.66	97.14	90.53	91.02
增速（%）	12.80	5.91	-3.30	-5.90	0.50	-6.80	0.54
中赴新数量	82.57	100.42	116.67	132.28	106.68	110.00	112.03
增速（%）	23.60	21.60	16.20	13.40	-19.35	3.11	1.85
总数量	182.94	206.72	219.44	228.94	203.82	200.53	203.05
增速（%）	17.45	13.00	6.15	4.33	-10.97	-1.61	1.26

数据来源：中国国家统计局、新加坡旅游局。

附录20　中国与菲律宾2013—2019年双向游客数量变动趋势

（万人次）

年份	2013	2014	2015	2016	2017	2018	2019
菲赴中数量	82.83	89.43	96.20	99.67	96.79	100.4	102.1
增速（%）	10.60	7.97	7.60	3.60	-2.89	3.73	1.69
中赴菲数量	21.52	27.11	27.22	44.65	39.52	49.08	51.02
增速（%）	26.80	26.00	0.40	64.00	-11.49	24.19	3.95
总数量	104.35	116.54	123.42	144.32	136.31	149.48	153.12
增速（%）	13.58	11.68	5.90	16.93	-5.55	9.66	2.44

数据来源：中国国家统计局、菲律宾旅游部。

附录 21

中国与泰国 2013—2019 年双向游客数量变动趋势

（万人次）

年份	2013	2014	2015	2016	2017	2018	2019
泰赴中数量	63.55	60.80	64.76	65.17	61.31	64.1	67.2
增速（%）	17.3	-4.33	6.5	0.6	-5.9	4.34	4.83
中赴泰数量	101.46	152.26	224.48	401.03	414.08	793.47	798.2
增速（%）	63.1	50.1	47.4	78.7	3.25	91.62	0.60
总数量	165.01	213.06	289.24	466.2	475.39	857.57	865.4
增速（%）	41.77	29.12	35.76	61.18	1.97	80.39	0.90

数据来源：中国国家统计局、泰国国家旅游局。

附录 22

中国赴老挝 2013—2019 年游客数量变动趋势

（万人次）

年份	2013	2014	2015	2016	2017	2018	2019
中赴老数量	16.18	15.07	19.98	24.50	42.24	51.02	53.1
增速（%）	—	-6.86	32.58	22.62	72.41	20.79	4.08

数据来源：中国国家统计局、老挝信息文化旅游部。

附录 23

中国赴柬埔寨 2013—2019 年游客数量变动趋势

（万人次）

年份	2013	2014	2015	2016	2017	2018	2019
中赴柬数量	15.57	24.71	33.4	46	65.04	80	82
增速（%）	40.02	58.70	35.17	37.72	41.39	23.00	2.5

数据来源：中国国家统计局、柬埔寨旅游部。

附录24　　中国与马来西亚2013—2019年双向游客数量变动趋势　（万人次）

年份	2013	2014	2015	2016	2017	2018	2019
马赴中数量	124.52	124.51	123.55	120.7	113	107.5	105.2
增速（%）	17.58	-0.01	-0.77	-2.31	-6.38	-4.87	-2.14
中赴马数量	103.37	173.78	155.87	179.14	161.34	167.72	170.1
增速（%）	69.74	68.11	-10.31	14.93	-9.94	3.95	1.42
总数量	227.89	298.29	279.42	299.84	274.34	275.22	275.3
增速（%）	36.62	30.89	-6.33	7.31	-8.50	0.32	0.03

数据来源：中国国家统计局、马来西亚国家旅游局。

附录25　　中国与印度尼西亚2013—2019年双向游客数量变化趋势　（万人次）

年份	2013	2014	2015	2016	2017	2018	2019
印尼赴中数量	57.34	60.87	62.2	60.5	56.7	54.5	53.9
增速（%）	22.26	6.16	2.18	-2.73	-6.28	-3.88	-1.10
中赴印尼数量	46.88	57.68	71.36	87.92	93.33	112	114
增速（%）	42.62	23.04	23.72	23.21	6.15	20.00	1.79
总数量	104.22	118.55	133.56	148.42	150.03	166.5	167.9
增速（%）	30.65	13.75	12.66	11.13	1.08	10.98	0.84

数据来源：中国国家统计局、印度尼西亚国家旅游部。

附录26　中国赴马尔代夫2013—2019年游客数量变化趋势

（万人次）

年份	2013	2014	2015	2016	2017	2018	2019
总数量	10.25	17.76	20.84	30.24	36.3	35.9	34.8
增速（%）	127.78	73.27	17.34	45.11	20.04	-1.10	-3.06

数据来源：中国国家统计局，马尔代夫国家移民局。

附录27　中国与俄罗斯2013—2019年双向游客数量变动趋势

（万人次）

年份	2013	2014	2015	2016	2017	2018	2019
俄赴中数量	237.03	253.63	242.61	218.6	204.6	158.2	155.21
增速（%）	35.99	7.00	-4.34	-9.90	-6.40	-22.68	-1.89
中赴俄数量	71.09	80.96	86.92	91.53	113.04	130	137.1
增速（%）	3.90	13.88	7.36	5.30	23.50	15.00	5.46
总数量	308.12	334.59	329.53	310.13	317.64	288.2	292.31
增速（%）	26.94	8.59	-1.51	-5.89	2.42	-9.27	1.43

数据来源：中国国家统计局，俄罗斯联邦安全局和统一部门信息和统计系统（EMISS）。

附录28　　　中国赴捷克 2013—2019 年游客数量变动趋势

（万人次）

年份	2013	2014	2015	2016	2017	2018	2019
游客数量	8.01	10.78	14.12	18.02	24.74	28.2	29.23
增速（%）	30.00	34.58	30.98	27.62	37.29	13.99	3.65

数据来源：中国国家统计局、捷克国家旅游局。